成本管理与控制实战丛书

采购成本管理与控制

滕宝红　主编

化学工业出版社
·北　京·

内容提要

《采购成本管理与控制实战宝典》一书具体包括采购成本观与控制手法、夯实采购成本控制基础、采购模式运用降成本、善用分析法降成本、巧用采购技术降成本、采购价格谈判降成本、加强采购过程控制降成本、提升采购部工作效率降成本八章内容。本书文字浅显，语言简练，条理清晰，深入浅出，将复杂的管理理论用平实的语言与实际操作结合起来，读来轻松，用时方便。

本书可供企业管理者、采购经理、采购员，以及新入职的大中专毕业生，有志于从事采购管理的人士学习参考。

图书在版编目（CIP）数据

采购成本管理与控制实战宝典/滕宝红主编. —北京：化学工业出版社，2020.9
（成本管理与控制实战丛书）
ISBN 978-7-122-36948-2

Ⅰ.①采… Ⅱ.①滕… Ⅲ.①企业管理-采购成本-成本管理 Ⅳ.①F275.3

中国版本图书馆CIP数据核字（2020）第084325号

责任编辑：陈　蕾　　　装帧设计：尹琳琳
责任校对：宋　夏

出版发行：化学工业出版社（北京市东城区青年湖南街13号　邮政编码100011）
印　　刷：北京京华铭诚工贸有限公司
装　　订：三河市振勇印装有限公司
787mm×1092mm　1/16　印张$13^{1}/_{4}$　字数264千字　　2020年8月北京第1版第1次印刷

购书咨询：010-64518888　　售后服务：010-64518899
网　　址：http://www.cip.com.cn
凡购买本书，如有缺损质量问题，本社销售中心负责调换。

定　　价：68.00元

前言

成本管理与控制是企业永恒的主题，利润与成本的关系就是在收入一定的情况下，成本越低，利润越大。而成本管理的目标是保证成本的支出获得最有效的收益——提升价值。成本控制不等于省钱，花得多会浪费，花得少也会有浪费，花多花少不是重点，花得有效才是关键，才会避免价值不平衡造成的浪费。

对于企业而言，暴利的年代一去不复返，人工成本、材料成本年年在攀升，企业盈利的空间似乎越来越低，而且每年仍在不断地有新的企业成立，企业之间的竞争也就越演越烈，企业的竞争力在哪里？在成本管理！对于许多企业而言，能否继续生存取决于运用复杂成本管理系统的能力，而这种成本管理系统，能产生内在动力来促使企业成本的下降。

当然，许多企业都很重视成本管理与控制，但有时收效甚微，有的最后甚至放弃去抓。基于此，我们的管理团队萌发了一个想法，就是将团队在给企业辅导过程中关于成本管理与控制的经验总结出来，编写成“成本管理与控制实战丛书”，期待能帮助到处在困境或迷惑中的企业管理者。

随着市场竞争的加剧，企业从重视生产、营销已经逐步发展到重视采购、物流和供应链的时代。本书所涉及的采购作为物流活动的起点，涵盖了从供应商到需求方之间的货物、技术、信息、服务流动的全过程。企业通过实施有效的计划、组织与控制等采购管理活动，合理选择采购方式、采购品种、采购批量、采购频率和采购地点，以有限的资金保证经营活动的有效开展，在降低企业成本、加速资金周转和提高企业经营质量等方面发挥着积极作用。

可以毫不夸张地说，采购竞争优势已经成为企业竞争力的一部分。采购流程是否规范，采购效益与效率的高低，直接决定企业的盈利能力和市场竞争力，决定企业的生存和发展。然而，人们对采购的理解往往局限于“购买”和轻松的“花钱办事”，似乎与企业经营的战略和管理的绩效无多大的关系，而与理财及人才专业和职业素质更无直接的联系。这种不合乎国际运营规范的理念和认知，极大地影响了相当一部分企业的经营业绩和管理效率。

《采购成本管理与控制实战宝典》一书具体包括采购成本观与控制手法、夯实采购成本控制基础、采购模式运用降成本、善用分析法降成本、巧用采购技术降成本、采购价格谈判降成本、加强采购过程控制降成本、提升采购部工作效率降成本八章内容。

本书文字浅显，语言简练，条理清晰，深入浅出，将复杂的管理理论用平实的语言与实际操作结合起来，读来轻松，用时方便。可供企业管理者、采购经理、采购员，以及新入职的大中专毕业生，有志于从事采购管理的人士学习参考。

本书由滕宝红主编，参与编写的有匡仲潇、刘艳玲。由于笔者水平有限，疏漏之处在所难免，敬请读者批评指正。

编　者

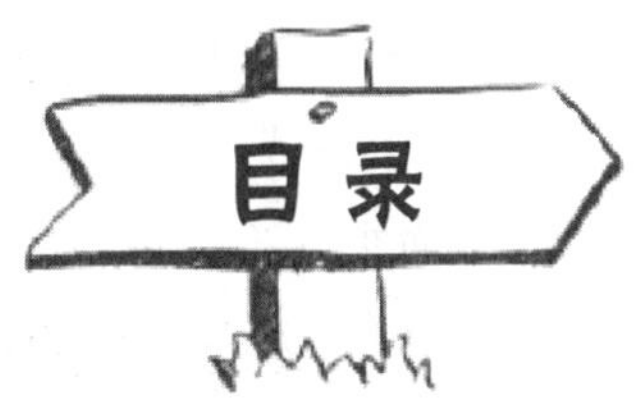

01

第一章　采购成本观与控制手法

企业采购成本的两种看法：

（采购价格成本观）

采购成本=采购价格

（采购支出成本观）

采购成本=企业采购支出-采购价格

以上两种有关采购成本概念在学术界一直存在争议，本书先从“采购成本=企业采购支出-采购价格”进行介绍。在该概念中，采购成本是指与采购原材料部件、采购管理活动相关的物流费用，包括采购订单费用、采购计划制订人员的管理费用、采购人员管理费用等，但不包括采购价格。该概念主张找出采购过程中浪费的环节，以便寻找到削减采购成本的途径。

第二章　夯实采购成本控制基础

所谓采购成本控制，是指企业根据一定时期预先建立的成本管理目标，由成本控制主体在其职能范围内，在采购成本控制过程中，对各种影响成本的因素和条件采取的一系列预防及调节措施。科学地进行采购成本控制，企业必须夯实基础工作，对采购工作进行规范化管理，在制度上、流程上和采购记录上予以事先设计，并且最好是实施采购作业计算机化，引入采购管理系统，以全面提升采购部门的工作效率。

第三章　采购模式运用降成本

在全球生产一体化、高度的信息化和近乎完全开放的市场的影响下，各行各业的竞争已经达到炽热化。生产企业面临着更加严峻的挑战，生产技术的共享已使很多依靠技术获得利润的企业的利润空间一再减少。面对这样残酷的现实状况，企业开始转向寻找新的利润源泉。在现代企业的运营中，管理受到了越来越多的关注，生产前的采购准备环节也日益成为管理者关注的重点。采购环节对企业最终效益的贡献越来越大，成为新的利润增长点。而如何采用科学的采购模式，使采购费用降低、订货费用降低、进货费用降低等，也就提上了管理者的日程。

第四章　善用分析法降成本

采购成本对企业的利润水平有着重要的影响。加强采购成本分析，降低采购成本，则是采购员提高企业附加值最直接的方式，运用成本分析的方法，采用适当的策略，有效地控制采购成本，能够缓解成本压力，提升企业经营效益。

第五章　巧用采购技术降成本

成本管理除了以公平合理的价格取得必需的货品或劳务外，还应当力求降低成本。采购成本一般来说包括实际采购原料成本、原料运输费用成本、原料存货存储成本、原料采购相关人工费用。这些都是事后发生的结果，难以为企业找到改进的方法。企业要降低成本更要从为什么要采购、采购多少、采购时点、向谁采购、如何采购以及以多少价格来采购。采购员必须从这些问题上着手，运用一定的采购技术来降低成本。

第六章 采购价格谈判降成本

采购谈判不仅仅是人们普遍认为的讨价还价，一场成功的谈判是买家和供应商间经过计划、检讨及分析最终达成相互可接受的协议。这些协议不仅包含了价格，还包含了交易的各项条件，例如产品的质量、交货和服务等方面。优秀的谈判员不仅能够为企业降低成本，采购到物美价廉的产品，而且能够提高工作效率。

07

第七章　加强采购过程控制降成本

在当前采购过程中，成本控制是重要的工作内容，只有在保证供货质量的同时不断降低成本，才能达到提高采购整体效益的目的。基于这一认识，应认识到成本控制在采购过程中的重要作用，应结合采购过程的成本控制实际，做好采购过程的成本控制工作，提升采购成本管理效益，促进采购过程成本控制的全面发展。

第八章 提升采购部工作效率降成本

采购部成员的成本节约意识、团队工作效率、工作积极性，直接影响到采购成本目标的控制。所以，企业要致力于提升采购部门的工作质量（计划工作、组织工作及与相关部门的协调工作），并定期进行采购绩效评估和采购稽核，以消除任何暗箱操作和腐败。

01

第一章

采购成本观与控制手法

引言

企业采购成本的两种看法：

（采购价格成本观）

采购成本=采购价格

（采购支出成本观）

采购成本=企业采购支出-采购价格

以上两种有关采购成本概念在学术界一直存在争议，本书先从“采购成本=企业采购支出-采购价格”进行介绍。在该概念中，采购成本是指与采购原材料部件、采购管理活动相关的物流费用，包括采购订单费用、采购计划制订人员的管理费用、采购人员管理费用等，但不包括采购价格。该概念主张找出采购过程中浪费的环节，以便寻找到削减采购成本的途径。

第一节　企业采购支出成本观

在该概念中，采购成本通常包括材料维持成本、订购管理成本以及采购不当导致的间接成本（图1-1）。

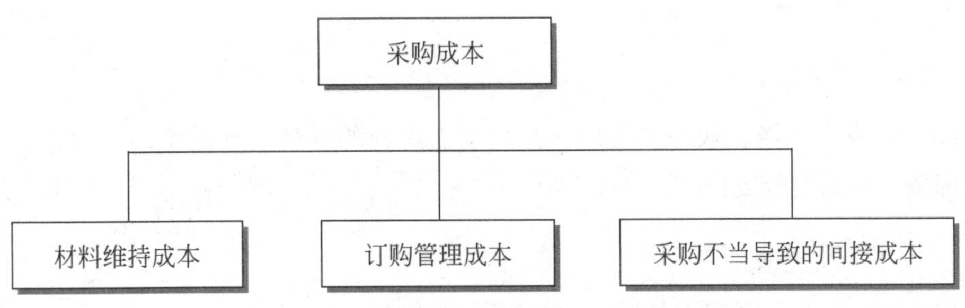

图1-1　企业采购支出成本的主要部分

一、材料维持成本

（一）定义

材料维持成本是指为保持材料完好而产生的成本。

（二）分类

它可以分为固定成本和变动成本。

（1）固定成本与采购数量无关，如仓库折旧、仓库员工的固定工资等。

（2）变动成本则与采购数量有关，如材料资金的应计利息、材料的破损和变质损失、材料的保险费用等。

（三）材料维持成本的具体项目

材料维持成本的具体项目如表1-1所示。

表1-1　材料维持成本的具体项目

序号	项目	备注
1	维持费用	存货的品质维持需要资金的投入。投入了资金就使其他需要使用资金的地方丧失了使用这笔资金的机会，如果每年其他使用这笔资金的地方的投资报酬率为20%，则每年存货资金成本为这笔资金的20%
2	搬运支出	存货数量增加，则搬运和装卸的机会也增加，搬运工人与搬运设备同样增加，其搬运支出也会增加
3	仓储成本	仓库的租金及仓库管理、盘点、维护设施（如保安、消防等）的费用
4	折旧及陈腐成本	存货容易发生品质变异、破损、报废、价值下跌、呆滞料出现等，因而所丧失的费用就加大
5	其他支出	如存货的保险费用、其他管理费用等

二、订购管理成本

（一）订购管理成本的定义

订购管理成本是指企业为了实现一次采购而进行的各种活动的费用，如办公费、差旅费、邮资、电话费等支出。

（二）订购管理成本的费用

具体地说，订购管理成本包括与表1-2所列活动相关的费用。

表 1-2 订购管理成本的费用

序号	类别	具体费用
1	请购手续费	请购所花的人工费用、事务用品费用、主管及有关部门的审查费用
2	采购成本	估价、询价、比价、议价、采购、通信联络、事务用品等所花的费用
3	进货验收成本	检验人员的验收手续所花费的人工费用、交通费用、检验仪器仪表费用等
4	进库成本	材料搬运所花费的成本
5	其他成本	如会计入账支付款项等所花费的成本等

三、采购不当导致的间接成本

（一）定义

采购不当导致的间接成本是指由于采购中断或者采购过早而造成的损失，包括待料停工损失、延迟发货损失和丧失销售机会损失、商誉损失。如果损失客户，还可能为企业造成间接或长期损失。

（二）分类

采购不当导致的间接成本可以分为以下五种。

1. 采购过早及其管理成本

过早的采购会导致企业在材料管理费用上的增加，比如用于管理的人工费用、库存费用、搬运费用等。一旦订单取消，过早采购的材料容易形成呆滞料。

2. 安全存货及其成本

许多企业都会考虑保持一定数量的安全存货，即缓冲存货，以防在需求或提前期方面的不确定性。但是困难在于确定何时需要及保持多少安全存货，因为存货太多意味着多余的库存；而安全存货不足则意味着断料、缺货或失销。

3. 延期交货及其成本

延期交货可以有两种形式：缺货可以在下次规则订货中得到补充；利用快速运送延期交货。

（1）在前一种形式下，如果客户愿意等到下一个周期交货，那么企业实际上没有什么损失；但如果经常缺货，客户可能会转向其他企业。

（2）利用快速运送延期交货，则会产生特殊订单处理和送货费用，而这个费用相对于规则补充的普通处理费用要高。

4.失销成本

尽管一些客户可以允许延期交货，但仍有一些客户会转向其他企业。在这种情况下，缺货会导致失销。对于企业的直接损失是这种货物的利润损失。除了利润的损失外，还应该包括当初负责这笔业务的销售人员的人力、精力浪费，这就是机会损失。

而且也很难确定在一些情况下的失销总量。例如，许多客户习惯打电话订货，在这种情况下，客户只是询问是否有货，而未指出要订货多少。如果这种产品没货，那么客户就不会说明需要多少，对方也就不会知道损失的总量。同时，也很难估计一次缺货对未来销售的影响。

5.失去客户的成本

由于缺货而失去客户，使客户转向另一家企业。若失去了客户，也就失去了一系列收入，这种缺货造成的损失很难估计。除了利润损失外，还有由于缺货造成的信誉损失。信誉很难度量，因此在采购成本控制中常被忽略，但它对未来销售及客户经营活动却非常重要。

第二节　采购价格成本观

在企业内部，诸多采购员认为“采购成本=采购价格”。尽管这种观点在一些企业经营者中不太认同，但对于采购员执行采购任务来说却有不可估量的意义。

采购价格即采购产品购入价格，采购价格是由供应商的产品制造成本与供应商的利润目标来决定的，即

采购产品购入价格 = 供应商产品制造成本 + 供应商的利润目标

一、供应商产品制造成本

供应商产品制造成本包括供应商原料费、人工费、制造费用三部分。

（一）原料费

原料费是指加工后成为产品的一部分，其构成产品的主要部分，具体包括原料的购价、运费和仓储费用，并扣减购货折扣。

（二）人工费

人工费是指直接从事产品制造的工作人员，例如加工与装配人员、班组长等所需要的成本，包括直接人工的薪资与福利。

（三）制造费用

制造费用是指原料费与人工费之外的一切制造成本，包括间接材料费、间接人工费、

折旧费、水电费用、租金、保险费、修护费等。在此应了解以下两概念。

◆间接材料指制造过程中所需的工具、夹具、模具、润滑油、清洗剂、黏接剂及螺丝钉等。

◆间接人工指与产品生产并无直接关系的人员，例如各级管理人员、品管人员、维修人员及清洁人员等。

二、供应商的利润目标

利润即企业销售产品的收入扣除成本价格和税金以后的余额。由于供应商成本消耗是固定的，但利润目标却是灵活的，因此供应商的目标是尽量提高销售价格，以便获得足额的利润空间。对于采购员来说，尽量为了降低采购成本，目的是压缩供应商的利润空间。供应商的利润空间成为双方的焦点，如图1-2所示。

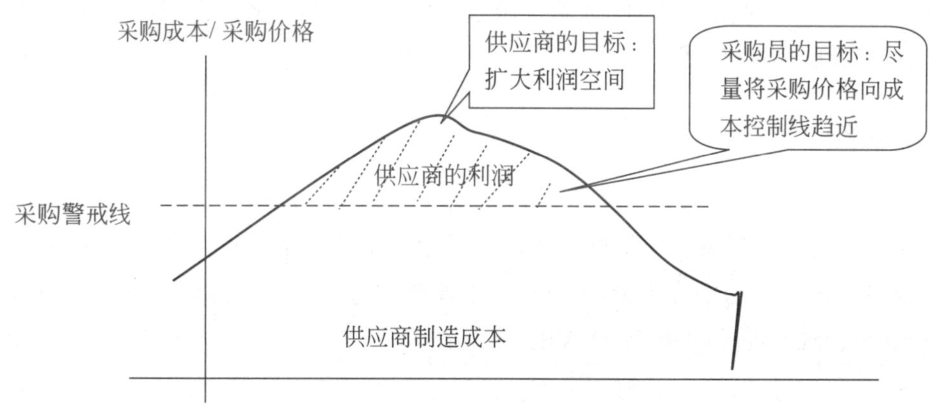

图1-2 供应商的利润空间构成

第三节 基于两种成本观的控制手法

从以上两种成本观中可以看出，成本控制可以从两个方面入手。

成本控制方法：

◎“优化采购支出”；

◎“采购价格削减”。

在国内，目前这两种成本控制观还没有形成一个系统的理论。国外的企业已经总结出了一套降低采购成本的方法。

一、价值分析（Value Analysis，VA）

价值分析着重于功能分析，力求用最低的生命周期成本，可靠地实现必要功能的有组织的创造性活动。价值分析中的“价值”是指评价某一事物与实现它的费用相比的合理程度的尺度。

二、价值工程（Value Engineering，VE）

所谓价值工程，是指通过集体智慧和有组织的活动对产品或服务进行功能分析，使目标以最低的总成本（寿命周期成本），可靠地实现产品或服务的必要功能，从而提高产品或服务的价值。价值工程的主要思想是通过对选定研究对象的功能及费用分析，提高对象的价值。

对产品或服务的功能加以研究，以最低的生命周期成本，通过剔除、简化、变更、替代等方法，来达到降低成本的目的。价值分析通常用于新产品的工程设计阶段；而价值工程则是针对现有产品的功能/成本，做系统化的研究与分析，但现今价值分析与价值工程已被视为同一概念使用。

三、谈判（Negotiation）

谈判是买卖双方为了各自目标，达成彼此认同的协定过程，这也是采购员应具备的最基本能力。谈判并不只限于价格方面，也适用于某些特定需求。使用谈判的方式，通常期望价格降低达到的幅度为3%～5%。如果希望达成更大的降幅，则需运用价格/成本分析，价值分析与价值工程（VA/VE）等手法。

四、目标成本法（Target Costing）

大多数美国公司，以及几乎所有的欧洲公司，都是以成本加上利润率来制定产品价格的。然而，他们刚把产品推向市场，便不得不开始削减价格，重新设计那些花费太高的产品，并承担损失。而且，他们常常因为价格不正确，而不得不放弃一种很好的产品。产品的研发应以市场愿意支付的价格为前提，因此必须假设竞争者产品的上市价格，然后制定公司产品的价格。由于定价受成本驱动的旧思考模式，使得美国民生电子业不复存在。丰田公司和日产公司把德国的豪华型轿车挤出了美国市场，便是采用价格引导成本（Price-driven Costing）的结果。

五、早期供应商参与（Early Supplier Involvement，ESI）

这是在产品设计初期，选择让具有伙伴关系的供应商参与新产品开发小组。经由早期供应商参与的方式，新产品开发小组对供应商提出性能规格（Performance Specification）的要求，借助供应商的专业知识来达到降低成本的目的。

六、杠杆采购（Leveraging Purchases）

杠杆采购是指集中各事业单位或不同部门的需求量，以集中扩大采购量，而增加议价空间的方式。其目的是避免各自采购造成组织内不同单位向同一个供应商采购相同零件，却价格不同，但彼此并不知的情形，丧失节省采购成本的机会。

七、联合采购（Consortium Purchasing）

联合采购主要是指非营利事业单位的采购，如医院、学校等，经由统合各不同采购组织的需求量，以获得较好的数量折扣价格。这也被应用于一般商业活动之中，应运而起的新兴行业有第三者采购（Third-party Purchasing），专门替那些MRO需求量不大的企业单位服务。MRO即Maintenance（维护）、Repair（维修）、Operation（运行），通常是指在实际的生产过程不直接构成产品，只用于维护、维修、运行设备的物料和服务。MRO也指非生产原料性质的工业用品。

八、为便利采购而设计（Design for Purchase，DFP）

自制与外购（Make or Buy）的策略，在产品的设计阶段，参与厂商的标准制程与技术，以及尽量使用工业标准零件，方便原物料的取得。如此一来，不仅大大减少了自制所需的技术支援，同时也降低了生产所需的成本。

九、价格与成本分析（Cost and Price Analysis）

这是专业采购的基本工具，了解成本结构的基本要素，对采购者是非常重要的。如果采购时不了解所买物品的成本结构，就不能算是了解所买的物品是否为公平合理的价格，同时也会失去许多降低采购成本的机会。

十、标准化（Standardization）

实施规格的标准化，为不同的产品专案、夹具或零件使用共通的设计/规格，或降低定制专案的数目，以规模经济量，达到降低制造成本的目的。但这只是标准化的其中一环，企业应扩大标准化的范围至各项作业、各道工序及各生产线上，以获得更大的效益。

国内企业在对采购成本分析的认识方面不及西方企业，主要是因为国内的采购主要是以制造性工厂为主，在考虑采购成本方面，主要集中在物料订购成本上。因此在采购方法上，采购物料订购成本的控制也将作为本书落脚点，在以后各节中，本书将给予介绍。

02

第二章
夯实采购成本控制基础

引言

所谓采购成本控制，是指企业根据一定时期预先建立的成本管理目标，由成本控制主体在其职能范围内，在采购成本控制过程中，对各种影响成本的因素和条件采取的一系列预防及调节措施。科学地进行采购成本控制，企业必须夯实基础工作，对采购工作进行规范化管理，在制度上、流程上和采购记录上予以事先设计，并且最好是实施采购作业计算机化，引入采购管理系统，以全面提升采购部门的工作效率。

第一节　采购管理规范化

一、完善的采购制度

完善的采购制度可以规范采购员的行为，规范采购作业流程，从而起到规范采购活动的作用，以降低采购成本。一般而言，采购制度包括以下内容（表2-1），但不止于以下内容。

表 2-1　采购制度的类别

序号	类别	内容要求
1	采购控制程序	采购控制程序的目的是使采购工作有所依循，完成采购职能，其内容包括各部门、各有关人员的职责，采购程序要点，采购流程图以及采购的相关文件、相关表格等
2	采购内部会计控制制度	采购内部会计控制制度应规定物料采购的预算、请购、授权人的批准权限、物料采购的流程、相关部门（特别是财务部门）的责任和关系、各种物料采购的规定和方式、报价和价格审批等
3	供应商档案和准入制度	对进入企业的供应商要建立档案进行管理，物料物资的供应商必须经技术、质检、财务等部门联合考核后才准进入，如有可能要实地到供应商生产地进行考察

续表

序号	类别	内容要求
4	价格档案和价格评价体系管理制度	企业采购部门要对所有采购物料建立价格档案，对每一批采购物品的报价，应首先与归档的物料价格进行比较，分析价格差异的原因对于重点物料的价格，要建立价格评价体系，由企业有关部门组成价格评价组，定期收集有关的供应价格信息，分析、评价现有的价格水平，并对归档的价格档案进行评价和更新。
5	采购规范	采购规范是指采购员的行为规范，包括道德品质要求等
6	采购管理办法	采购管理办法是对公司采购流程每一个作业步骤的详细说明
7	采购作业制度	采购作业制度是指采购作业的信息收集、询价采购、比价采购或者是议价采购、供应商的评估和索取样品、选择供应商、签订采购合同、请购、订购、与供应商的协调沟通以及催交、进货验收、整理付款等的相关制度
8	采购作业指导书	采购作业指导书是指对各项采购作业进行指导的文件
9	物资与采购管理系统	包括物资分类编号、存量控制、请购作业、采购作业、验收作业、仓储作业等
10	物资验收管理办法	物资验收管理办法是指明确物资验收的标准、要求和作业程序，其目的是使物资的验收以及入库作业有所依据
11	解决采购争端的制度	解决采购争端的制度包括解决采购争端的要求、解决采购争端的常见方法等

不同的公司对制度的叫法可能有些不同，又因公司规模、采购种类、采购方式不同，而会制定繁简不一的制度，比如有的公司，既有内购，又有外购，则须分别制定制度；有的公司有外协加工，则要制定外协加工制度。

常见的采购制度包括办公用品采购管理制度、采购价格管理制度、采购进度及交期管理制度、采购招标管理制度等。

二、梳理采购流程、提升工作效率

很多人都会认为，流程设计只不过是将工作步骤反映在纸上而已，有什么值得深入研究的。仔细研究发现，一个流程的设计，要涉及计划、人员、组织、授权、沟通、效率、财务等方面，牵一发则带动整个公司的价值链。

（一）采购流程设计注意要点

采购流程会因采购的来源（国内采购、国外采购）、采购的方式（集中采购、招标采购），以及采购的对象等不同，在作业细节上有若干差异，但是基本的流程则大同小异。

公司规模越大，采购量越大，采购金额越高，对流程的设计越重视。一般采购作业的流程设计应注意的要点如表2-2所示。

表 2-2　采购流程设计注意要点

序号	注意要点	详细说明
1	注意先后顺序和时效控制	即应注意其流畅性与一致性，并考虑作业流程所需要时限。例如，避免同一主管对同一采购方案做数次的核签；避免同一采购方案，在不同部门有不同的作业方式；避免一个采购方案会签部门太多，影响作业时效
2	注意关键点的设置	即为便于控制，各项在处理中的采购作业，在各阶段均能追踪管制。例如招标采购，从准备、招标、投标、开标等均有管制要领
3	注意划分权责或任务	即各项作业手续及查核责任，应有明确权责制度及查核办法。例如请购、采购、验收、付款等权责均应予区分
4	程序繁简或被重视的程度，应与所处理业务或采购项目的重要性或价值的大小相适应	即凡涉及数量较大、价值较高，或易发生舞弊的作业，应有较严密的处理监督，反之，则可略予放宽，以求提高工作效率
5	处理程序应合时宜	即应注意程序的及时改进。早期设计的处理程序或流程，经过若干时日后，应加以检讨，不断改进，以适应组织的变更，或作业上的实际需要

（二）整体采购作业流程

一个完整的采购过程，大体上都有一个共同的模式。公司采购大体上要经历以下过程，如图2-1所示。流程说明见表2-3。

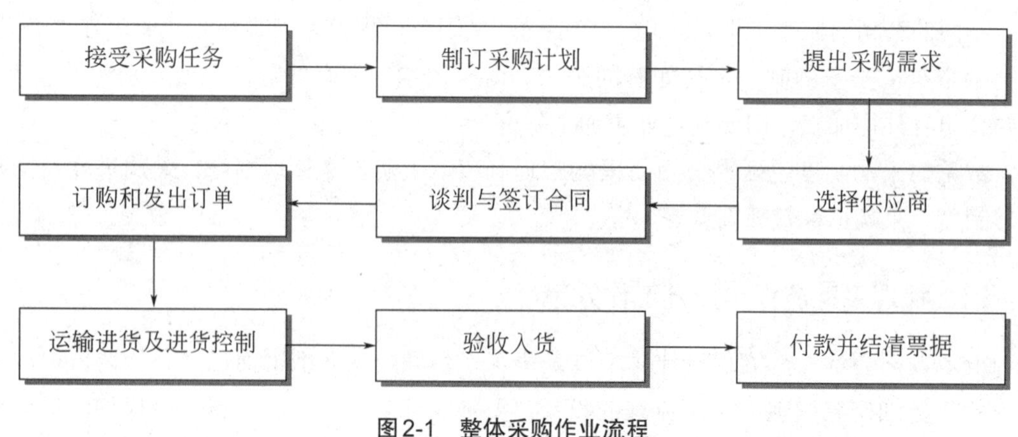

图2-1　整体采购作业流程

表 2-3　流程说明

流程名称	详细说明
接受采购任务	接受采购任务是采购工作的任务来源。通常是公司各个部门把采购任务报到采购部，采购部把需要采购的物资汇总，再分配给各个采购员并下达采购任务单。有时是采购部根据公司的销售任务情况，主动安排各种物资的采购计划，给各个采购员下达采购任务单

续表

流程名称	详细说明
制订采购计划	采购员在接到采购任务单后，要制订具体的工作计划。首先是进行资源市场调查，包括对商品、价格、供应商的调查分析，选定供应商，确定采购方法、采购日程计划以及运输方法、货款支付方式等
提出采购需求	采购需求主要包括以下几个方面 （1）规格、图样和采购文件。这些内容要能够准确地对采购产品作出规定，同时也能使供应商准确无误的理解 （2）对采购产品的需求。要准确地规定产品的类别、形式和等级，详细制定产品的检验程序和规范 （3）明确主要的控制环节。即规格、图样和采购文件的编制、审批和发放 （4）提出完整的采购文件。主要包括采购合同、图样、标准、样品和技术协议书等
选择供应商	对于供应链中的供应商，可以直接将采购信息传递给对方。而对于非供应链中的供应商，采购部门可以利用商务网络平台，将所需物资的供应商罗列出来，找出质量好、价格低、费用省、交货及时、服务周到的供应商
谈判与签订合同	要和供应商反复进行磋商谈判，讨论价格、质量、货期、服务及风险赔偿等各种限制条件，最后把这些条件用合同形式规定下来，形成订货合同。订货合同签订并经双方签字盖章以后，才意味着已经成交
订购和发出订单	（1）采购员在签订采购合同后，就可以发出订单。有时采购合同就是购货订单。通常在常规采购中，如果对物资有长时间的需求，只要就合同进行滚动式谈判，购货订单按照合同发出即可，在这种情况下，订购和发出订单是各自独立的活动 （2）采购员向供应商发出购货订单时，要详细、具体地说明有关的信息，购货订单包括的内容有：订单编号、产品简要说明、单价、需求数量、交货时间、交货地址等，当然这些数据在采供双方结成密切合作伙伴关系的前提下可以实现数据的适时输送和共享
运输进货及进货控制	订货成交以后，就是履行合同，就要开始运输货物。可以由供应商运输，也可以由运输公司运输或者采购方自己提货。采购员要督促、监督进货过程，确保按时到货
验收入货	采购员要配合仓储部门按有关合同制定的数量、质量、验收办法、到货时间做好验收入库工作。财务部门按入库单及时付清货款，对违反合同的要及时拒付或提出索赔要求
付款并结清票据	付款是供应商最关心的问题，如果采购方对到期应付的货款找理由拖延，必然会引起供应商的不满，严重的还会导致供应商停止供货，甚至付诸法律。付款虽然是财务部门的工作，采购部门也要加以协助，因为供应商的货款被拖欠时，供应商往往找采购员进行投诉

三、采购记录使成本可追溯

（一）常用采购记录

采购过程中最常见、最重要的基础采购记录主要有以下几个方面，见表2-4。

表 2-4　常用采购记录

序号	类别	内容及要求
1	材料规范卷宗	企业需用的各种材料的规范，应分类编号并编制索引，存入卷宗以便查考
2	产品目录卷宗	分类保管各供货厂商编印的产品目录和说明书
3	供货厂商记录	为每个供货厂商填制一张卡片，除记载该供货厂商的基本信息外，还记载对供货厂商访问调查的评价资料，以及合同执行情况的计分评价记录
4	价格记录	记录各种主要材料的市场价格、合同价格和报价
5	采购记录	每种材料都要填制一份，记载请购单号数和请购数量，订购单（或合同）号数和订购数量，发票号数、发货数量和发票金额，收料单号数和收料数量，拒收短损数量与索赔等事项
6	未完成的订购单（或合同）卷宗	保管未完成交货的订购单（或合同）
7	已完成的订购单（或合同）卷宗	保管已完成交货的订购单（或合同）。目前采购记录大都实现计算机处理和数据库管理
8	其他辅助表单	（1）采购联络单：可提供购用双方规格、单价及交货日期等意见的沟通与确认 （2）比价议价记录表：可登载报价厂商原询单价及议价的结果等 （3）采购动态表：可表示交货前各项作业过程的状况 （4）外协加工成本核算表：用来计算物料成本的构成，以作为议价的基础 （5）采购交货期跟催表：用来跟踪订单交货期状况 （6）物品送货验收单：采购物品送达后，一般由仓管部与物品检验部对物品进行收料、验收。若验收后的物品数量、质量与订购单有不符，则予以退回

（二）采购记录管理要求

采购记录是采购作业可追溯的原始性的和基础性的资料，所以应对此进行安全、有效的保管，一般可根据企业的记录控制程序来加以管理。其具体要求如下。

（1）记录填写应及时、准确。

（2）对各项记录应进行标记、分类，以便查阅、修改和处理。

（3）遵循记录作废的条件和销毁方式进行处理。

（4）保证记录对采购的可追溯性和追溯期限。

（5）记录应为采购分析提供依据，以便分析和确定价格、品质趋势。

（6）进行有效的归档、保管。

【实例2-01】采购控制程序

采购控制程序

1. 目的

为进一步建立、健全和完善公司采购活动规范化、科学化的管理制度，明确采购流程，使得整个采购活动在受控的基础上高质量、高效率的运作，特制定本程序。

2. 适用范围

（1）本程序适用于公司研发、生产经营活动所需物料及办公用品的采购，以及委外加工、委托试验、委托检定等采购的过程控制。

（2）本程序适用部门：采购部、品质部、研发部、项目部、生产部、综合部及其他需要采购物料和参与采购流程的部门。

（3）本公司的采购过程包括研发过程的未定型物料采购，生产制造过程的原辅材料、包装物采购以及委托试验、委外加工、委托检定等采购过程，都需要严格按照采购控制程序控制，确保采购的物料（包括从供应商采购的物料以及从顾客指定供应商采购的物料）符合质量、安全、环保和顾客的要求。

3. 名词术语

3.1 合格供应商

指按照《新供应商开发和评价控制程序》通过评估纳入《合格供应商名录》的供应商。

3.2 临时供应商

指除合格供应商以外有合作记录的供应商，主要是零星采购、现金采购及身份未定的新合作供应商，临时供应商列表中全是已经与本公司交易过并建立合作关系的供应商。

3.3 潜在供应商

指之前没有合作记录但可以提供相关报价进行参考，待条件成熟时可以纳入合格供应商或临时供应商的供应商；在未纳入合作供应商名录前所提供的报价信息（需盖章）仅供参考；此类供应商不能执行采购合同或采购订单，可以不提供相关资质。

3.4 委托试验

指本公司将需要试验的项目委托外部试验机构进行试验和测试。

3.5 委外加工

由本公司提供料件委托给指定的外协供应商加工成本公司所需料件。

3.6 委托检定

将计量器具资产委托计量检定机构所进行的检定/检测工作。

3.7 BOM

物料清单（Bill of Material）。

3.8 物料

指成品、半成品、原材料、外协件、标准件、定制件、辅料等与研发、生产经营有关的原辅材料/委外加工/委托检定/委托试验的统称。

4. 主要职责

4.1 项目部

4.1.1 根据销售订单的信息，在ERP(Enterprise Resource Planning，企业资源计划）系统中录入产品需求单或销售需求，通知生产部（一般是供应链部门生产计划工程师和物料控制工程师）下推、审核由系统计算分解出的生产计划和物料需求单。

4.1.2 参与生产计划和物料需求单的审核。

4.1.3 提供及协调客户对于物料特殊要求及其他要求。

4.1.4 提供对于供应商供货进度方面的评价意见。

4.1.5 如有需要，在ERP系统中录入项目部物料需求申请单。

4.1.6 提交BOM外项目部新物料的详细信息参数（包括规格、型号、颜色、尺寸、品牌等要求）给物料库管理员申请物料编码，如需输出图纸等技术文件，申请部门作图等有困难时，可以请研发部协助输出技术文件。

4.2 研发部

4.2.1 负责提供组成产品的物料及新开发的、生产经营所需采购物料的详细信息参数［包括规格、型号、颜色、尺寸、品牌等及技术文件（BOM、技术规格书、图纸等）］给物料库管理员，申请物料编码并对技术文件进行管控维护，参与物料库信息维护（物料库的维护工作建议由研发部和采购部、库房一起完成）；跟进新产品研发、生产经营所需采购物料的技术质量标准执行情况并进行适当调整，直至物料质量技术标准定型。

4.2.2 负责提供已定型BOM内研发、生产经营所需采购物料的技术质量标准及技术文件（BOM、技术规格书、图纸等）给采购部和质量部，编制物料入厂检验作业指导书给质量部并对其进行更新维护和管控。

4.2.3 在ERP系统中录入研发部物料需求申请单。

4.2.4 负责提供供应商技术研发水平等方面评价意见。

4.2.5 参与采购物料品质问题处理，如有需要适当调整采购物料技术标准，修改相关技术文件。

4.3 生产部

4.3.1 生产部（一般是供应链部门生产计划工程师和物料控制工程师）从ERP系

统销售订单下推、审核由系统计算分解出的生产计划和物料需求单。

4.3.2 负责提供生产部所需的BOM外物料的详细信息参数（包括规格、型号、颜色、尺寸、品牌等要求）给物料库管理员，申请物料编码，如需输出图纸等技术文件，申请部门作图等有困难时，可以请研发部协助输出技术文件。

4.3.3 如有需要，按照申请好的物料编码在ERP系统中录入生产部所需的除由产品需求计算出的物料之外的物料需求单。

4.3.4 生产部主管参与BOM外其他采购原辅材料的物料需求单的审核。

4.4 采购部

4.4.1 采购工程师负责公司研发、生产经营所需外购物料及委外加工、委托试验和质量部委托检定采购实施和控制。

4.4.2 供应商开发及管理。

4.5 库房

4.5.1 对采购的物品进行收货和通知品质部门检验，并办理入库手续。

4.5.2 对于不合格的进料，库房协助采购员办理好退换货手续。

4.5.3 核实物料需求显示的单库存数量，参与采购数量审核。

4.6 品质部

4.6.1 负责根据研发部提供的入厂检验作业指导书及物料库存信息，结合品质部要求，编制供应商物料的质量技术协议。

4.6.2 参与采购物料的品质问题处理，与供应商反馈沟通品质问题。

4.6.3 负责采购物料的入库质量检验和试验，将品质信息及时反馈给采购部、研发部、项目部等相关部门。

4.6.4 负责提供品质部所需的BOM外物料的详细信息参数（包括规格、型号、颜色、尺寸、品牌等要求）给物料库管理员，申请物料编码，如需输出图纸等技术文件，申请部门作图等有困难时，可以请研发部协助输出技术文件。

4.6.5 如有需要，按照申请好的物料编码在ERP系统中录入品质部所需的除由产品需求计算出的物料之外的物料需求单。

4.6.6 提供与供应商品质相关的评价意见。

5. 采购控制规定

5.1 采购申请单/委外申请单

5.1.1 采购申请单/委外申请单生成

5.1.1.1 项目部在ERP系统中录入销售订单，计划工程师（生产部或供应链部）根据销售订单执行物料需求计划，系统会根据录入的BOM和销售订单自动生成生产计划、采购计划、委外计划，计划工程师根据采购计划进行下达操作，系统会自动生成采购申请单、委外申请单。备注：这部分物料都应有物料编码，物料的规格、尺寸、质量技术要求、技术文件等物料基础资料在物料库中维护。以物料编码保证物料唯一性和信息完整性，以物料库信息作为物料采购的唯一判定标准。

5.1.1.2 对于没有对应销售订单，需要单独采购的物料，由各使用部门在ERP系统中直接录入物料需求单，系统根据物料需求单及库存信息自动计算出采购申请单。

（1）对于没有物料编码的需要单独采购的新物料，由申请采购部门提交所需物料的详细信息参数（包括规格、型号、颜色、尺寸、品牌等要求）给物料库管理人员，申请物料编码，如需输出图纸等技术文件，申请部门作图等有困难时，可以请研发部协助输出技术文件。

（2）采购回的物料符合申请部门提交的物料库信息而申请部门无法使用或认为有质量问题的，由申请部门承担责任，采购部可尽量协助配合解决问题。

5.1.2 采购申请单/委外加工申请单审批。

（1）ERP系统采购申请单/委外加工申请单生成后先由发起人部门主管审批。

（2）库房管理员核减库存情况审批。

（3）项目经理审批。

（4）分管领导/副总经理审批。

（5）总经理审批。

5.2 委外领料单生成

5.2.1 对于委外加工采购需由采购负责人完成委外领料流程，提供料件给供应商加工。

5.2.2 ERP系统会自动由销售订单生成委外申请单和委外用料清单，点击业务查询下用料清单查询出现用料清单，由采购部从用料清单下推委外领料单。

5.3 委外领料单审批

5.3.1 库房核实库存审批。

5.3.2 采购部部门主管审批。一般会由供应链物料控制工程师和供应链部门主管审核。

5.3.3 项目经理审批。

5.3.4 分管领导/副总经理审批。

5.3.5 总经理审批。

5.4 采购执行

5.4.1 采购询价和议价。

5.4.1.1 采购员接到采购申请单后，开始执行采购。采购员应将物料库中物料信息加上需求物料的数量及交货期等要求准确无误地传达给供应商，拟好“询价单”，以合适的方式发至对应的供应商进行询价（优先在合格供应商内选择询价，也可以向临时供应商询价；如有必要可以开发新的供应商进行询价），对每一种物料（特殊物料除外）应至少寻找3家以上供应商进行询价，以确保采购行为的合理、公正和可比性。特殊物料是指以下情况。

（1）原厂采购。

（2）非长期经常采购且总金额低于1000元的非生产性零星采购。

（3）唯一指定供应商。

（4）技术特殊要求指定商家。

（5）紧急采购。

（6）战略合作独家协议供应商。

（7）其他特殊情况（需说明）。

5.4.1.2若所有合格供应商中未有符合所需求物料的，按照“新供应商开发和评价控制程序”中要求通过各种渠道搜寻符合询价资格的新供应商，通过适当的方式进行询价，索取报价。

5.4.1.3供应商提供的报价资料做以下要求。

（1）报价可以通过邮件确认，报价单以附件扫描（盖章）。

（2）外购件（一般采购）可以让供应商在报价时注明价格有效期限，报价单在有效期限内采购员可以重复使用。特殊商品可随市场波动调整价格。

（3）大额采购（金额超过10万元）必须提供报价单原件（盖章）。

（4）签订战略协议的供应商已有价格无须提供报价单，在协议期内直接按照协议采购。

（5）报价单原件存档：可以由合同管理部门或者财务部保存，以便相应人员稽核。

5.4.1.4财务部或审计稽核人员可以核查市场价格与报价单价格是否一致。

5.4.2采购合同拟定。

5.4.2.1采购员确定供应商和价格后，应分现金采购、订单采购、合同采购进行采购。

5.4.2.2若领导指定采购方式，需注明清楚并确认后执行。

5.4.2.3对已招标或签订采购协议确定价格的物料，在其履行有效时间内可以《采购订单》形式直接采购，小额也可直接以现金采购或采购订单采购执行。

5.4.2.4合同签订前按照公司相关规定进行合同盖章审批申请后签订执行。

5.4.2.5采购员与供方签订合同时，应明确规定合同文本条款，并确认以下事项。

（1）名称、型号规格、数量、价格、防护、运输、交付地点、交付时间。

（2）采用标准，如国家标准、行业标准、企业标准等。

（3）图纸、规范、技术要求以及产品认证要求。

（4）合格证、检验报告、验收方法、验收准则。

（5）开具发票的类型、税率。

（6）付款方式和付款期限。

（7）违约责任及纠纷的处理。

5.4.3 采购框架协议/采购合同录入ERP系统。

ERP系统中的采购合同和采购订单只能从系统中已审核批准的采购申请单下推，采购部应综合考虑成本及周转率控制实际到货数量（一般控制采购订单下推不能超过采购申请单数量的5%）。

5.4.4 采购合同/协议审核。

5.4.4.1 采购部门主管审批。

5.4.4.2 项目部经理审批（像德国公司那样对成本敏感且需保密，或需隔离其他部门参与采购，避免腐败现象，可省略项目部审批）。

5.4.4.3 财务部经理审批。

5.4.4.4 分管领导/副总经理审批。

5.4.4.5 总经理审批。

5.4.4.6 审批通过系统通知合同章管理员，由合同章管理员给对应采购合同/框架协议盖章。

5.4.5 采购订单下推。

对已招标或签订采购协议确定价格的物料，在其履行有效时间内可以采购订单形式直接采购，小额采购（3000元以下采购）也可直接以现金采购或按采购订单执行。在ERP系统中从采购申请单下推采购订单，采购部应综合考虑成本及周转率，控制实际到货数量。

5.4.6 采购订单审批。

对已招标或签订采购协议确定价格的物料，在其履行有效时间内下推的采购订单，可直接由采购部门领导审批。

5.4.7 下达采购合同/协议/订单。

5.4.7.1 审核通过、盖好章的采购合同/框架协议/订单应及时下达给供应商，通知供应商尽快回签，同时对采购合同/订单中的物料尽快安排生产发货。

5.4.7.2 采购负责人应把本公司采购控制、质量管控等要求向供应商宣导到位，内容如下（最好拟定供应商送货须知等发给供应商并签字、盖章确认）。

（1）要求供应商在发货前按本公司要求做好查验工作，发现物料质量、期限等有异常时，必须在发货前将情况及时反映给采购部，由采购部通知品质部、研发部、项目部等相关部门确认没问题以后供应商才能发货；发现不能按时、按量到货时，应提前（××天，根据具体情况签订送货须知内容）通知采购部，因此造成本公司损失的，按照合同违约条款进行赔付（在质量协议、合同条款、供应商须知里注明）。

（2）要求供应商按照本公司供应商供货规范或质量技术协议要求随货提供符合本公司物料合格证明文件管理规定要求的对应文件，如合格证、出厂检测报告、产品测试报告等（建议由品质部加在质量技术协议里）。

供应商提供的检验报告、合格证、质量体系等证明文件，由质量部管理。

（3）如有必要，要求供应商随货提供符合本公司要求的送货单（主要针对生产性物料）。可拟送货单模板，须包含模板中各项主要内容，包括合同/订单号、供应商名称、本公司物料编码、物料名称、物料型号（图纸号）、生产厂家、批次号（DC号）、单位、发货数量等。

（4）要求供应商按时提供符合本公司规定的发票。

a.采购部应尽量向供应商索取增值税专用发票，非一般纳税人供应商可以提供增值税普通发票，对于低值零星采购可提供定额发票。

b.发票内容要求：物料名称、规格型号与采购合同/采购订单内容须一致；发票上本公司信息须严格按照采购提供的本公司开票信息开具。

5.4.8采购合同执行进度管理。

5.4.8.1采购合同/采购框架协议/采购订单签署生效后，采购员应及时跟踪执行情况，监督、跟进甲乙双方履行采购合同/采购框架协议/采购订单条款的义务和进度，需要时协助综合部处理合同纠纷。

5.4.8.2采购员应及时跟踪物料进度，更新进度跟踪情况，及时告知生产计划部门和需求部门，以便生产计划制订和项目进度安排。

5.4.8.3采购合同/采购框架协议/采购订单在执行中，如遇生产、经营等情况发生变化，需要变更采购合同/采购框架协议/采购订单时采购员应及时和供应商沟通，按照国家法律和合同条款办理修改、补充、取消采购合同/采购框架协议/采购订单等事宜。

5.4.8.4在合同执行过程中，若出现图纸设计等问题，应及时与设计人员沟通，若需修改图纸时，应由设计人员负责修改，采购员及时将新图纸提供给供应商。图纸修改与发放按照公司相应的文件控制程序操作。

5.5物料到货收料

5.5.1采购负责人在ERP系统中从审核通过的对应采购订单下推采购收料单通知库房收货。

5.5.2库房查看采购收料单，核对实际到货物料的品种、数量等是否一致。如有不一致，库房应及时通知采购负责人，采购负责人应及时查看处理，通知相关部门。

5.6采购物料检验

5.6.1来料检验通知。

收货后仓库人员应在ERP系统中下推来料验收通知单，通知相关部门（品质部或研发部、申请部门）进行检验。如相关部门未能及时检验，库房人员应提醒，多次提醒还未检验的，库房人员应及时反馈给采购及项目等相关部门。

5.6.2 来料检验。

（1）对于物料分级管理规定的本公司目前所有BOM中的定型生产性物料（包括定制件、塑胶件、钣金、机加、压铸、射频线、线缆组件），标准件（连接器、辅料、模块、电池、电子元器件）品质部收到来料检验通知单后，按照研发提供的物料检验作业指导书要求检验来料，从来料检验通知单中按照实际检验结果下推填写来料检验单。

（2）对于物料分级管理规定的非BOM中定型生产性物料，由研发或申请部门检验，下推填写来料检验单。

5.7 合格物料入库

库房对判定合格的物料下推入库单。

5.8 不合格品处理

5.8.1 对判定不合格的物料，由品质部或研发部、申请部门在ERP系统中从判定不合格的检验单下推不合格品处理单，判退或折让，折让金额由采购部根据品质判定的品质影响程度及物料价值等确定。

采购过程中产生的质量记录由质量部门统一管理并提供给采购部门查阅。

（1）对于不合格品处理单判退的不合格品由采购负责人从不合格品处理单下推采购退料申请单，库房从采购退料申请单下推采购退料单。采购部联系供应商安排发回，或请库房代安排运输发回，运输费用由供应商承担。

（2）对于不合格品处理单判定折让的不合格品，采购部负责人在后续下推应付单时扣除折让金额。

5.8.2 对于来料检验单判定合格已入库物料后续使用发现问题与供应商协商一致退货的物料，由采购负责人从采购订单下推采购退料申请单，库房从采购退料申请单下推采购退料单，安排退货。

5.9 结算与付款

5.9.1 采购负责人根据合同条款，对检验合格入库物料，从ERP系统采购入库单下推应付单。

5.9.2 采购负责人根据合同条款，对检验不合格物料或判定折让物料，从ERP系统不良品处理单下生成扣除折让金额后货款的应付单。

5.9.3 采购负责人在ERP系统中从应付单下推录入对应的采购发票后，将发票提交财务部，或提交财务部后由财务部录入。

5.9.4 财务部安排付款并在ERP系统中从发票下推付款单。

【实例2-02】采购物资价格审核程序 ▸▸▸

采购物资价格审核程序

1. 目的

规范公司外购、外包物资价格审核，降低物资采购成本。

2. 适用范围

适用于公司所有采购物资、外包件、工序加工协作件等物资的价格审核。

3. 职责

（1）物流管理部供应/外包外协业务员负责按《招标管理办法》《采购控制规定》及公司采购流程制度初步确定采购价格，1个工作日内提出价格审核申请。

（2）物流管理部供应/外包外协室主任、物流管理部部长负责在1个工作日内完成对工艺定价的初审及复审。

（3）财务部成本室负责按定价原则在2个工作日内（设备维修急需备件在1个工作日内）审核确定采购物资价格。

（4）主管经营副总经理负责审批重要原材料、报审价格高于财务审核价格1%或报审总价高于财务审核总价500元的采购价格。

4. 内容和要求

4.1 下达采购计划

物流管理部供应/外包外协计划员将供应/外包外协计划下达给供应/外包外协业务员。

4.2 查询采购价格信息库

4.2.1 物流管理部供应/外包外协业务员打开供应链采购价格信息库。

4.2.2 按采购计划指定的材料，查找最新录入价格及对应的供应商。

4.2.3 对价格信息库中已有审定价格的材料，按采购流程采购。

4.2.4 记录价格信息库中无审定价格的材料名称。

4.3 初步确定采购价格

4.3.1 物流管理部供应/外包外协业务员按《招标管理办法》《采购控制规定》及公司采购流程等管理规定，对价格信息库中无审定价格的材料向供应商询价，初步确定采购价格及供应商。

4.3.2 外包件采购价格初步确认。

4.3.2.1 外包件：指由本公司提供图纸，加工方按我方图纸进行带料加工的零部件。

4.3.2.2 外包件的价格确定形式分两种：核算价格和招标比价确定价格。

4.3.2.3核算价格计算基础资料：公司定额成本。

4.3.2.4核算价格计算公式如下。

含税单价（含税）=（工时费用+材料费用）×（1～1.1之间）

工时费用=∑工序单价（含税）×工序工时（或重量）

材料费用=∑材料定额×材料当期单价（含税）

工时费用包含人工、折旧、工具及低耗品消耗、车间管理、燃料及动力等费用。

4.3.2.5招标比价确定价格：由财务、采购、技术等部门通过邀标组织三家以上协作厂家进行投标，按投标价格进行比较确定的价格作为外包件价格。

4.3.2.6招标比价确定价格一般用于财务部难以找到相关价格资料或工艺部门难确定工艺的物资及低于公司定额成本价。

4.4提出价格审核申请

4.4.1物流管理部供应业务员整理外购材料价格报审单的附送资料。

（1）批量性常用物资，至少有向三家以上供货单位询价资料。

（2）质量部对例外采购（不在合格供方处进行的、小批量性临时采购）的批准性文件。

（3）单项价值在3000以上（含3000元）设备采购的立项批准文件。

（4）因市场动态中不可控制的因素需要调增价格的，供方提交的与调增物资相关的市场价格信息资料。

（5）因市场动态中不可控制的因素需要调减价格的，调减物资相关的市场价格信息资料。

（6）其他资料。

4.4.2物流管理部外包外协业务员整理外包（协）材料价格报审单的附送资料。

（1）外包（协）方的报价文件。

（2）经技术部技术员签字确认的工艺文件：注明工序路线、工序名称、工序工艺要求、工序所需加工时间、编制日期等内容。

（3）因市场动态中不可控制的因素需要调增价格的，外包（协）方提交的调增物资相关市场价格信息资料。

（4）因市场动态中不可控制的因素需要调减价格的，调减物资相关市场价格信息资料。

（5）其他资料。

4.4.3准确完整地填写价格报审单，确认无误后连同附送资料交供应/外包外协室主任审核。

4.5初审工艺定价

4.5.1物流管理部供应/外包外协室主任复核供应/外包外协业务员提交的价格报

审单及附送资料。

4.5.2 检查供应/外包外协业务员询价，确定供应商的作业记录。

4.5.3 分析核实报审价格，在价格报审单“供应/外包外协室主任初审价”栏填写初审价格。

4.5.4 在价格报审单“供应/外包外协室主任初审意见”栏签署意见后送物流管理部部长审核。

4.6 审核工艺定价

4.6.1 物流管理部部长审核供应/外包外协室主任的初审工艺定价及初审意见。

4.6.2 分析核实报审价格，在供应报价单“物流管理部部长审核价”栏填写审核价格。

4.6.3 在价格报审单“物流管理部部长审核意见”栏签署意见后将价格报审单返还供应/外包外协业务员。

4.7 受理采购价格报审

4.7.1 财务部成本室主任核对采购价格报审单及附送资料，在“报审时间”栏填写接收时间。

4.7.2 按价格报审材料分类，将采购价格报审单分发至相应岗位材料会计初审。

4.8 初审采购价格

4.8.1 财务部材料会计复核采购价格报审单内容及附送资料的真实性和完整性。

4.8.2 按以下原则及方法初审采购价格。

（1）查看供应链采购价格信息库记载和近期实际进货价格作为参考依据。

（2）在互联网上查询同品牌、同档次产品的市场价格作为参考依据。

（3）通过了解市场行情，判断报价的真实性。

（4）要求供方提供产品报价依据，对物资报价构成的各种要素（包括料、工、费、税等）进行分析、计算，确定该物资的采购价格。

（5）与供应商沟通，核实其报价依据。

（6）对不常用物资，通过调研并比照同等产品同等质量的市场最低价。

（7）报审价格应低于市场价格，当产品价格高于同品牌、同档次产品的市场价格时，要重新核算成本，计算审核价格。

4.8.3 对除设备维修急需备件外的外包、工装、非标类报审价高于财务初审价10%，其他类报审价高于财务初审价5%的退回重新报审。

4.8.4 通过信息对比，分析核实报审价格，在供应报价单“材料会计初审价”栏填写审核价格。

4.8.5 在价格报审单“材料会计初审意见”栏签署意见后送成本室主任审核。

4.9 审核采购价格

4.9.1 财务部成本室主任检查价格报审单填写内容、附送资料、各审核人签署的审核意见。

4.9.2 通过信息对比，分析核实报审价格，在价格报审单的“审计审核价格”栏内填写审定价格后签署审核意见并加盖价格审核专用章。

4.9.3 对重要原材料的价格报审单以及重新报审的项目，报审价格高于财务审核价格1%或报审总价高于财务审核总价500元的，签署意见后报主管经营副总经理审定。

4.10 审批特殊采购价格

4.10.1 主管经营副总经理受理成本室主任呈报的价格报审单。

4.10.2 核实物流管理部报价与财务部审计审核价格的依据。

4.10.3 通过信息对比，分析核实报审价格，审批特殊采购价格后签署审批意见。

4.10.4 合同审批完毕后通知财务成本室主任领取已审批的合同。

4.11 提交价格审核结果

财务部成本室主任在价格报审单审核完毕当日，在OA（Office Automatic，办公自动化）上通知供应/外包外协业务员领取报审单。

4.12 执行审定的采购价格

4.12.1 物流管理部供应/外包外协业务员至财务部成本室领取审核完毕的价格报审单。

4.12.2 复印价格报审单后将原件交财务部相应岗位材料会计存档。

4.12.3 自价格报审单审定次日起15日内，按不高于审定价格签订采购合同，逾期进行采购须重新履行价格报审程序。

4.12.4 依据合同价格在供应链系统中录入采购订单。

4.12.5 将价格报审单复印件交供应/外包外协计划员存档。

4.13 录入供应链采购价格信息库

4.13.1 供应/外包外协计划员将价格报审单的材料名称及审定价格录入供应链采购价格信息库。

4.13.2 整理归档价格报审文件资料。

4.14 检查审定价格执行情况

4.14.1 财务部材料会计将价格报审单的材料名称及审定价格录入采购价格信息库。

4.14.2 审核采购入库单、采购发票价格与审定价格的一致性，采购合同日期是否超过审定价格的有效期，发现差错，及时通知相关责任人更正。

4.14.3 每月6日前向成本室主任提交上月审定价格执行情况书面报告。

5. 处罚

（1）供应/外包外协业务员应严格按《招标法》《采购控制规定》等管理规定办理价格报审业务，报审价格经各级审核后，外包、工装、非标类合同核减率不得高于10%，其他报审价格核减率不得高于5%，否则视为不合格价格报审，每次扣罚相关责任人200～2000元；1年内同一当事人同类问题累计处罚达3次，审计部门有权建议当事人调离此岗位。

（2）各级报价审核人员切实履行审核职责，所审核价格经复审后的价格偏差不得高于2%，否则视为不合格价格审核，按《采购业务审计管理办法》第6.1款处罚，即每次扣罚相关责任人200～2000元；1年内同一当事人同类问题累计处罚达3次，审计部门有权建议当事人调离此岗位。

附件：采购物资价格审核流程图。

采购物资价格审核流程图

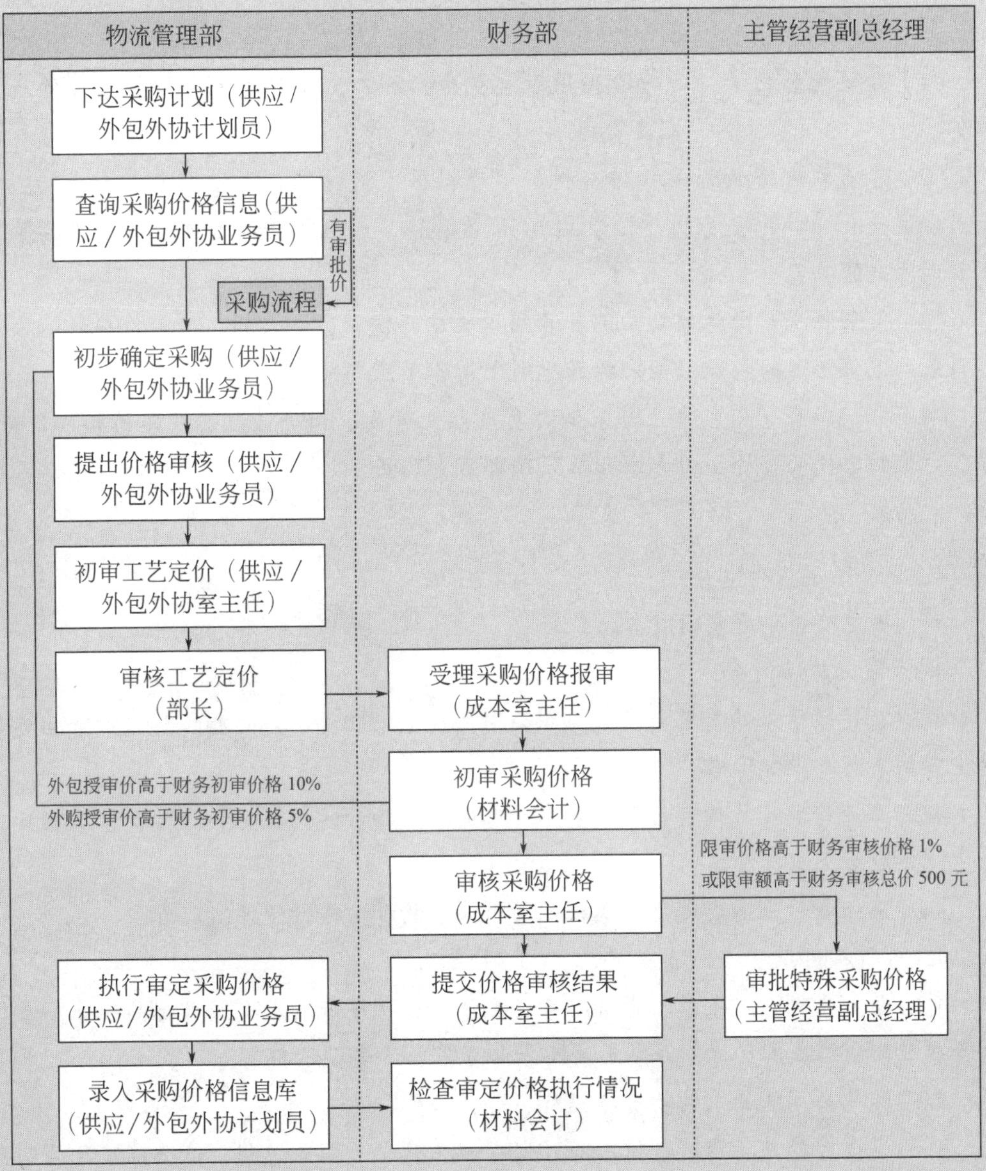

【实例2-03】采购价格管理流程

采购价格管理流程

1. 目的

规范公司采购物资的价格管理，完善采购物资价格制定或变更流程，明确采购物资价格制定或变更职责及权限，确保价格业务的及时、有效运行。

2. 适用范围

××公司及控股子公司直接配套物资/非直接配套采购物资管理。

3. 术语

（1）直接配套物资——一般指用于整机生产加工、装配的毛坯件、零部件及成品件。

（2）非直接配套物资——铸造材料、原材料（钢材、有色金属）、工具、刀具、量具、危险化学品（含易制毒化学品）、设备备件、服装、劳保用品、办公用品等用于辅助生产的物资。

（3）集采物资：由总部采购部负责组织集中开发、商务谈判、确定价格和份额并签订采购框架协议的物资，集采物资原则上由各事业部采购部负责购买。

（4）分采物资：由各事业部采购部负责组织开发、商务谈判、确定价格和份额，并签订采购合同的物资，由各事业部采购部负责购买。

4. 职责

4.1 公司高层

审议确定公司年度采购成本总目标。

4.2 物资采购委员会

4.2.1 公司物资采购委员会负责组织公司年度集采物资招投标和评标，批准招标物资中标供应商及中标价格。

4.2.2 事业部物资采购委员会负责事业部的分采物资的招投标和评标，批准招标物资中标供应商及中标价格。

4.2.3 各级物资采购委员会按职权范围对采购物资价格行使仲裁职责。

4.3 总部采购部

4.3.1 总部采购部是集采物资价格责任主体，在年度采购成本总目标的指导下，指导各事业部分解成本目标，并制定《集采和分采物资类型清单》。

4.3.2 组织公司级的采购物资招投标、评标工作。

4.3.3 负责对集采物资进行供应商开发、新品开发、商务谈判、价格确定及试制合同的签订。

4.3.4 负责对集采物资的采购价格变更、商务条款变更申请或报告进行评审。

4.3.5 集采物资价格原则上由总部负责维护，根据实际情况，可授权事业部价格管理部门进行维护。

4.4 总部财务部

负责依据公司年度经营目标和采购部门的建议，对年度采购成本总目标进行复核并提出建议，对关联价格的执行情况进行监督，对公司采购成本变动情况进行分析和提出改善建议。

4.5 事业部总经理

4.5.1 对事业部采购总成本负责。

4.5.2 依据事业部物资采购委员会（以下简称物采委）授权，审批分采物资价格、物资价格调整，对价格文件进行审批。

4.5.3 按授权范围对集采物资价格进行审批。

4.6 事业部采购部门

4.6.1 事业部采购价格责任主体是采购部门，根据公司采购成本目标，编制事业部采购物资招标方案和采购成本控制方案。

4.6.2 组织事业部的采购物资招标、评标工作，参与公司级的采购物资招标、评标工作。

4.6.3 负责对分采物资（含新增）进行供应商开发、商务谈判、价格确定及合同的签订。

4.6.4 负责对分采物资价格变更、商务条款变更申请或报告进行评审，提交事业部采购价格管理部门进行复核；对集采物资的采购价格变更、商务条款变更提出建议。

4.7 事业部采购价格管理部门

4.7.1 负责组织本事业部的价格管理，对采购物资价格的执行情况进行监督，对采购成本变动情况进行分析和提出建议。

4.7.2 对分采物资价格和价格变更进行复核，提供专业价格建议。

4.7.3 参与招投标物资的评标、商务谈判。

4.7.4 负责事业部采购物资在SAP（企业管理解决方案）系统中的价格维护工作。

5. 风险

（1）采购成本目标未有效管理、考核，监控不到位，无法达成目标的风险。

（2）采购价格确定、价格变更过程不规范，未能有效控制采购成本的风险。

（3）技术、工艺要求不同，材料、品质不同等因素，导致采购价格存在较大差异的风险。

6. 控制措施

（1）明确采购价格责任主体，明确审批流程及审批权限，通过采购审计方式，应用SAP、SAM（安全账号管理器）系统对结果实施监控。

（2）商务谈判按方案分析、确定目标、实施谈判、进行审批的步骤进行，有效控制采购成本，达成采购降成本目标。

（3）在满足所采购的物资符合质量（Q）、服务响应（S）、供货准时（T）、成本（C）等要求的情况下，采取招标、比价、谈判等方式确定采购价格。

（4）公司相关职能部门，按职责分工，各负其责，明确技术、工艺、材料、品质等要求，保证采购价格的合理性；采用复核机制，检查结果是否完整、真实和准确，增强管控能力。

7. 管理流程、流程步骤说明及控制矩阵

本流程包含两个子流程：采购物资价格制定流程，采购价格变更流程。采购基本原则：先确定价格，后进行采购。

7.1 采购物资价格制定流程

7.1.1 流程图

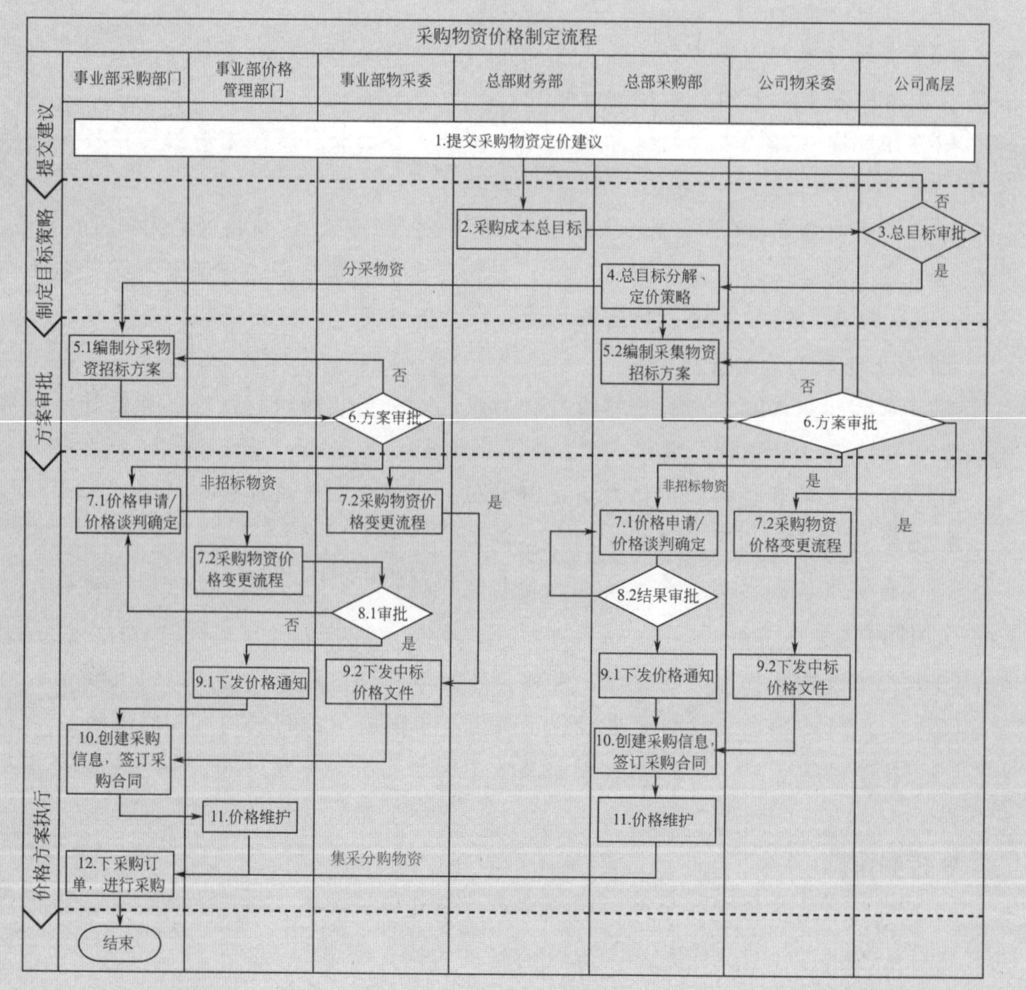

7.1.2 流程步骤说明

流程编号	流程步骤	控制类型	控制编号	责任部门	关键活动及相关规定	输出文件
1	提交采购物资定价建议	一般步骤		• 总部采购部 • 事业部采购部 • 公司高层	各事业部向总部采购部提交采购定价原则建议；事业部、总部采购部、公司高层向总部财务部提供采购成本建议	原则建议 物资清单
2	采购成本总目标	一般步骤		• 总部财务部 • 公司管理层	结合公司领导层和采购部门等建议，总部财务部复核后，提出年度采购成本总目标建议，提交总裁办公会审议，审批通过后由公司财务负责人签发采购成本总体目标	采购成本总体目标
3	总目标审批					
4	总目标分解、定价策略	一般控制步骤	C01	• 总部采购部	在完成年度采购成本总目标的前提下，指导事业部分解目标，并制定《集采和非集采物资类型清单》；编制并完善《采购价格定价策略》；存在差异时，必须向公司领导层汇报	集采、分采物资类型清单；各事业部采购成本目标
5.1	编制分采物资招标方案	一般控制步骤	C02	• 事业部采购部 • 总部采购部	根据采购成本目标和范围内的采购清单，总部采购部负责编制集采物资采购方案，事业部采购部负责编制分采物资采购方案，方案中应包括各类物资采购成本控制目标明细。方案需报批后方能实施	招投标案
5.2	编制采集物资招标方案					
6	方案审批	关键控制步骤	C03	• 事业部物采委 • 公司物采委	方案报物采委审批，审批通过后，由采购部门实施；事业部总经理作为事业部物采委重要成员，要对事业部采购总成本负责	

续表

流程编号	流程步骤	控制类型	控制编号	责任部门	关键活动及相关规定	输出文件
7.1	价格申请/价格谈判	关键控制步骤	C04	• 事业部采购部 • 事业部价格管理部门 • 事业部物采委 • 总部采购部 • 公司物采委	招投标采购物资：采购部门组织招投标/评标工作，物采委评标小组进行评标审核，分采物资需报事业部物采委审批或授权总经理审批，集采物资需报公司物采委审批或按授权进行审批 非招标采购物资：依据采购数据输入条件表，采购部业务人员首先进行价格审核和谈判，价格人员进行复核并提供专业建议，采购业务人员对价格确认后，以采购数据输出表形式报审批 备注： （1）新增采购物资、开发新供方物资，由采购部门评审后确定是否招投标，并相应按以上流程处理 （2）通常差异较小的价格，可由采购人员谈判确定，并报审批，将相关价格资料报价格管理部门备案 （3）与相同物料或相似物料的价格相比差异超过20%的，或者差异金额超过10万元的（优先考虑差异金额），需进行价格审批	
7.2	采购物资价格变更流程					

续表

流程编号	流程步骤	控制类型	控制编号	责任部门	关键活动及相关规定	输出文件
8.1	审批	关键控制步骤	C05	• 事业部物采委 • 事业部总经理 • 公司物采委	事业部物采委对事业部采购物资价格进行审批，事业部总经理根据物采委授权进行日常价格的审批，或进行授权审批 公司物采委对集中采购物资价格进行审批，总部采购部根据物采委授权进行日常价格的审批	
8.2	结果审批					
9.1	下发价格通知	一般控制步骤	C06	• 总部采购部 • 事业部价格管理部门 • 公司物采委	根据审批结果，下发《价格通知》或《招标采购物资中标通知书》	《价格通知》 《中标通知书》
9.2	下发中标价格文件					
10	创建采购信息，签订采购合同	一般控制步骤	C07	• 事业部采购部 • 总部采购部	采购部门创建采购信息，签订《采购合同》，价格管理部门需备案一份《采购合同》	《采购合同》
11	价格维护	一般控制步骤	C08	• 事业部价格管理部门 • 总部采购部	事业部负责采购（下采购订单）的物资（含集采分购物资），由事业部价格管理部门数据专员负责价格维护；总部采购部采购的物资，由总部采购部数据专员负责维护	
12	下采购订单，进行采购	一般步骤		• 总部采购部 • 事业部	采购部门负责下达采购订单和实行采购，收货后，采购部门负责审核发票价格，并进行报账，财务部门负责付款结算	

7.2 采购物资价格变更流程

7.2.1 流程图

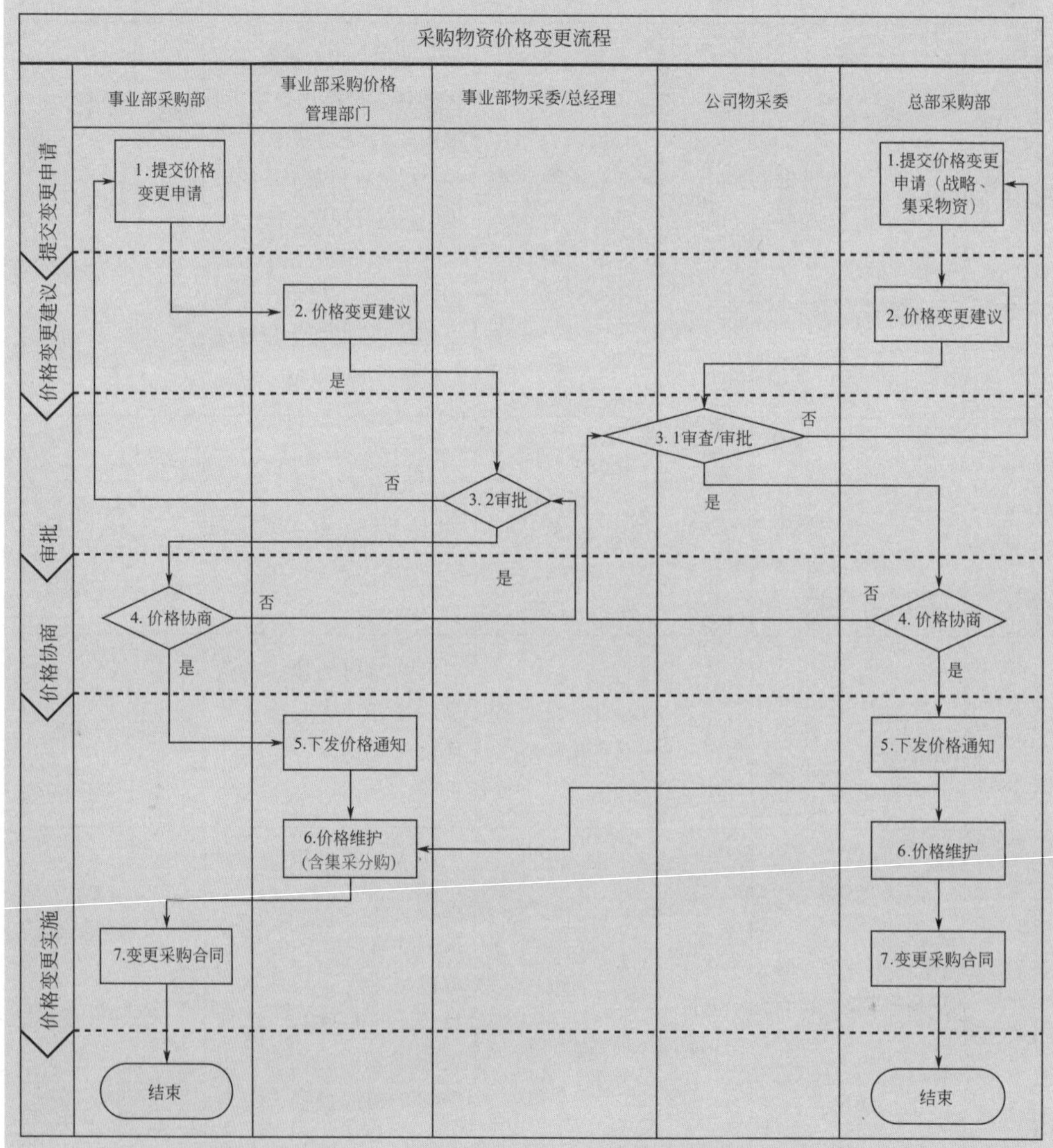

7.2.2 流程步骤说明

流程编号	流程步骤	控制类型	控制编号	责任部门	关键活动及相关规定	输出文件
1	提交价格变更申请	一般步骤		•事业部采购部 •总部采购部	事业部采购部向事业部总经理、总部采购部向公司物采委提交价格变更申请	价格变更申请表

续表

流程编号	流程步骤	控制类型	控制编号	责任部门	关键活动及相关规定	输出文件
1	提交价格变更申请	一般步骤		•事业部采购部 •总部采购部	鼓励降价，谨慎涨价。原材料价格下降时，采购业务人员及时考虑下调相应采购物资价格。采购业务人员接收供方的调价申请，供方涨价的原因必需合理且有依据，业务人员必须有具体意见、方案和相关依据	价格变更申请表
2	价格变更建议	一般控制步骤	C09	•事业部采购部 •价格管理部门 •总部采购部	采购业务人员提交价格变更申请，必须说明变动原因，经事业部价格管理部门/总部采购部门价格人员复核并签署建议后，方可提交事业部总经理/各级物采委审批	
3.1	审查/审批	关键控制步骤	C05	•公司物采委 •事业部物采委/总经理	按职责进行审批，可根据各公司和业务具体情况在适当范围内，由各级物采委进行授权审批 备注：战略物资、集采物资需公司物采委审批，事业部可提交相关建议供参考	审批结果
3.2	审批					
4	价格协商	关键控制步骤	C04	•事业部采购部 •总部采购部	根据审批结果，与供应商进行谈判和协商，存在差异时，必须及时汇报并负责跟踪进展情况，谈判结果由采购业务人员负责提交复核或审批	
5	下发价格通知	一般控制步骤	C06	•事业部采购价格管理部门 •总部采购部	采购价格确定后，价格管理部门下发价格变更通知	《价格变更通知》
6	价格维护	一般控制步骤	C08	•事业部采购价格管理部门 •总部采购部	数据专员及时维护SAP系统价格	
7	变更采购合同	一般步骤		•事业部采购部 •总部采购部	与供应商重新签订变更后的采购合同	《采购合同》

7.3 控制矩阵

<table>
<tr><th>目标编号</th><th>控制目标</th><th>风险编号</th><th>风险描述</th><th>控制编号</th><th>控制措施</th></tr>
<tr><td rowspan="11">T01</td><td rowspan="11">明确采购价格责任主体、审批流程及审批权限，规范价格确定、价格变更行为</td><td rowspan="3">R01</td><td rowspan="3">采购成本目标未有效管理、考核、监控不到位，无法达成目标的风险</td><td>C01</td><td>完成年度采购成本总目标的前提下，指导事业部分解目标，编制并完善《采购价格定价策略》</td></tr>
<tr><td>C02</td><td>编制物资采购方案，方案中应包括各类物资采购成本控制目标明细。报批后方能实施</td></tr>
<tr><td>C03</td><td>方案报物采委审批后，由采购部门实施；事业部总经理要对事业部采购总成本负责</td></tr>
<tr><td rowspan="5">R02</td><td rowspan="5">采购价格确定、价格变更过程不规范、未能有效控制采购成本的风险</td><td>C04</td><td>年度招投标采购物资经评标确定采购价格，非招标采购物资通过谈判、比价确定；新增采购物资、开发新供方物资，由采购部门组织评审后确定是否招投标，并按相应流程处理</td></tr>
<tr><td>C05</td><td>各级物资采购委员会按职权范围对采购物资价格行使审批、仲裁职责</td></tr>
<tr><td>C06</td><td>根据审批结果，下发《价格通知》或《招标采购物资中标通知书》</td></tr>
<tr><td>C07</td><td>采购部门创建采购信息，签订《采购合同》</td></tr>
<tr><td>C08</td><td>由相关数据专员负责价格维护</td></tr>
<tr><td rowspan="3">R03</td><td rowspan="3">技术、工艺要求不同，材料、品质不同等因素，导致采购价格存在较大差异的风险</td><td>C09</td><td>由采购部门组织评审后确定是否进行招投标，询报价，并相应按流程处理；差异较大的价格需按价格审批流程要求进行审批</td></tr>
<tr><td>C10</td><td>各级物采委按职权范围对采购物资价格行使审批或进行授权审批</td></tr>
<tr><td>C11</td><td>采购业务人员提交价格变更申请，必须说明原因，并经价格人员复，签署建议，方可提交审批</td></tr>
</table>

【实例2-04】采购物资价格审批表

采购物资价格审批表

年　月　日　　　　　　　　　　　　　　　　编号：

申请部门		使用机型		本公司经办人员	
供应商名称		供应商代码		供方经办人员	
类型	□国产件　□进口件	产地		执行时间	

序号	SAP物料号	物料描述	规格	单位	本批需求数	年用量	供方报价（不含税）	核价（不含税）	差异单价/元	差异率/%
	单台影响金额：			单价差异平均比率：			年差异金额：			

申请原因说明	（说明差异原因、使用情况说明等）	
审查意见（业务负责人）	技术部门	
	质量部门	
	采购部业务人员	
	价格复核人员	
	事业部采购部部长	
	事业部财务部部长	

审核/批意见	业务审批/确认			职能审批/确认		
	审批权限	审批人	审批意见	审批权限	审批人	审批意见
	审批≤20%的价格差异或审批≤10万元差异金额	事业部/子公司总经理		审批≤20%的价格差异或审批≤10万元差异金额	价格负责人	
	审批20%<价格差异≤50%或审批10万以上至50万以下差异金额	分管业务高层领导		审批20%<价格差异≤50%或审批10万以上至50万以下差异金额	分管采购价格高层领导	
	审批>70%的价格差异或审批50万以上差异金额	总裁		审批>70%的价格差异或审批50万以上差异金额		

注：1.此表适用于核定价格与供方价格差异较大，且经协商无法达成一致意见时，生产配套物资的价格审批。

2.技术部门包含技术研究院与工艺管理部门。

3.部分采购物资因涉及生产制造工艺情况，因此需要工艺管理部门签署意见。

4.外包或工艺性外协物资，涉及事业部财务成本变动，需事业部财务部门签署意见。

【实例2-05】价格通知

价格通知

××事业（总部）部采购部：

以下采购物资经价格谈判和审核，确定结算价格（元，不含税）如下。

序号	本公司物料号	物料描述	供应商代码	供应商名称	单位	结算价格	申请人	备注	申请人确认
1									
2									
3									
4									
5									
…									

请按此价格结算，有效日期：2012年××月××日至2012年12月31日止（或本批次有效）。

复核：　　　　审核：　　　　批准：

2012年××月××日

【实例2-06】采购物资数据输入记录表

采购物资数据输入记录表

1.直接配套外协件

适用机型（设计部门填写）	序号	SAP物料（采购人员填写）	物料名称（采购人员填写）	零件材质（设计部门填写）	设计净重（设计部门填写）/千克	设计目标成本（不含税）（设计部门填写）	单位（采购人员填写）	供应商代码（采购人员填写）	供应商名称（采购人员填写）	供方报价（不含税）（采购人员填写）	参考或替换物料（设计部门填写）
	1										
	2										
	3										
	…										

注：以上数据是外协件必要的输入条件，参考或替换物料为非必填项，若有请尽量填写

2. 直接配套外购件

适用机型（设计部门填写）	序号	SAP物料（采购人员填写）	物料名称（采购人员填写）	零件材质/品牌（设计部门填写）	相似或替换物料（设计部门填写）	设计目标成本（不含税）（设计部门填写）	单位（采购人员填写）	供应商代码（采购人员填写）	供应商名称（采购人员填写）	供方报价（不含税）（采购人员填写）	备注
	1										
	2										
	3										
	…										

注：以上数据是外购件必要的输入条件，有其他特殊情况，请在备注栏说明

3. 非直接配套物资（含辅助材料）

序号	SAP物料（采购人员填写）	物料名称（采购人员填写）	物资材质/规格/型号/品牌（设计部门填写）	单位（采购人员填写）	供应商代码（采购人员填写）	供应商名称（采购人员填写）	供方报价（不含税）（采购人员填写）	备注
1								
2								
3								
…								

注：以上数据是非直接配套物资必要的输入条件，有其他特殊情况，请在备注栏说明

【实例2-07】采购物资价格的输出数据记录表 ▸▸▸

采购物资价格的输出数据记录表

使用机型（设计部门填写）	序号	SAP物料（采购人员填写）	物料名称（采购人员填写）	零件材质（设计部门填写）	设计净重（设计部门填写）/千克	单位（采购人员填写）	供应商代码（采购人员填写）	供应商名称（采购人员填写）	供方报价（不含税）（采购人员填写）	开发工程师谈价（不含税）（开发人员填写）	复核建议价（不含税）（价格人员填写）	谈判价格（不含税）（谈定价格）
	1											
	2											
	3											
	…											

注：复核建议价的要求完成时间以发开发工程师谈价之后多少工作日计算。

【实例2-08】价格人员复核要求时间表

价格人员复核要求时间表

序号	物资分类	分类说明	每日复核数（$N \leqslant 5$）	每日复核数（$5 < N \leqslant 20$）	每日复核数（$20 < N \leqslant 50$）	每日申请数 $50 < N$

注：1.复核完成时间是指在采购输入条件充分的前提下，从接到价格复核资料时间节点起计算。

2.以每个价格人员每个工作日为单位计算，若价格人员所负责的业务涉及表中多类物资，时间节点可能存在交叉。

3.若每日复核零部件数超过表中所列数量较多，价格复核人员应与采购业务人员及时沟通，协商反馈时间，确保业务工作正常开展。

【实例2-09】外购价格报审单

外购价格报审单

填报日期：200　年　　月　　日　　　　　　　　编号：

<table>
<tr><td>代号</td><td>名称</td><td>规格（材质）</td><td>原价</td><td>报价</td><td>工艺定价</td><td>供应室主任初审价</td><td>物流管理部长审核价</td><td>材料会计初审价</td><td>审计审核价</td><td>数量</td><td>总价</td></tr>
<tr><td></td><td></td><td></td><td></td><td></td><td></td><td></td><td></td><td></td><td></td><td></td><td></td></tr>
<tr><td></td><td></td><td></td><td></td><td></td><td></td><td></td><td></td><td></td><td></td><td></td><td></td></tr>
<tr><td></td><td></td><td></td><td></td><td></td><td></td><td></td><td></td><td></td><td></td><td></td><td></td></tr>
<tr><td>分供方名称</td><td colspan="3"></td><td>拟订购日期</td><td colspan="2"></td><td>经办人</td><td></td><td colspan="3">财务部受理日期：</td></tr>
<tr><td colspan="6" rowspan="2">供应室主任初审意见：</td><td colspan="6">材料会计初审意见：</td></tr>
<tr><td colspan="6" rowspan="2">财务部审计审核意见：</td></tr>
<tr><td colspan="6" rowspan="2">物流管理部部长审核意见：</td></tr>
<tr><td colspan="6">经营副总经理审批意见：</td></tr>
</table>

【实例2-10】外包（外协）价格报审单

外包（外协）价格报审单

填报日期：200　年　　月　　日　　　　　　　　　　编号：

<table>
<tr><th>代号</th><th>名称</th><th>规格（材质）</th><th>单件重量</th><th>报价</th><th>工艺定价</th><th>外包外协室主任初审价</th><th>物流管理部长审核价</th><th>材料会计初审价</th><th>审计审核价</th><th>数量</th><th>总价</th></tr>
<tr><td></td><td></td><td></td><td></td><td></td><td></td><td></td><td></td><td></td><td></td><td></td><td></td></tr>
<tr><td></td><td></td><td></td><td></td><td></td><td></td><td></td><td></td><td></td><td></td><td></td><td></td></tr>
<tr><td></td><td></td><td></td><td></td><td></td><td></td><td></td><td></td><td></td><td></td><td></td><td></td></tr>
<tr><td>分供方名称</td><td colspan="3"></td><td>拟订购日期</td><td colspan="2"></td><td>经办人</td><td></td><td colspan="3">财务部受理日期：</td></tr>
<tr><td colspan="6" rowspan="2">外包外协室主任初审意见：</td><td colspan="6">材料会计初审意见：</td></tr>
<tr><td colspan="6">财务部审计审核意见：</td></tr>
<tr><td colspan="6">物流管理部部长审核意见：</td><td colspan="6">主管经营副总经理审批意见：</td></tr>
</table>

第二节　采购作业计算机化

一、采购作业计算机化的作用

采购作业的过程相当繁杂，从开发货品来源、询价、比价、订购、安排交货计划、跟催，一直到厂商送货、品质与数量验收完成，再到付款结束，整个作业才告一段落。因此这段时间的作业过程需要各式各样的表单来追踪和控制。有大量的资讯要记载、储存和处理，才能随时做最佳的采购决策和管理。据估计，采购员日常的工作中约有75%的时间花在整理表单等文书工作上，剩余25%的时间才真正用在采购的实际作业上，如询价、报价分析、安排厂商交货等。而采购部门通过计算机化作业则可达到以下目的。

（1）减少采购文书作业，可降低人力的需求，并减少错误。

（2）迅速查询各项记录的资料。

（3）改善业务的控制功能。

（4）提升工作绩效，因为计算机能提供各项决策所需的资讯。

（5）采购部门与其他部门的功能可以借由网络相互整合。

二、采购管理系统架构

采购管理系统主要包括五项子系统，其功能如表2-5所示。

表 2-5　采购管理系统的功能

序号	子系统名称	主要功能
1	厂商资料主档	主要是提供厂商的基本资料，包括建立供应商基本资料、查询供应商目录以及供应商资料查询、打印等
2	请购作业	包括请购单维护、请购单打印及确认、请购单状况查询打印以及请购转采购处理等
3	订购单作业	包含订购单开立作业、打印作业、修改及取消作业、结案作业，以及采购资料查询及打印。查询及打印的内容包括订购单索引、订购单已交（未交）明细以及各种采购业务的进度报告等
4	材料验收处理作业	包括交货验收、进料检验、材料退货处理以及收退料记录查询及打印等。这一子系统针对供应商的交货状况可提供详细的报告
5	采购管理作业	包括长期未交易厂商状况、厂商采购绩效分析、厂商采购统计排行表、料品采购统计排行表、料品采购单价变动表以及批号用料请购与领料比较表等

企业发挥管理的效能，仍依赖采购员灵活运用计算机系统所打印的各种报表，采取适当的对策与措施。例如，先就数量管理而言，应把近期内可能产生的缺料报告依厂商类别打印出来，以利于采购员进行稽催工作；反之，若有提早交货或超量交货的情况，也应及时纠正供应商的错误，以保障公司的财务利益。再就价格管理而言，应利用计算机逐一查核订购价格与发票价格有无差异；另外可打印采购价格差异报告，提供给采购主管与相关人员让其了解采购对成本降低目标的贡献程度。至于品质管理方面，也可打印出“厂商品质绩效报告”，作为评估厂商是否继续交货的主要条件。

三、利用计算机进行采购作业的情形

采购作业依照其作业过程可分为三个阶段：采购前的准备作业、订购单执行作业、订购单完成后的作业。以下就各个阶段利用计算机来作业的情形加以说明。

（一）采购前的准备作业

采购前的准备作业如下。

（1）收集并建立采购项目的基本资料。

（2）收集、过滤并建立可能的供应商资料。

（3）检查及核准请购单的内容。

（4）接洽合格的供应商。

（5）询价、比价、议价。

（6）核准订购单。

（7）发出订购单。

如果要利用计算机进行上述作业，首先要建立三个档案：物料主档、供应商主档及订购单主档。各主档档案所存资料如表2-6所示。

表2-6　各主档档案所存资料

项目	物料主档	供应商主档	订购单主档
储存与采购有关的资料	◆料号 ◆名称、计量单位 ◆工程规格 ◆蓝图号码 ◆合格的厂家或厂牌	◆供应商的名称、地址、电话、传真号码、网站、电子邮箱 ◆业务联络人的姓名 ◆已核准供应的物料名称 ◆供应商的产能及规模 ◆过去采购的价格 ◆过去采购所需的交期 ◆过去交货品质的记录 ◆过去交货绩效的评估	◆未完成交货的订单号码 ◆供应商的名称 ◆订购数量、已交货数量、订单余额 ◆订购的料号、品名、计量单位 ◆订购价格 ◆预计交货日期

在有了上述完整的资料存档之后，当采购员接到经过ERP或MRP（物料需求计划）系统由计算机打印出的请购单后，就可以迅速从计算机里取得需要的资讯来做判断。例如，哪家供应商的品质是已经过品管评鉴核准的、过去采购的价格、过去交货的时间、服务水准、评鉴的绩效等级等，然后再和新供应商的品质、价格、交货期等做比较，以确定向哪家供应商采购最有利。

通常，采购员常为所指责、质疑的，就是因为其做决策的过程不够透明化，并且很可能受到外在因素或供应商的影响，而失公平、公正、公开的原则。如果能利用计算机，根据其资料来做决策，并将其提供给主管参考、批准，则采购员个人的操守及决策的品质就更能取信于主管阶层。

（二）订购单执行作业

订购单执行作业始于发出订购单，直至供应商依照订单规定的交货时间将货品送达工厂或指定地点为止。作业的项目如下。

（1）发出订购单。

（2）供应商确认订购单的内容及条件。

（3）跟催。

（4）订购单内容变更。

（5）供应商交货。

（6）进货查封发票、交货单据及数量。

（7）进货品质检验。

（8）订购单结案。

（9）库存记录更新。

通常这段作业经过的时间最长，因为采购方或供应商由于内在或外在的环境的改变，可能发生一些变化，如表2-7所示。

表 2-7 采购方与供应商可能发生的变化

采购方可能发生的变化	供应商可能发生的变化
若遇到客户要求变更订单、市场预测不准而改变时，会影响到物料需求计划（MRP），从而产生四种状况 • 增加或减少订购量 • 取消订购单 • 交货期提前或延后 • 跟催到期未交货的订单	• 无法如期交货 • 要求提高售价 • 交货品质不符合采购方要求或品名不对，被采购方退货

这些变化经过采供双方的协议及同意后，就可将改变的部分输入计算机，打印出“订购单变更通知”，由采购方发给供应商确认；同时计算机内订购单主档的资料也随之更新。

订购单发出后，采购部门可利用计算机定期（每周或每月）打印出未交货的“订单状况报告”，追踪跟催已发出而尚未完成交货的订购单。这一报告可依照供应商、采购员、料号、订购单号码，或订购单到期日等不同类别打印出，以适用各种不同的用途；此外，也可依照订购单的金额和到期日，预测未来用于采购原料所需现金的情况。

当供应商将订购的货品如期送达指定的交货地点时，就完成了初步的交货手续，此项资料即可输入计算机。而采购员只需借助计算机终端机或计算机报表，就可了解并掌握实际交货的状况。如果发现经点收数量有短少或品质不符规格而遭退货时，则可尽快通知供应商立即补送、换货或前来处理；如果供应商送达的货品经验收无误且一切符合订购单条件时，则此订购单可结转，计算机里的订购单同时更新，而库存的数量也会同时更新。

（三）订购单完成后的作业

订购单完成后的作业项目主要如下。

（1）应付账款作业。

（2）购料价格差异分析报告。

（3）供应商绩效评估等。

财务部门可通过计算机里的各项采购资料比对来办理付款业务，例如收货单与订购单核对数量是否相符？供应商的发票与订单的金额是否相符？如一切无误则可办理上报支出，送请主管核准后，便依照订购单的条件付款给供应商，并利用计算机做成应付账款的汇总报告。而货款一旦支付后，就可根据实际采购的价格及所产生的费用和标准成本做比较，以得知购料成本是呈上升或下降趋势。

供应商绩效评估是根据供应商交货的品质、时间及数量、价格等进行评估的，以供未来采购的参考。如果绩效太差，则给予辅导或改向其他供应商采购；除此之外，还可评估个别采购员和采购部门的整体绩效。

四、建立电子采购系统

（一）计算机化建构的步骤

在建立采购计算机系统或提升其功能时，必须在行动时清楚完整地规定其目标、规划、调整及取得计算机系统的基本步骤，必须因不同的企业环境而适当调整。特别是当在一家小企业实行、对较小的系统做改变时，其中某些步骤可能是不必要的。同时，对这些系统进行建立之前，有必要阅读有关计算机资料、参观计算机展及与相关软硬件的销售人员进行初步的讨论。现将系统建构步骤如表2-8所示。

表 2-8 计算机化建构的步骤

序号	步骤	工作内容
1	分析现有的系统	严谨地评估现有系统以分辨哪些程序、格式报告是满意的，哪些地方有所遗漏或不适当，并对每个不满意的项目提出改善意见
2	定义系统	定义计算机化的基本问题及其目标，使之符合公司的目标及政策
3	建立专案团队及执行委员会	建立一个由采购部经理所领导，由采购、系统设计及存货控制等人员组成的委员会或团队。而包含公司高层领导人员在内的执行委员会，应常常检查此团队的成果，并给予指正及改善
4	为初步的系统设计取得资讯	确认系统会需要哪一类的资讯，什么时候需要及其具有何特性
5	发展概念性设计	设计一套可以表现出未来系统投入、参考文件、产出的流程图
6	说明如此设计的原因	列出数量化或品质性的利益，包含整体系统的所有要素
7	提出计划	整个专案团队应提出一份包含系统功能、需要时间以及预期效益的计划给执行委员会
8	设计必要的系统	依照步骤5所发展的概念流程图来加以扩大成完整的系统，必要时可以做成本的修正
9	发展系统规格	赋予系统适当的特性并解释其技术细节。这些规格必须以常用的形式来表示，并不应该将其限制于某些特殊的规格，因为其成本太高。资料库的要求也应包含在内
10	为供应商的提案建立价格预测分析	提供计算机硬件和周边设备的成本分析，以及估计程式软件的需求
11	要求厂商报价	发出完备的报价通知单给至少4家硬/软件供应商，谨慎地说明系统所需的每个项目，并分别与每家供应商讨论

续表

序号	步骤	工作内容
12	发展一个报价评估系统	利用正式的文件或是大面积的纸张，列出不同供应商所提供的不同的资讯来建立比较性的矩阵评估系统
13	选定两家最好的供应商	寻找可以提供整体成本最低的供应商，而不是价格最低者。邀请这两家供应商分别对其报价进行深入的对谈
14	决定最佳的供应商	与其就规格、价格、条件进行谈判
15	排定时程表	依照修改过后的设计及实行排程进行建构程序，并广泛地沟通及检讨其合理性。设定一系列的训练课程，使采购员或其他人员了解有关计划的修正
16	系统建构时的必要工作	在系统建构时，注意硬件及软件的架构方式是否依照规格施工，并记得将程序步骤写成标准的作业程序
17	测试计算机系统的成果	在系统未达到最佳状况时，不断地找出及改正错误是必要的。确定采购员对系统认可并签字，且供应商必须持续地提供协助；在没有完全满意之前不要接收系统
18	事后检视其成果	检视新系统的成本效益是否如预期的那样好

（二）计算机化软件的评估

1. 考虑软件特性

在选择应用软件时一定要评估软件所能表现出来的效能，在评估时应反复检视以下问题。

（1）该软件是否能完成所有采购部门所要求的工作？

（2）是否与其他现有系统（如会计、发票、收款等）相容？在大计算机的使用上，此软件是否易于与其资料库整合？

（3）在个人计算机的使用上是否易于使用及了解？

（4）是否可随着采购部门的业务变动而增加其功能？

（5）是否提供控制功能及例外性报告以供管理者使用？

2. 分析软件成本

在分析软件成本时，还应考虑软件的取得及维护成本。多数软件对于其可以使用的地区有所限制，所以在多地区使用该软件时的成本应加以确定。另外，还要考虑软件的维护成本高不高？谁执行维护的工作？维护的工作是否规律且持续？软件升级或更新的成本是怎样的？

3. 软件供应商

供应商也是软件选择时要考虑的决定性因素，在决定供应商时应考虑以下问题。

（1）供应商是否在你所处的产业中拥有足够的设计能力？

（2）供应商是否建立顾客反映渠道？

（3）供应商所支援的技术人员是否拥有采购领域的足够的专业知识？

（4）供应商是否有能力应对未来的升级及更新的需求？

五、采购管理与ERP系统

现代企业成功的采购管理，越来越离不开ERP的成功实施，ERP已经成为现代化采购管理的重要工具。ERP采购管理系统的建立有助于提升采购工作效率，从而降低采购成本。

（一）采购管理与ERP集成的一体化思想

ERP系统面向企业的整个业务流程，其核心思想是将企业的业务流程看作是一条紧密连接的供应链，它将企业管理从企业内部延伸到企业外部，对企业供应链的所有环节进行管理和集成。

1.在企业内部的集成方面

在企业内部，ERP系统将整个企业的相关部门通过信息共享有机地集成一个整体。而采购管理作为企业内部信息流、物流、资金流的源头，实现基于ERP的采购管理系统的集成对于整个企业ERP系统集成具有重要意义。ERP系统重视对人们已习惯的原有工作方式与工作流程进行重新改造和设计，改造范围越广，新系统的潜能越能充分发挥，企业所得的收益也应越大。在采购管理中不断追求高效的流程，先进的软件系统与业务流程结合在一起考虑，不断优化、磨合。这种在企业内部进行的ERP的有效集成，将提高采购管理的效率，使企业资源最大限度地发挥作用。

ERP是以计算机技术为支撑的资源的管理，计划、运用都是以数据的形式体现的。确保采购管理中数据的准确性，建立完善的数据收集机制。在管理活动中以数据说话，以合乎事实的数据为决策依据，这才能实现ERP系统在企业内部的有效集成。

2.在企业外部供应链上的集成方面

ERP与供应链系统的有效集成，是企业从整个市场竞争与社会需求出发，像智邦国际采购管理软件，整合、优化了供应链上的企业内部各个部门、材料供应商等各种资源，这样实现了社会资源的优化、重组，大大提高了企业采购活动中物流、资金流与信息流的运转效率，消除了众多的中间冗余的环节，从而减少流通成本，并提高企业应变能力。

这种ERP与供应链系统的有效集成把企业与供应商良好地连接起来，并通过信息网络融为一体，目的是在激烈的市场竞争环境中求生存和发展，大大提高了企业采购管理的效率，给企业带来了显著的利益。企业采购管理中实现ERP的有效集成，消除了采购的许多冗余的中间环节，减少了浪费，避免了延误，具有良好的社会效应。

综上所述，一方面采购管理通过ERP系统在企业内部的有效集成，达到了企业物流、资金流以及信息流的有机集成、提高采购管理效率的目的；另一方面，企业通过ERP系统在企业外部供应链上的有效集成，达到与供应商建立长期牢固的合作关系，优化了企业的采购管理。总之，通过ERP系统在企业内外两方面的集成，提高了企业采购管理的应用效率，集中体现了采购管理与ERP集成的一体化思想。

（二）ERP采购管理信息系统的设计与运作

企业的采购工作相当重要并且也非常繁杂，相当多的企业采购从中央到地方经常因采购工作中的一些琐事而影响了采购工作的效率，对采购工作的主要控制要素——物料供应的数量、价格以及供应时间反而只是勉强应付，几乎没有时间与精力去研究采购市场与开发供应商，更谈不上建立企业的稳固、高效和低成本的供应链条。ERP的出现为采购工作注入了强大的活力，提供了管理和技术并举的解决方案。应该说在诸多业务部门的ERP推广与应用中，采购部门是见效最快的部门之一。企业在实施基于ERP的采购管理信息系统时可以根据一定的业务顺序进行。

1.建立供应商资源

运行ERP下的采购管理系统时首先是建立供应商档案，同时对首选、次选等供应商加以分类，并建立供应商的供应货物明细（品种、价格、供应期、运输方式等），资料必须进行最终确认才有效。系统在执行采购订单下达时，要读入相应的供应商资料，并且初始化供应商的有关账务资料，初始化完成之后才能处理采购业务。供应商资料是采购子系统的基本资料。

2.生成采购申请

根据ERP的物料需求计划生成的采购申请，同时综合考虑物料的订货批量、采购提前期、库存量、运输方式以及计划外的物料申请，进行系统自动物料合并，也可以人工干预和修改。另外，有些原材料的采购提前期很长（有的进口件要半年以上的采购周期），因此有可能超过主生产计划制订周期。这类采购的采购计划应经过销售、财务与计划等部门的综合讨论与评估来确定所需的数量和时间，然后制定物料的中期或长期采购申请。

3.确定优选供应商

该过程是落实采购供应商。采购业务员根据系统中的供应商资源，综合考查有关供货价格、交货数量、交货期、质量要求与技术要求，进行供应商选优评价，落实每种物料的优选供应商。对新开发的供应商资源还要进行供应商的认证过程，经过相应的评审并合格后才能作为许可采购的供应商。

4.生成用款计划

生成采购计划后，系统自动生成用款计划，并根据询价结果进行维护。由财务对用款计划进行确认之后反馈意见给采购部。

5.下达订单

根据订货批量、采购提前期、库存量、运输方式、用款计划以及计划外的物料申请进行物料合并，生成采购订单。并经过确认后即可进行订单输出，最后下达给供应商。也可以网上发布订单。对于临时追加的采购任务，可以通过与供应商协商直接下达采购订单。

6.采购订单跟催

采购业务员对下达的采购订单按计划进行跟踪，系统可以设置跟踪的时间周期，形成订单跟催计划。在跟催过程中，要了解供应商的生产进度及质量情况，并及时对供应商给予支持。

7.货物验收

由采购业务员对供应商所供货物按订单进行验收，并录入收货单。也可以根据系统集成的特点与企业的实际流程直接由货物管理员对货物按订单验收，并对不按计划交货的供应商进行管理控制（拖期、提前）。

8.结账与费用核算、结账付款工作

应由采购部门配合财务部门来完成，并根据物料的采购结算单据和对采购各种费用的分摊，计算出物料的采购成本。

9.采购订单结清

在采购订单交货、收货、入库、付款和考核后，要及时结清采购订单。系统可提供自动结清功能，可选择交货、收货、入库、付款、考核等结清方式。一般系统按付款结清的方式处理，也可以进行强制结清。

10.系统基础数据维护

采购子系统的基本数据有采购员资料、供应商资料、采购提前期以及业务流程。

11.系统及时备份

采购管理系统是制造业和装配业于上线生产前，供应厂商基本资料的收集和建立前置作业；各项料品及厂商交货进度的规划，通过采购资料维护的功能，使ERP系统可不受物料需求管理系统的控制，并能提供应付账款、物料库存等系统的资料来源。不但具备了独立作业系统的功能，同时也能配合整合性管理系统的运作效益。但采购成本管理必须与产品结构管理相结合方能发挥效益，代购材料管理必须与库存管理系统结合方能发挥效益。

【实例2-11】ERP系统管理办法（物资采购、仓库管理模块）

ERP系统管理办法（物资采购、仓库管理模块）

1.总则

（1）为配合ERP系统物资管理模块的上线使用，保证系统的正常运行，特制定本管理办法。

（2）本管理办法自ERP系统物资管理模块上线试用起开始执行，随着ERP系统的推行而逐步完善。

（3）ERP系统物资管理模块包括物资需求、采购、库存、物资编码等子模块。

（4）所有进入ERP系统物资管理模块的用户根据其岗位和工作性质的不同都有明确的授权，只能从事与自己业务有关的操作。其账户和密码由个人妥善保管及维护，任何违法的操作在系统内都有记录，其责任将直接追究到账户责任人。

（5）用户在执行业务流程时应采用系统提供的通信方式或电话联系，保证流程的正常进行。必须了解本管理办法和具体操作手册的内容。

（6）ERP物资模块正式运行后物资采购申请、采购业务（含发票移交等）全部在ERP系统中单轨运行，取消书面审批业务（付款审批流程除外）。

（7）金蝶K3系统原有仓库业务维持不变，ERP系统库存业务与金蝶K3系统保持同步。

（8）公司各部门人员在系统中办理业务时要确保录入系统的各种数据信息准确无误。

（9）库管员在物资下发时要及时打印实物交接单，按月汇总装订存档，以备查询。

（10）需用部门在ERP系统中填写材料申请单时，要确保预过账项目准确无误且与金蝶K3系统相一致。

2.职责

（1）物资采购部提供系统运行的基础数据，如库存表、物资编码明细、供应商明细、暂估物资明细、审批流程等内容。

（2）ERP项目核心组负责基础数据库存表、物资编码明细、供应商明细等信息导入工作，暂估物资由采购部各业务员依照采购订单的形式录入。

（3）在系统投运后，物资采购部负责物资管理模块基础数据的维护和完善，并对实施中存在的问题提出意见和建议，经营管理部负责技术实施。

（4）物资部根据授权及操作流程规定使用本系统处理业务，并对使用中存在的问题及时以书面形式向经营管理部反馈。

3.管理内容

3.1系统建立

3.1.1ERP核心组在投运前将物资编码、库存信息、库位等基础数据导入系统；对系统材料申请、供应商询价、采购订单、入库等流程测试完善。

3.1.2所有上述工作及结果均应在有关部门充分讨论的基础上由ERP核心组以文

档形式确定并经审批、发布程序后方能实施。

3.2 系统维护

3.2.1 物资采购部指定专人负责对投运后业务流程及有关文档的管理、修订，对修订内容应及时形成文档、批准、发布、执行；信息中心配合负责技术实施。

3.2.2 如需新增物资编码，则由公司其他部门提出物资编码申请，物资采购部指定专人负责物资编码的创建和维护；其他基础数据的变更要求，ERP项目组定期组织讨论确定并执行修订，对修订内容应及时形成文档、批准、发布、执行；信息中心配合负责技术实施。

3.2.3 采购代码的创建和维护由公司各部门计划员定期完成，并按时汇总，提交物资采购部。

3.3 系统使用

用户在ERP系统中必须遵守《ERP系统物资模块操作手册》的规定，结合实际业务需求进行，用户在系统中的任何操作均被记录，不能随意操作。学习使用ERP系统功能可以在ERP练习库中进行，可以随意操作。用户在使用系统中发现问题应及时记录并向ERP项目组反映，任何疑难问题均由信息中心负责解决。

3.3.1 物资编码申请创建管理规定。

3.3.1.1 填写物资编码申请单。

（1）物资编码在物资模块上线之前已经导入7000多条，这些编码不足以满足公司各部门申请材料时的需求，所以需用部门在有物资需求时还需要创建物资编码。物资编码申请流程是由需用部门申请，物资采购部物资编码管理员审批并完成创建。

（2）“名称”文本框中填写需要申请物资编码的物资名称或者需要申请物资编码的用途。

（3）“审批流程编号”文本框中需填写物资编码审批流。

（4）零件行中的物资名称、型号规格、计量单位、物资大类、物资中类、物资小类，会计组要根据ERP项目组下发的“物资编码导则”来填写。

3.3.1.2 物资编码创建。

需用部门在提交物资编码申请单之后物资部物资编码管理员必须在规定时间内（在考核细则中）完成物资编码的创建工作，以便需用部门及时填写材料申请单。物资编码管理员在创建物资编码前要确认零件行大中小分类、会计组等信息正确无误后；方可创建编码，若大中小分类、会计组填写有误，则要对责任人提出考核意见。

3.3.2 材料申请模块使用管理规定。

3.3.2.1 采购代码维护。

ERP系统物资模块在上线之前已经创建了各部门所需的采购代码，各部门计划员负责定期维护即可，维护内容包括：采购代码按时申请采购、采购代码的有效期维护。具体操作流程如下。

（1）需用部门有急需物资的材料申请单产生之后部门计划员在1个工作日内要完成申请采购流程，并且采购代码到期之前2个工作日内要完成采购代码的汇总申请采购流程。

（2）需用部门计划员在采购代码到期之前2个工作日内要完成采购代码的有效期维护，以便部门人员在填写材料申请单时能够随时使用该采购代码。

（3）采购代码在维护时要注意其状态，采购代码只有在“下达”状态时才能使用，所以在维护采购代码有效期时必须要注意转换其状态。

（4）需用部门计划员在维护采购代码时只能更改其有效期范围，不允许更改会计组等其他内容。

3.3.2.2 填写材料申请单（申请物资计划）。

申报物资计划时系统会自动预留该物料申请单中所列所有材料给申请部门（或专业），这些材料采购入库后只有申请部门（或专业）才能领用，如果申请部门没有全部领用，且剩余材料全部或有部分取消预留，这种情况下其他部门（或专业）才可以申请领用已经取消预留的这部分材料，需用部门材料申请人一定要明确这一点。

（1）根据物资用途正确填写“申请物资描述”文本框。

（2）根据所在部门和所属专业正确填写部门文本框和专业文本框。

（3）根据物资用途和物资所属会计科目正确填写内部目的地标识和采购代码。

（4）到期数量字段为物资所需数量，申请行保存之后可用数量字段中会显示出该物品库存中可用的数量，根据这个数量调整更改到期数量字段中的值，一定要确保正确填写。

3.3.2.3 材料申请单审批流。

“审批流程编号”文本框是在保存材料申请单时自动带出的，与采购代码和部门是相互匹配的，在这描述一下其中的匹配规则，在填写材料申请单时一定要确认审批流正确。

（1）采购代码为空时自动带出审批流：物资领料申请（WZLLSQ）。

（2）物料申请单如果填写采购代码，采购代码中会计组文本框为01（原材料、低值易耗品），物料申请单中部门文本框选择20（设备维修部）或21（运行发电部），自动带出的审批流为：生产原材料、低值易耗品申请（SCYCLXYSQ）。

（3）物料申请单如果填写采购代码，采购代码中会计组文本框为01（原材料、低值易耗品），物料申请单中部门文本框选择非20（设备维修部）且非21（运行发电部），自动带出的审批流为：非生产原材料、低值易耗品申请（GLYCLXYSQ）。

（4）物料申请单如果填写采购代码，采购代码中会计组文本框为02（固定资产），物料申请单中部门文本款选择20（设备维修部）或21（运行发电部），自动带出的审批流为：生产固定资产需用计划（SCGDZCXYSQ）。

（5）物料申请单如果填写采购代码，采购代码中会计组文本框为02（固定资产），物料申请单中部门文本框选择非20（设备维修部）且非21（运行发电部），自动带出的审批流为：非生产固定资产申请（GLGDZCXYSQ）。

3.3.3 采购模块使用管理规定。

采购员对已下达的采购申请单要及时办理，急需物资在1个工作日内要进入询价流程，一般物资在7个工作日内要进入询价流程，以免物资到货时间延误。

（1）在填写供应商报价单时要在附件中挂接供应商报价传真，另外采购订单附件中也要挂接中标供应商的报价传真或者采购合同（总金额大于×万元，必须挂接采购合同），如果有会议纪要，也需要同时挂接到采购订单中。

（2）采购员在“订单询价核准”界面选定中标供应商之后，需在“评审结果”文本框中录入中标供应商理由，如有特殊情况（未选最低价等），需挂接附件详细说明（含评审报告等内容）。

（3）在ERP系统和金蝶K3系统双轨运行期间，采购员必须在ERP系统和金蝶K3系统中同步办理采购业务（含发票匹配和申请付款）。

（4）采购订单在进入审批流之前，采购员一定要核准零件行中物资单价和合同单价一致。

3.3.4 采购订单到货登记验收入库。

（1）采购订单中所列物资全部到货之后由库管员在系统中办理到货登记手续，在办理入库手续时一定要注意系统入库数量和实际入库数量一致。

（2）采购订单登记之后，库管员联系需用部门验货员到仓库验货。

（3）验收员验收结束之后，必须登录本人或者班组账户将验收人姓名录入“QC分析员”文本框中，并且要告知库管员验收结果。

（4）库管员要对已接收的物资移入库存时必须核对好移入库存数量与实际入库数量一致。

（5）物资模块正式上线之后仓库的退货业务也要在系统中执行。

3.3.5 物资领用和退库。

物资采购入库之后在系统中有两种状态：一类是已预留的，这类库存件在需用部门填写材料申请单时系统自动预留，领料时只有申请部门（或专业）才能领用，库管员直接在系统中执行“下发操作”即可；另一类是未预留的，这类库存件在系统中的来源有两个，其一是物资系统上线前存在的库存件，其二是其他材料申请单取消预留的库存件，这类库存件没有对应的材料申请单，任何部门（或专业）都可以领用。

（1）在金蝶K3系统与ERP系统双轨运行期间，需用部门未在金蝶K3系统和ERP系统同步办理物资出入库业务。

（2）物资到货后，需用部门（或专业）应在3日内领用出库，否则申请人应取消预留。

（3）库管员在物料下发时要确认领料人是否为材料申请单中所示部门、专业人员，若非材料申请单中所示专业人员，则要拒绝下发。

（4）库管员在办理退库流程之前要准确找到需退库物资所对应的材料申请单号，以免引起库存混乱。

4.考核细则

4.1 物资编码的申请和创建

4.1.1 需用部门（或专业）在填写物资编码申请单时，物资名称、规格、计量单位、大中小分类、会计科目填写不准确，每项物资考核需用部门（或专业）× 元。

4.1.2 如果有同种物资重复申请物资编码，则考核责任人 × 元。

4.1.3 需用部门提交物资编码申请单后，物资编码管理员未及时（急需物资编码，1个工作日内完成；一般物资编码，3个工作日内完成）创建编码，每次考核物资编码管理员 × 元。

4.1.4 对于物资编码申请完成较好者奖励 × 元。

4.2 采购代码维护

4.2.1 需用部门计划员未及时维护采购代码有效期，导致部门人员在填写材料申请单时没有可用的采购代码时，每次考核需用部门计划员 × 元。

4.2.2 需用部门计划员随意创建采购代码，导致采购代码使用混乱，考核责任人 × 元。

4.2.3 需用部门计划员未按时（急需物资，1个工作日内完成；一般物资，3个工作日内完成）汇总采购代码并提交申请采购，导致需用物资无法按时采购的，每次考核需用部门计划员 × 元。

4.3 材料申请（需采购物资）

4.3.1 材料申请单中“申请物资描述”文本框中填写不规范，每次考核责任人 × 元。

4.3.2 需用部门在创建材料申请单时未填写“部门”“专业”两个文本框或者“内

部目的地标识”“采购代码”两个文本框填写错误时，考核需用部门材料申请单创建人×元。

4.3.3在填写材料申请单时，如果零件行中到期数量小于或等于可用数量，则该物资不需采购，可在材料申请单中不填写采购代码，直接领用，若在已知可用库存数量满足需求的情况下继续申请采购，则每次考核责任人×元。

4.3.4材料申请各项数据填写准确，完成质量较好者奖励元。

4.4物资采购

4.4.1采购员对已下达的采购申请单要及时办理，急需物资必须在1个工作日内进入采购流程，一般物资必须在7个工作日内进入采购流程，如果急需物资未按规定时间办理，每次考核责任人元，如果一般物资未按规定时间办理，每次考核责任人元，异常情况需说明不考核原因。

4.4.2每个供应商报价单附件中必须挂接供应商报价传真，另外采购订单附件中也必须挂接中标供应商的报价传真或者采购合同（总金额大于×万元，必须挂接采购合同），如果有会议纪要，也需要同时挂接到采购订单中。如未按要求挂接相应的文档，则每次考核责任人元。

4.4.3采购员在“订单询价核准”界面选定中标供应商之后，需在“评审结果”文本框中录入中标供应商理由，如有特殊情况（未选最低价等），需挂接附件详细说明（含评审报告等内容），如果没有中标供应商理由，则每次考核×元。

4.4.4在ERP系统和金蝶K3系统双轨运行期间，采购员必须在ERP系统和金蝶K3系统中同步办理采购业务（含发票匹配和申请付款），若未同步，导致两系统运行数据出现偏差，每次考核责任人×元。

4.4.5物资采购符合流程规范，价格录入准确、发票移交、付款等各项数据填写无误者，奖励×元。

4.5采购订单到货登记验收入库

4.5.1库管员应严格把关，确保金蝶K3系统和ERP系统物资入库、验收工作同步进行，若由于保管员把关不严，导致金蝶K3系统和ERP系统物资账目不同步情况出现，考核责任人×元/次。

4.5.2物资到货验收之后，库管员在办理入库流程时要核对清楚需要入库的物资数量与实际入库数量一致，若出现偏差，每次考核元。

4.5.3物资到货登记之后，需用部门（或专业）应按时（大型重要物资在7个工作日内，一般物资3日内）完成验收工作，若逾期未验收，则考核需用部门（或专业）×元/天。

4.5.4物资入库、验收工作及时进行，且完成质量较好者，奖励×元。

4.6物资领用与退库

4.6.1在金蝶K3系统与ERP系统双轨运行期间，需用部门未及时在金蝶K3系统和ERP系统同步办理物资出入库工作，考核×元/次。

4.6.2在金蝶K3系统与ERP系统双轨运行期间，需用部门在金蝶K3系统和ERP系统同步办理物资出入库工作出现错误，未及时整改（1天）而影响系统双轨运行，考核×元/次。

4.6.3物资到货后，需用部门（或专业）应在3日内领用出库，否则申请人应取消预留，若超过3日未领用出库且未取消预留的，则超出时间每个工作日考核需用部门（或专业）×元。

4.6.4库管员在物料下发时要确认领料人是否为材料申请单中所示部门、专业人员，若出现冒名领用情况，每次考核冒领部门（或专业）200元，考核下发库管员×元。

4.6.5库管员在办理退库流程之前要确保需退库物资所对应的材料申请单，若选择需退库的材料申请单号错误，则考核责任人×元/次。

4.6.6物资领用手续办理准确合格，且保持金蝶K3系统与ERP系统同步，奖励×元。

4.7库存基础数据

在金蝶K3系统与ERP系统双轨运行期间，库存基础数据不准确，每次考核责任人×元。

【实例2-12】ERP系统采购实施及管理制度 ▸▸▸

ERP系统采购实施及管理制度

1.主要内容和适用范围

本规定作为ERP系统正式运行后，采购部和各相关部门在执行采购过程中所遵循的管理制度，规定了各部门在运用系统进行业务操作时的行为规范，同时制定了相应的管理考核办法，以保障ERP系统的正常运作。

2. ERP系统管理考核办法

（1）ERP系统采购管理考核办法统××部门制定，各部门必须严格按此办法执行。

（2）新增或变更供应商信息由采购部门填写（供应商信息表）上交财务部。由财务部对系统中的供应商信息进行更改，采购部门对系统更改信息进行跟踪检查。如采购部门没有及时将供应商信息及变更情况上交财务部门造成出错，对相关责任人处以惩罚。已上报到财务部门，财务部应于24小时内更改系统供应商信息，如延迟1天或错误对相关责任人处以惩罚。

（3）如供应商信息需要合并，由财务部填写“合并供应商申请表”，同时由财务部、采购部双重认可后在系统内合并，合并应及时。如合并不及时造成系统出错，对相关责任人处以惩罚。

（4）规范供应商管理，供应商送料应携带采购订单。所有物料包装箱上都应张贴系统物料编码、系统名称、每箱数量、供应商编码、供应商名称。所有来料如有工位器具，要严格按工位器具送料。如没有工位器具的物料要排列整齐便于清点，每箱要有固定数量。各部门负责采购的人员应将新旧编码对照表及要求及时通知供应商。如发现供应商没有按照以上操作，对相关责任人处以惩罚。

（5）对于采购需维护的基础数据，当接到上游部门新物料或需更改物料的通知，采购相关人员应在____小时内维护相关数据，如延迟对相关责任人处以惩罚。

（6）各车间及部门对于每月正常需申请的物料需在____日之前在系统里申请完毕。

（7）采购员需每天____点之前检查MRP计划采购订单、库存计划订单、其他各部门的申请，及时进行采购。

（8）采购员每天要检查订单的到货情况，出现特殊情况及时与计划部门联系。

（9）对检验不合格的物料，采购员接到不合格品检验单要及时与供应商联系，并有退货单据，供应商根据退货单据到仓库办退货手续。

（10）各人员如发现基础数据及系统问题应在____时间内向关键用户联系，关键用户要在____时间与相关部门联系解决，并给予答复。

（11）每____月____日之前采购部根据采购到货情况打印开票清单，通知供应商按通知开票。

（12）各细节要求根据实际情况进行改变及补充。

03

第三章

采购模式运用降成本

引言

在全球生产一体化、高度的信息化和近乎完全开放的市场的影响下，各行各业的竞争已经达到炽热化。生产企业面临着更加严峻的挑战，生产技术的共享已使很多依靠技术获得利润的企业的利润空间一再减少。面对这样残酷的现实状况，企业开始转向寻找新的利润源泉。在现代企业的运营中，管理受到了越来越多的关注，生产前的采购准备环节也日益成为管理者关注的重点。采购环节对企业最终效益的贡献越来越大，成为新的利润增长点。而如何采用科学的采购模式，使采购费用降低、订货费用降低、进货费用降低等，也就提上了管理者的日程。

第一节　集中采购降低采购成本

采购成本控制最常用的方法是集中采购，以最大化地利用采购规模优势，降低采购成本，尤其针对经营控制型集团企业。

一、何谓集中采购

集中采购是指集团或组织在采购商品时，进行统一集中的供应商管理与评估、采购价格管理、采购招投标管理，负责汇集分、子公司采购申请并进行调整汇总，形成集团采购计划，并进行货物的集中订购业务和集中结算业务。分、子公司根据需求向总部提出采购申请，进行收货入库，反馈收货状况给总部。集中采购是集团采购管理的必然趋势。

（一）一般意义上的集中采购

在一些集团公司或者政府部门，为了降低分散采购的选择风险和时间成本，除了一般性材料由分公司采购外，对于某些大型机电设备等由公司本部负责集中采购，也就是一般意义上的集中采购。

（二）实际操作中的集中采购

但在实际的操作中，总公司为了压缩分公司的采购主动权，防止分公司与供应商串通，将所有的物料统一将由总公司集中采购，被称为集中采购，如图3-1所示。

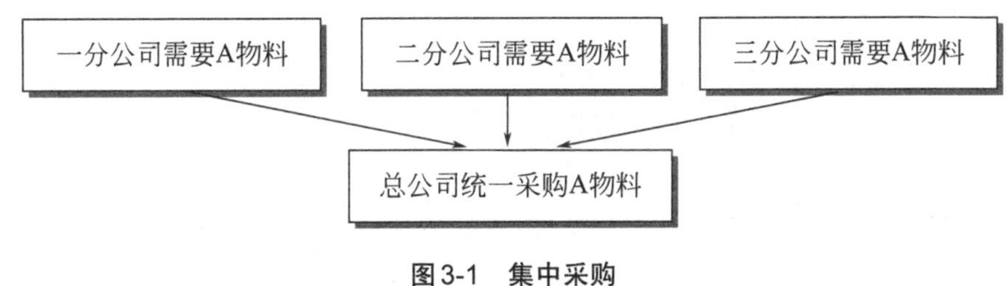

图3-1 集中采购

二、集中采购的优点

集中采购可以发挥规模效应，提高与卖方的谈判力度，获得低价进货的优势和更良好的服务；可以强化物资采购的集中管理，较容易统一实施采购方针，可统筹安排采购物料；可以精简人力，减少采购次数，提高工作的专业化程度；可以规范、协同、优化企业采购业务处理流程，提高采购工作效率，有利于提高绩效；可以加强供应商管理，以实时采集供应商的历史交易记录，建立实用、先进的模型，对供应商从质量、价格、交货期、服务、可持续的改进等多个方面进行科学的评估；可综合利用各种信息，形成信息优势，掌握市场价格、企业库存等信息，以利加强采购价格管理和压缩库存。具体而言，集中采购有如下好处。

（一）降低采购费用

共同利用搬运工具及仓库等而减少费用。

（二）采购单价便宜

集中购买，供应商会提供价格优惠，使得物料的价格便宜。同时，采购准备的时间和费用减少，工作效率提高。

（三）间接费用减少

物料采购所负担的间接费用包括定金、运输费、搬运费、质检费等，采购的数量越多，平摊到每一件物品的采购费就大大减少。

（四）大量采购

材料价格可以随着采购批量的不同有很大的变化，根据联合采购企业的不同情况，汇集成大量采购；在不同的企业间，把部分同类零件标准化，转换成大量采购。

（五）降低采购价

共同利用人力工资低的地区，或开工率不足的机器来制造产品，以进一步降低采购价。

（六）采购成本

对于采购成本而言，集中采购有利于：

（1）降低采购价格；

（2）减少采购行政支出；

（3）防止集团内部为了采购而相互提价。

三、集中采购的实施模式

实现集团采购业务集中管控的业务需求，集中采购包括以下几种典型模式的应用：集中定价、分开采购；集中订货、分开收货付款；集中订货、分开收货、集中付款；集中采购后调拨等运作模式。采用哪种模式，取决于集团对下属公司的股权控制、税收、物料特性、进出口业绩统计等因素，一个集团内可能同时存在几种集中采购模式。

（一）集收集结模式

集收集结模式（集中采购、集中收货、集中结算、内部调拨）如图3-2所示。

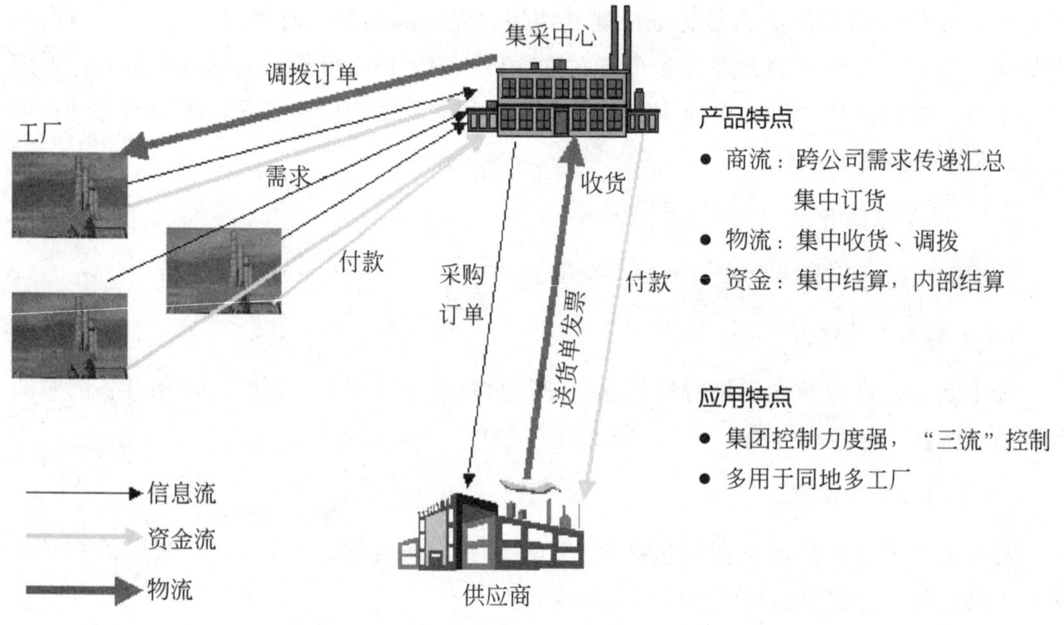

图3-2 **集收集结模式**（集中采购、集中收货、集中结算、内部调拨）

1.主要特点

（1）总部负责收集下级公司采购申请，统一向供应商下达订单。

（2）供应商统一送货到总部，总部收货质检，与供应商的物流在总部完成。

（3）总部收货后，根据各公司物资需求申请以及实际采购到货情况，向各公司调拨物资。

（4）总部与供应商统一结算。

（5）总部和下级公司进行内部结算。

2.运作流程

集收集结模式运作流程如图3-3所示。

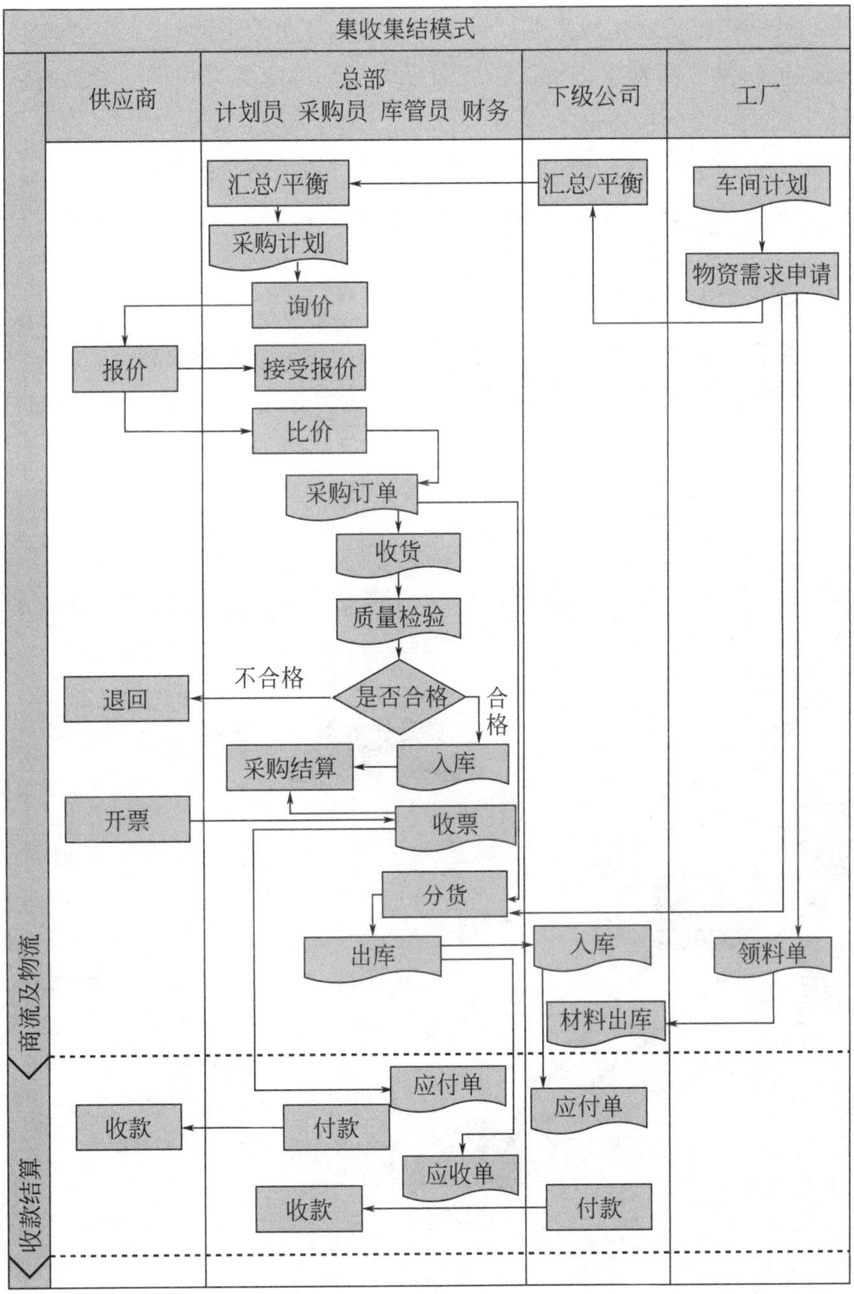

集收集结模式

	供应商	总部 计划员 采购员 库管员 财务	下级公司	工厂
商流及物流	报价 退回 开票	汇总/平衡 采购计划 询价 接受报价 比价 采购订单 收货 质量检验 是否合格（不合格；合格） 入库 采购结算 收票 分货 出库	汇总/平衡 入库 材料出库	车间计划 物资需求申请 领料单
收款结算	收款	应付单 付款 应收单 收款	应付单 付款	

图3-3 集收集结模式运作流程

集收集结模式运作流程说明如下。

（1）各工厂提出物资需求申请。

（2）公司计划员汇总各工厂物资需求申请后，在本公司范围内平衡库存，将库存缺口向集团总部提出采购申请。

（3）总部计划员汇总各公司需求申请后，在总部平衡库存，根据库存缺口生成采购计划。

（4）采购计划审批后，生成采购订单，下达采购订单给采购员。

（5）采购员向供应商发出询价，供应商报价后，确定集采价格；如果与供应商签订有采购合同，则执行合同价格。

（6）采购员执行采购，下达采购订单给供应商，要求送货到总部。

（7）采购到货需要质检时，在总部进行质检收货，不需要到货环节时，总部直接收货入库。

（8）总部录入采购发票。

（9）总部依据供应商发票与入库单匹配校验后与供应商结算、付款。

（10）总部根据下级公司物资需求申请及实际采购情况生成调拨订单，执行调拨。

（11）下级公司调拨收货入库。

（12）定期进行总部和下级公司的内部调拨结算。

（二）分收集结模式

分收集结模式（集中采购、分散收货、集中结算、内部收付）如图3-4所示。

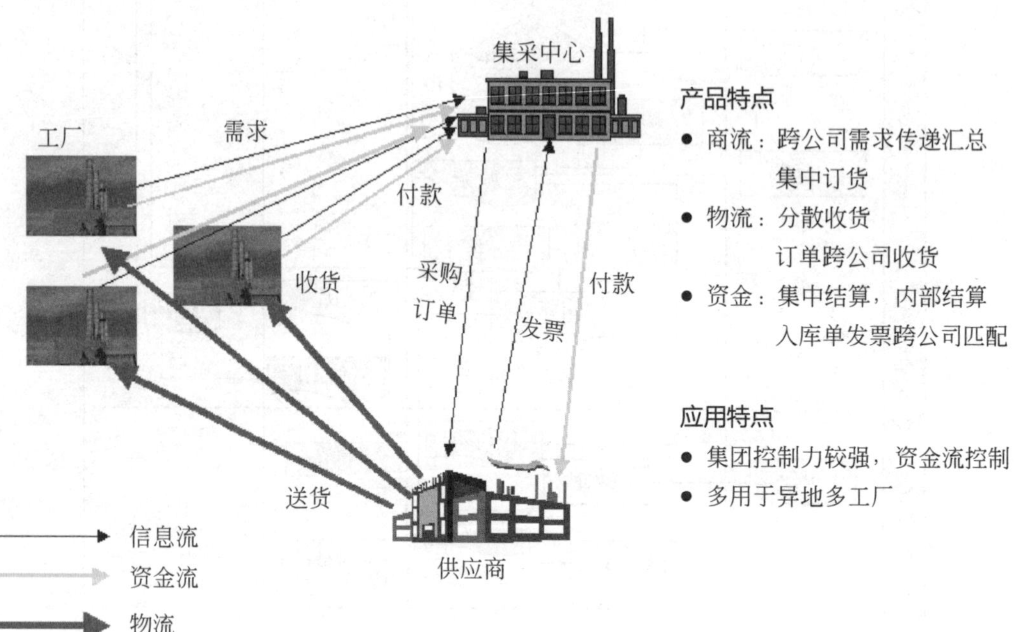

图3-4 分收集结模式（集中采购、分散收货、集中结算、内部收付）

1. 主要特点

（1）总部负责统一向供应商下达采购订单。

（2）下级公司分别进行收货质检与入库业务。

（3）集团总部与供应商统一结算。

（4）总部与下级公司内部结算。

2. 运作流程

分收集结模式运作流程如图3-5所示。

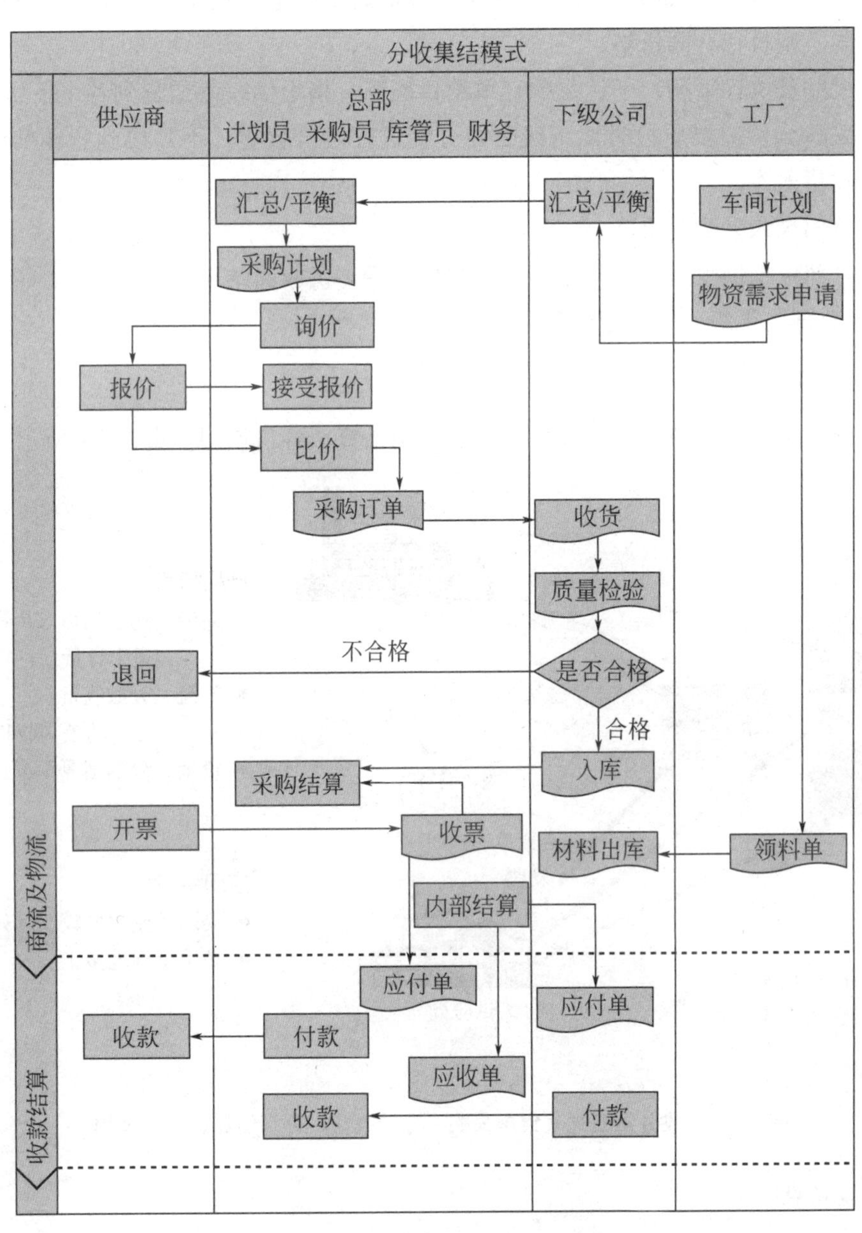

图3-5　分收集结模式运作流程

分收集结模式运作流程说明如下。

（1）各工厂提出物资需求申请。

（2）公司计划汇总各工厂物资需求申请后，在本公司范围内平衡库存，将库存缺口向总部提出请购。

（3）总部计划员汇总下级公司需求申请后，在总部平衡库存，根据库存缺口生成采购计划。

（4）采购计划审批后，生成采购订单，下达采购订单给采购员。

（5）采购员向供应商发出询价，供应商报价后，确定集采价格；如果与供应商签订有采购合同，则执行合同价格。

（6）采购员执行采购，下达采购订单给供应商，指定供应商送货到各个下级公司。

（7）采购到货需要质检时，下级公司分别进行质检收货，不需要到货环节时，下级公司直接收货入库。

（8）总部录入采购发票。

（9）总部依据供应商发票与入库单匹配校验后与供应商结算、付款。

（10）总部与下级公司进行内部结算。

（三）分收分结模式

分收分结模式（集中采购、分散收货、分别结算、各自使用）如图3-6所示。

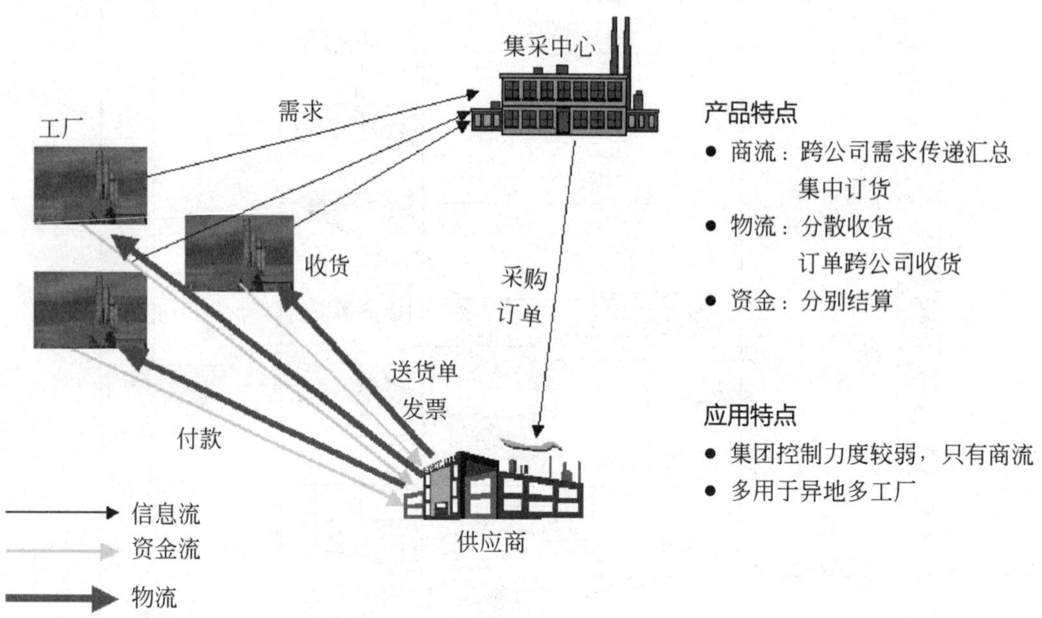

图3-6 分收分结模式（集中采购、分散收货、分别结算、各自使用）

1. 主要特点

（1）总部负责统一向供应商下达订单任务。

（2）下级公司各自进行收货质检与入库业务。

（3）下级公司分别与供应商结算。

2. 运作流程

分收分结模式运作流程如图3-7所示。

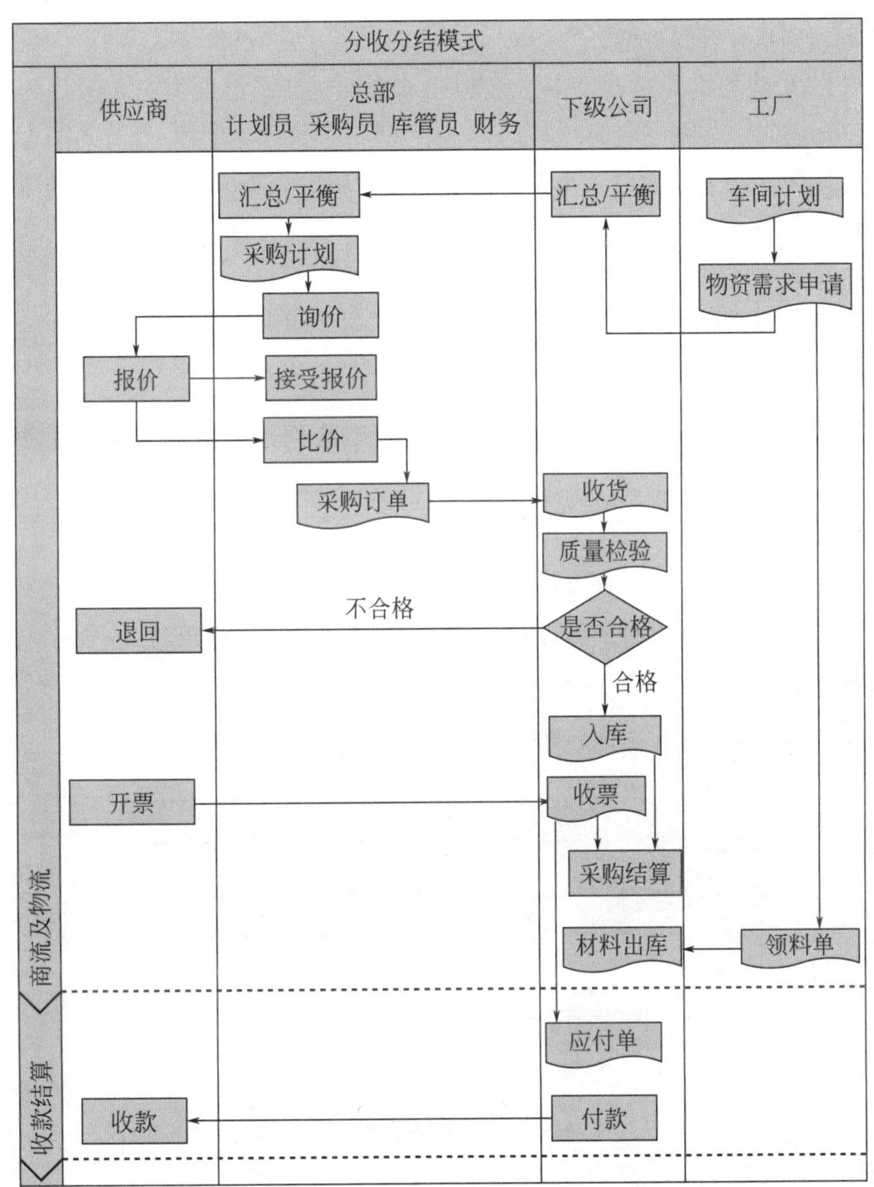

图3-7 分收分结模式运作流程

分收分结模式运作流程说明如下。

（1）各工厂提出物资需求申请。

（2）下级公司计划员汇总下级单位物资需求申请，在本公司范围内平衡库存，将库存缺口向总部提出请购。

（3）总部计划员汇总各公司需求申请后，在总部平衡库存，根据库存缺口生成采购计划。

（4）采购计划审批后，生成采购订单，下达采购订单给采购员。

（5）采购员向供应商发出询价，供应商报价后，确定集采价格；如果与供应商签订有采购合同，则执行合同价格。

（6）总部采购员执行采购，下达采购订单给供应商，指定供应商送货到各个下级公司。

（7）采购到货需要质检时，下级公司分别进行质检收货，不需要到货环节时，下级公司直接收货入库。

（8）下级公司录入采购发票。

（9）下级公司依据供应商发票与入库单匹配校验后与供应商结算、付款。

（四）统签合同集采模式

统签合同集采模式是指总部与供应商统签采购合同，并控制下级公司采购业务的模式。

1. 主要特点

（1）总部统一与供应商签订采购合同。

（2）下级公司只能根据总部签订的合同向供应商下达采购订单。

2. 运作流程

统签合同集采模式运作流程如图3-8所示。

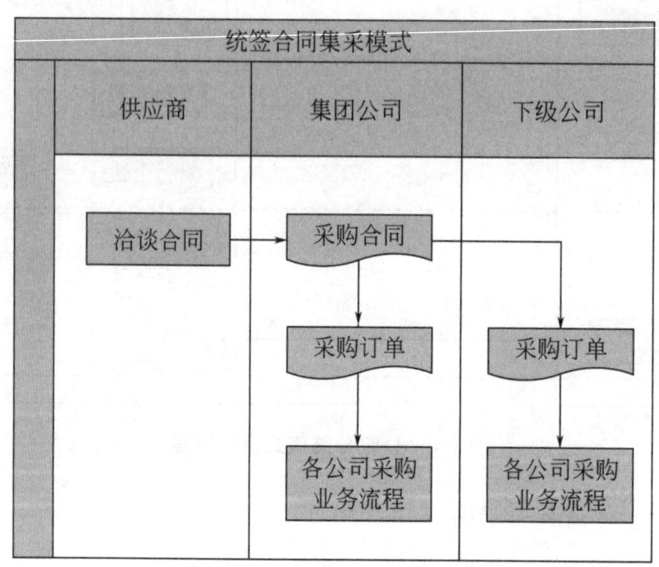

图3-8　统签合同集采模式运作流程

统签合同集采模式运作流程说明如下。

（1）总部统一与供应商签订采购合同。

（2）下级公司录入采购订单，并受总部采购合同的控制。

（3）下级公司执行采购订单后，进入后续的采购业务流程。

案例1

摩托罗拉每年的全球采购费用达到180亿美元，但在公司内部设立有个人通信、全球电信方案、宽带通信、专业无线通信、半导体及集成电子系统6个事业部，每个部门都有采购权。由于权力过分下放，使得控制的难度加大。

2009年年开始，摩托罗拉变部门采购为集中采购，有一个总的CPO（首席采购官）直接向COO汇报情况。

案例分析：

摩托罗拉集中采购的优势体现在可以在基站、对讲机、手机等共用的部件上加大与供应商的谈判力度；同时也能就技术问题进行更好的沟通，从而降低企业的采购成本。

案例2

宏化集团是一家大型国际采购集团。由于该公司下属子公司很多，虽然有共同需求，但需求落地的时间和区间不同。每次集团需要做采购预算时，都提前了解下属子公司的需求总量（估计），然后与供应商签订采购协议（无须精确到具体订单）。比如承诺1000万元的采购总额，以此来获得价格折扣和其他优惠条件。但是由于集团集权性不强，当子公司需求确实即将发生时没有选择上报给集团，各子公司打着集团旗号各自向供应商采购。

因此，宏化集团内部各自争斗供应商资源，在内部大打价格战，宏化集团一时成了供应商的“宠儿”。但同时，由于内部价格争斗，也导致采购原材料比市价多一个百分点。由于公司庞大，一个分公司多一个百分点，导致该公司年成本多付出了100多万元。

宏化集团管理层认识到问题的严重性，集团随即成立了虚拟的采购监控中心，负责统一协调采购事宜，将管理采购预算、采购谈判等收归集团中心。各分公司仅留有采购跟单的权利。一年下来后，该集团采购原料价格降低了一个百分点，为该企业节约了100多万元成本。

四、集中采购的控制

集中采购，就是将分散的采购工作集中起来进行，从而形成规模优势，在购买中通过折扣、让利等方式实现降低采购成本的目的。

集中采购是降低采购成本的基本方法之一。许多企业建立集中采购部门，对生产性原料或非生产性物品进行集中采购的规划和管理，一定程度上减少了采购物品的差异性，提高采购服务的标准化，减少了后期管理的工作量。

大家都有这种经验，在买东西的时候，随着批量的增加，采购的价格也会不断降低。集中采购就是采用这种方法，通过大批量采购，争取到最优惠的价格。例如，某厂家规定以100件/日的销售量为底线，每增加10件返利2%，增加50件以上返利3%。大批量采购促使采购成本下降，因此判断好市场销售前景的情况下，用提高采购量来得到供应方的低价优惠和返利政策，比小批量频繁采购要节省许多采购成本。而且采购量越大，采购成本越低。

应用集中采购法必须做到以下几点。

（一）集中采购要实施集中管理

也就是说，商品采购计划、采购工作、供应工作都集中于物资管理部门，使其便于发挥大规模成批量采购的优势。如不实行集中管理，造成多头采购，必然形成管理混乱、成本失控的局面。

例如，电缆是海尔集团众多产品都要使用的部件，为了做到集中采购，采购部门和产品设计部门通力合作，对空调、洗衣机、电冰箱等产品所用到的电缆进行了统一重新设计，能够标准化的标准化，能通用的尽量使用通用部件。通过这些措施海尔集团采购的电缆由原来的几百种减少到十几种。采购产品种类减少，才能顺理成章地实现集中采购。据调查，仅这一项改进，使海尔集团在电缆采购上节约了大约20%的成本。

（二）集中采购要制订采购计划

制订采购计划是集中采购的前提条件。计划的制订，是根据市场的调查情况和收集的信息，再根据企业自身的特点制订一份适合本企业经营状况的计划书。

一份好的采购计划书可以达到以下目的：

（1）预计材料需用的时间和数量，防止供应中断，影响生产销售活动；

（2）避免材料储存过多，积压资金，以及占用堆积的空间；

（3）配合企业生产与资金调查；

（4）使采购部门事先准备选择有利时机购入材料；

（5）确定材料耗用标准，以便管制材料采购数量及成本。

集中采购计划表见表3-1。

表 3-1 集中采购计划表

填报部门：______________________ 填报日期：______________________

序号	需求到货时间	采购项目（金额单位：元）						采购预算（金额单位：元）			建议采购方式	备注
		名称	规格型号	单位	材质/质量要求	单价	数量	合计	预算内资金	预算外资金		
合计												

填报人： 审核人：

总经理意见：______________________

（三）集中采购要制定合理采购方案

材料采购是企业与市场联系的纽带，制定合理的采购方案是降低采购成本的有效措施。对需采购的材料，采购员要根据企业审定的渠道，根据到站情况、运输方式逐一测算采购总成本，以到达使用地的“到达价”作为比价依据，用比较法确定最佳方案。如一项工程需用6000吨，经测算初步确定使用A集团和B厂的水泥，两家企业到达价的测算如表3-2所示。

表 3-2 两家企业到达价的测算表

项目	A集团	B厂
出厂价	295	300
运杂费（火车）	65	55
运杂费（汽车）	20	20
采购总成本	210万元	225万元

经过测算，使用A集团的水泥，较B厂节省了15万元。

（四）集中采购要减少分散采购途径

集中采购就是要与具备大批量供货能力的供货方建立长期的供需关系，并签订合同。既然供需关系已经确定，只要此供货方有本企业所需要的物料就不能再到别家去进货，除非质量和价格都优于此家供应商。要实行货比三家、就地就近的原则。还要经常核实供货方是否具备供货及时、质量优良、价格合理、服务周到的能力，据此确定是否继续维持供需关系。与诚实、讲信誉的供应商合作不仅能保证供货的质量、及时的交货期，还可以得到价格优惠。

五、集中采购的“雷区”

在公司整合、经济一体化的形式下，分散采购无法体现规模效益和满足全球化的要求。但是，规划、运用不当，集中采购往往会弊大于利。其弊端如下。

（一）集中采购会引发集团部门利益矛盾

在集中采购的各个环节中，各部门会维护自己的利益而引发诸多矛盾。

（1）子公司、分部认为分散采购有供应商选择权，灵活度高，利于快速应变；集中采购虽可带来价格优惠，但灵活性低，损失可能更大。

（2）设计部门为更快开发新产品，需要反应速度快，倾向于用小供应商。

（3）生产部门希望质量、交货稳定，更倾向于用大公司。

（4）采购部门更看重价格，而价格最低的供应商往往难以满足设计部门的要求。

（二）集中采购必须把握度

1.集中采购的度

集中采购的度，即一类物料，到底是全部归总部集中采购，还是适当授权，灵活处理。如何才能做到集中与灵活，总部与分部需要一段时间的磨合和总结，不能期望一蹴而就。即使是模式定下来之后，随着采购额、供应商、合作方式、公司战略的变化等，也要及时调整集中与灵活的比例。

案例

集中采购不是“铁板一块”，也不是“万能药”

某公司原来是大型私营企业，目前与美国一家公司合资，全国有两个基地共8家工厂。公司今年3月开始在集团成立采购中心，准备集中采购。等确定了组织架构后，接下来就是确定集中采购的对象。该公司大的原材料有几百种，需要经过详细的数据分析、现场访问才能确定集中对象，不是领导们“拍脑袋”就能定的。

该公司是食品行业，大宗物料比如粮食占采购额的20%。每年的采购额为几亿元。按理说这类采购项应该集团统一采购，但实际上采购渠道有三种：一是和中央直属粮库签大合同；二是和当地私营个体户签小合同；三是当地农户直接往工厂送。三级合同相结合，既有集中，又有灵活性，较好地兼顾了总部的价格要求和工厂的灵活性需求，避免了集中采购“铁板一块”，从极端分散向极端集中单方向移动。

但是，真正令人头痛的是一些零散物料，例如生产车间用的五金零配件。一种方式是整体外包，找一个有实力和专业的五金供应链管理公司实行集团采购。但是这类公司不愿意做此类五金配件等，虽说这些杂七杂八的物品每年也有数千万元的采购额，但是品种太多、量相对小、规模效益不明显。如果找个当地的小五金商店，他们又缺乏资金实力和供应链管理能力，加上路途比较远，管理起来会比较麻烦。所以该公司暂时保留基地采购的做法，等机会成熟后再探讨集团统一采购的可行性。

2. 集中采购的组织架构

集中采购的组织架构取决于要实现的目标、任务、公司文化和整体组织结构。例如有的公司采用委员会的方式，由采购、设计、生产等关键部门组成委员会，就具体的采购对象决定集中采购的方式；有的公司则由采购额最大的那个子公司或分部牵头，协调别的分部；有的公司则成立公司层面的集权采购部，把供应商选择、合同权全部收归公司层面，分公司只能有执行权。

【实例3-01】集团集中采购管理制度

集团集中采购管理制度

1. 目的

进一步规范集中采购管理工作，打造统一的集中采购平台，维护集团的合法权益，控制经营管理成本，保证集中采购工作的有效性和工作效率。

2. 适用范围

本制度适用于集团总部和全资、控股子公司（以下统称“子公司”）所有物资及服务类采购行为。

3. 职责

3.1 采购领导小组是集团采购管理领导部门，综合办是集团采购领导小组的办事部门，负责设计集中采购管理模式，建立采购制度。

3.2 采购领导小组由采购项目业务主管部室（工程技术部、综合办、风险控制部、分管财务部和风险控制部的集团主管领导、集团总经理）组成。

3.3 集中采购工作职责划分。

<table>
<tr><th colspan="2">采购类别</th><th>申请部门</th><th>经办部门</th><th>结算部门</th><th>监察部门</th><th>采购执行小组</th></tr>
<tr><td>1</td><td>工程项目相关</td><td>子公司</td><td>工程部</td><td rowspan="4">财务部</td><td rowspan="4">风控部</td><td rowspan="4">由采购需求部门、风控部门、相关领域专家组成三人以上单数成</td></tr>
<tr><td>2</td><td>总务办公用品</td><td>需求部门</td><td rowspan="2">综合办</td></tr>
<tr><td>3</td><td>固定资产</td><td>需求部门</td></tr>
<tr><td>4</td><td>服务、咨询等</td><td>需求部门</td><td>需求部门</td></tr>
</table>

3.3.1 申请部门职责：提出采购需求；起草采购技术指标；提出商务条件和评价标准；配合采购经办部门完成供应商选择；负责集中采购合同的履约和验收工作；配合集团采购经办部门对合同供应商评价等。

3.3.2 采购经办部门：审核申请单位采购计划、采购项目技术指标；提出集中采购项目的商务条件和评价标准；组织起草和签订集中采购合同；监督子公司采购合同履约和验收；提出集团本部和分公司的集中采购款项的支付申请，并办理结算事宜等。

3.3.3 采购结算部门：明确采购项目的预算资金；办理集中采购过程中的财务事宜；配合采购部对供应商进行财务审查；依据货物出入库情况和项目执行进度，负责集中采购合同款的支付，并进行账务处理等。

3.3.4 采购监查部门：监督集中采购工作操作程序的规范性、管理环节的完善性和工作人员履职尽责的廉洁性；处理采购法律事务；对采购文件进行合法性、合规性审核；依据集团合同管理相关规定牵头组织采购合同审核；审定集中采购合同范本；配合采购部对供应商进行资格审查等。

3.3.5 采购执行小组：负责非招标采购方式的市场调查、寻找供应商、供应商选择、竞争性采购谈判，最终确定采购方式和选择供应商。

3.3.6 采购监督指导小组：由国资委、集团监事会、集团纪检部门分别指定专人组成采购监督指导小组，履行监督、指导的职责。

（1）定期听取集团集中采购工作汇报，对存疑事项有一票否决权。

（2）选择重大项目进行全程监督。

（3）对集团所有集中采购项目进行抽查，对发现的问题提出整改意见，限期整改。

4. 集中采购解决方案

4.1 实物类采购。

<table>
<tr><th colspan="2">类别</th><th colspan="4">解决方案</th></tr>
<tr><td rowspan="2">1</td><td rowspan="2">工程材料类</td><td>集中采购</td><td>分散收货</td><td>集中结算</td><td>内部结算</td></tr>
<tr><td colspan="4">各分公司或项目部设立仓库，规范仓库收、发、存管理系统，验收单据并提交集团工程部、财务部作为内外部结算手续</td></tr>
</table>

续表

类别		解决方案			
2	总务办公用品	集中采购	集中收货 内部调拨	集中结算	内部结算
		综合办设立总务用品仓库，按财务要求建立收、发、存台账，验收及领用单据，作为财务内部结算和库存盘点的依据			

4.2 固定资产采购，具体见固定资产管理制度。

4.3 服务类采购。

类别		解决方案
1	工程服务类	如施工单位或设计单位选择等，子公司或项目部提出申请、走完审批流程，工程技术部按集中采购相关规定流程执行
2	非工程服务类	如审计单位、财务软件选择，需求部门提出申请，走完审批流程，由需求单位执行集中采购流程

4.4 单次采购额不足×元小额零星物资或劳务等的采购。

类别	解决方案
小额零星物资或劳务采购	统签合同集采模式：总部统一与供应商签订采购合同；下级公司只能根据总部签订的合向供应商下达采购订单

5. 采购方式选择

5.1 按照“应招必招、能招尽招”的原则，优先选用招标采购方式，达到如下条件，必须实行招标采购。

5.1.1 非工程类单项物资设备或服务一次性采购额超过50万元。

5.1.2 施工单项合同估算价在200万元以上的。

5.1.3 重要设备、材料等货物的采购，单项合同估算价在100万元以上的。

5.1.4 勘察、设计、监理等服务的采购，单项合同估算价在50万元以上的。

5.1.5 单项合同估算价低于上述规定的标准，但项目总投资额在3000万元以上的。

5.2 集中采购方式选择。

5.2.1 集团集中采购方式主要分为公开招标、邀请招标、内部招标、竞争性谈判、单一来源采购、询价采购。

5.2.2 集中采购方式选择。

序号	符合下列采购情形描述者，选择对应的采购模式	采购模式选择
1	达到5.1规定招标采购条件，原则上必须选择公开招标采购	公开招标采购

续表

序号	符合下列采购情形描述者，选择对应的采购模式	采购模式选择
2	达到5.1规定的条件，但有如下情形之一者，可选择邀标方式 （1）技术复杂或具有特殊性或受项目实施环境的限制，只能从有限范围的供应商处采购的 （2）采用公开招标方式的预计费用占采购项目预算比例过大的 （3）集团战略合作框架内的选型产品和服务，经认证的供应商超过3家（含）以上且无特殊要求的 （4）采用公开招标方式不能满足项目要求，但适宜邀请招标的 （5）国家或××市规定的其他特殊情形	邀标采购
3	（1）招标后没有供应商投标或者没有合格投标的或者重新招标未能成立的 （2）技术复杂或者性质特殊，不能确定详细规格或者具体要求的 （3）集团战略合作框架内的选型产品和服务，经认证的供应商在3家（不含）以下的 （4）采用招标所需时间不能满足用户紧急需求的 （5）不能事先计算出价格总额的 （6）国家或××市规定的他特殊情形	竞争性谈判
4	（1）集团子公司能够依法建设、生产或者提供的 （2）采用特定的专利、专用有技术或者有特殊要求，只能从唯一供应商处或需要从某一集团战略合作伙伴处采购的 （3）公开招标后，仅有唯一供应商参与投标的或产品性能技术参数仅有唯一供应商满足的 （4）发生了不可预见的紧急情况或防汛抢险中紧急需要不能从其他供应商处采购的 （5）需要向原中标人采购，否则将影响施工或者功能配套要求的 （6）国家或××市规定的其他特殊情形	单一来源方式采购
5	（1）货物规格、标准统一，现货货源充足且价格变化幅度小的 （2）服务要求明确、服务规范和标准统一、服务市场成熟且价格公开透明的	询价方式采购

6. 集中采购计划

6.1集团集中采购工作实行严格的计划管理，原则上下月启动的集中采购项目必须列入月度计划，以便公司整体安排。

6.1.1总务办公用品、固定资产、服务类采购。

序号	申请类别	申请时间	申请材料要求
1	总务及办公用品	每月15日	明确类别、名称、规格、数量，特别要求需书面说明
2	固定资产		参照固定资产管理制度
3	服务咨询类		明确需求目的、需求时间

6.1.2 工程采购计划。

序号	申请类别	申请时间	申请材料要求
1	大宗采购计划及项目总需求计划	项目总需求计划必须在项目开工前30天申请，大宗采购计划使用前60天申请	（1）预算部负责提供材料设备的数量、计划采购成本等 （2）项目部负责提出材料设备的进场时间要求、现场安装要求、设备型号、参数等，并负责与监理公司、业主沟通，确认采购的相关需求，最好能提供材料样板
2	月度采购计划	每月15日前提交下月采购计划	请提供详细使用计划，包括需求总量、使用时间、材料名称、规格、质量技术要求等
3	零星（紧急追加）采购计划	提前3天	请提供详细使用计划，包括需求总量、使用时间、材料名称、规格、质量技术要求等，追加计划说明追加原因。紧急追加计划需主管副总经理书面或电话同意

6.2 分子公司集中采购需求的提报流程为：分子公司需求部门→需求部门负责人→分子公司总经理→采购经办部门（具体见本制度3.2条规定）。对于集团计划，财务部只对接各分子公司，各分子公司根据集团情况指定部门进行采购需求的汇总整理。

6.3 集团总部职能部门集中采购需求的提报流程为：总部需求部门→需求部门负责人→需求部门的分管副总经理→采购经办部门。

6.4 采购经办部门汇总采购需求，形成集中采购计划。集中采购计划的审批流程为：经办部门部负责人审核→主管副总经理审核→采购领导小组审批。

6.5 集中采购计划需知会项目管理部、风险控制部等相关部门。

7. 集中采购管理程序

采购计划经审批通过后，进入采购管理程序，招标采购管理程序参见招标采购管理办法，非招标采购遵循如下程序：采购方式选择→市场调查→资格审查→供应商选择→结果确认→签订合同→履约管理→资金支付。

7.1 采购方式选择。

由采购经办部门牵头组成采购执行小组，按照本制度第5条规定，选择相应采购方式，并经主管领导审批。

7.2 市场调查。

进行市场调研、询价、确定供应商范围，收集产品和供应商的资料及信息，针对计划采购的材料设备建立专项数据库，对意向供应商，要求供应商递交报价表，以及各类证明文件（包括企业介绍、企业资质证明资料、产品质量证明资料、物资的相关证明、获奖证书等），并对其资格进行评审。

7.3 供应商选择。

技术复杂或市场化程度不高或供应市场了解少或重要的集中采购项目，为保证采购质量，在实施进度允许的情况下，一般应当组织资格预审，必要时组织现场考察，在确定合格供应商的基础上实施采购。

7.4 结果确认。

7.4.1 采购执行小组初步确定供应商，提交相关交领导审批，在 × 万元以下的，由子公司总经理审批；采购金额在 × 万元以下的，由主管领导审批；采购金额在 × 万元以上的，由主管领导提出选择建议，上报招标采购领导小组审批确定。

7.4.2 采取单一来源方式采购的，由协商小组所有成员在协商记录上签字后，报总经理办公会审批。

7.4.3 小额零星物资或劳务等的采购可以采用统签合同集采方式，由需求部门直接向供应商下单采购。10000 元以下采购均视为小额零星采购。

7.4.4 在不违背本制度其他条款的情况下，为了规避年度多次进行小批量的同类物资采购造成的人力物力浪费，集团实行确定年度合格供应商，在合同框架下分批次购买的方式，详见《× × 集团供应商管理制度》。

7.5 签订供货合同。

采购经办部负责将选择结果通知各供应商，同时要求中选的供应商前来办理有关合同事宜。

7.6 履约管理。

采购经办部门负责按合同约定的条件实施采购合同，并负责采购需求部门履约过程的管理和监督。

7.7 资金支付。

集中采购项目的资金，原则上由集团财务部统一支付。资金支付申请由集团采购经办部门按合同约定发起，履行集中对外采购支付流程；财务部根据子公司采购申请及验收单，做好内部资金的内部划拨和内部。

8. 监督及罚则

8.1 各分子公司、各部门自觉接受采购监督指导小组的监督。

8.2 集团风控部门对集中采购工作全过程进行监督。

8.3 未按本管理办法对集中采购工作进行组织、管理、监督，给集团造成损失的，在集团范围内通报批评，并给予相应的经济处罚和行政处罚，涉嫌构成犯罪的，还将依法追究刑事责任。

9. 支持文件

9.1总务用品需求单。

9.2总务用品管理流程。

9.3工程材料需求单。

9.4集中采购审批权限表。

第二节 “互联网+”采购降成本

网上采购是一种适应时代发展的先进采购模式，具有公开、透明、快捷和低成本等特点，能够有效地避免采购过程中的腐败和风险，提高采购效率。

越来越多的企业为了降低分散采购的风险、减少采购成本，选择了互联网上集中采购的方式，以规模优势降低采购成本。烟台某公司参加“柠檬豆”集采后，采购的宝钢电镀锌价格减少230元/吨，付款方式按照之前票到后10天内付款，其余要求完全满足；累计采购600余吨，没有产生任何质量问题，累积节约成本13.8万。合肥某材料公司则向“柠檬豆”提出了304精密不锈钢钢带集采需求，“柠檬豆”迅速整合资源依据客户要求送样，经过送样及小批客户开始批量采购，“柠檬豆”推荐的集采核心供应商价格减少2500元/吨，并满足其他商务条款要求。

从未来商业终端网点发展来看，商场（超市）等传统商业业态将长期存在，但由于其分布散、需求杂等特点，导致其采购、配送、销售比较分散，亟待大型专业化、信息化电商平台出现。在“互联网+”时代，不少传统商场（超市）正在尝试用互联网思维变革企业发展模式，加强在商业信息沟通、现金流支付、物流配送、人员服务等方面的互联共通，迅速抢抓电子商务发展机遇。

一、“互联网+”与采购成本降低的关系

（一）“互联网+”下大数据驱动的采购与运营

大数据可以让企业在海量的搜索或者消费过程中发现消费者对产品的不同热度。而在企业运营层面，和传统渠道最大的不同，由于在互联网渠道能够采集到从设计端、生产端、销售端到消费端整个过程中海量的大数据，零售企业就可以用这些数据驱动采购、经营的优化，具体如图3-9所示。

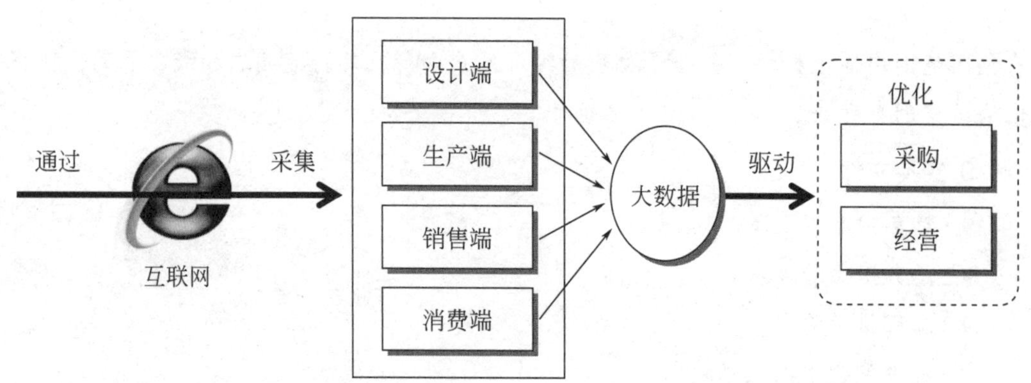

图3-9 大数据驱动采购、经营的优化

降低采购成本来实现企业利润的增加，是继改进生产工艺、减低原材料消耗和增加销售量、提高销售利润率之后企业的第三利润源，并且可能是最后一个尚未被开发的利润源。世界500强企业大多建立了全球集中采购网络系统，构建了强大供应链体系，成为驱动企业发展的重要动力。

正如打造沃尔玛全球采购网络平台的沃尔玛副总裁崔仁辅所言，沃尔玛的全球采购网络平台是一个开放的互联网系统，面向所有供应商开放，形成了高效的供应商合作关系。

（二）“互联网+”下的企业采购

电子商务专家认为，实体经济和虚拟经济紧密结合起来才是“互联网+”，而电子采购就是将这两者巧妙地结合起来。

采购是供应链的起点，采购优化不仅帮助企业降本增效，还能推动企业实现与供应商、客户、社会的“四赢”，创造更大的商业价值，这正是当下传统企业最需要的。

业内人士指出，互联网大数据技术环境下，企业商业格局被改变，电子商务推动企业采购管理进入图3-10所示的“互联网+采购管理”新趋势，促使企业从单纯地关注内部价值链扩展到外部互联，拥抱“互联网+”，构建供需无界的产业链级商业网络。

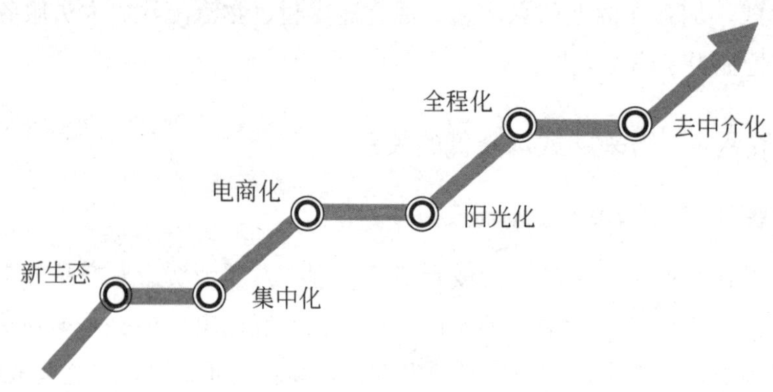

图3-10 “互联网+采购管理”的新趋势

“管控、共享、协同”是当前零售企业建设电子采购平台的三个方略，通过ERP与第三方集成互联，把企业内部采购、仓储、生产、销售等供应链环节进行“横向一体化”扩展，把供应商、企业、经销商、客户组成一条商业生态链，实现企业供应链的全过程管理，为最优成本、阳光反腐、提高效率提供有力支撑。

（三）“互联网+”下供应链管理的创新

随着中国市场经济发展，消费者的需求趋于离散，市场日益小众化，只有满足消费者的差异化需求，传统零售业才能在激烈行业中获得竞争优势。因此，传统零售业必须在全球范围内优化供应链创新，具体如图3-11所示。

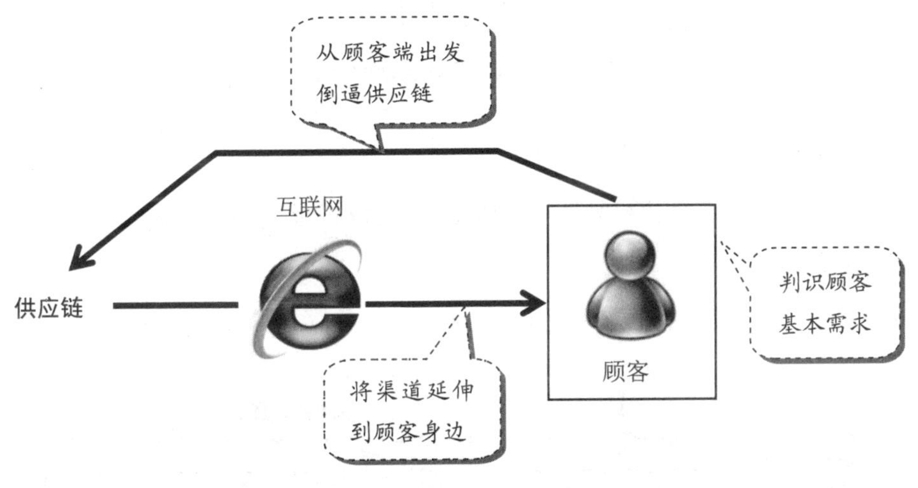

图3-11 优化供应链创新

零售商根据顾客的需求进行商品企划，在自己采购原料的基础上，委托制造商生产，最后全部买断包销。这种方式的核心是由零售商主导供应链彻底地满足顾客需求，在实现零售企业差异化经营的同时，使零售企业能够自主地设计商品毛利率和价格，重新回归零售业的基本经营功能。这种方式必然会颠覆传统零售业的供应商体系。

另外，为了适应互联网时代要求，传统零售业必须引入供应链信息系统，使供应链上各结点企业的产品需求信息、生产安排信息、订单传递信息、交货及库存状态信息、产品在途信息等实现高度共享与集成，快速反映市场需求，最终提高整个供应链的市场竞争力。

提高信息流的精确性，有效减少信息交换不充分带来的“需求放大”效应，零售商能以最少的流动资金进行流通，把库存降低到最低水平乃至实现“零库存”，避免了许多不必要的库存成本、采购成本消耗。

二、网络采购的认知

网络采购是指用户以互联网为媒介，以通过特制研发的采购商的买方交易系统或供应商的卖方交易系统为基础，或者第三方的交易平台完成采购行为的一种交易方式。主要包括图3-12所示的流程。

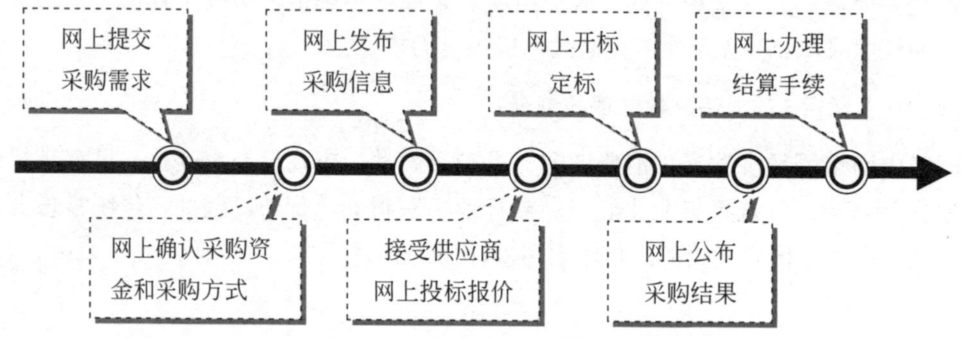

图3-12 网络采购包括的流程

（一）网络采购的分类

网络采购，一般可分为招标采购、竞价采购、谈判采购和直接采购等。

1.招标采购

招标采购又分为公开招标采购和邀请招标采购，具体方式如图3-13所示。

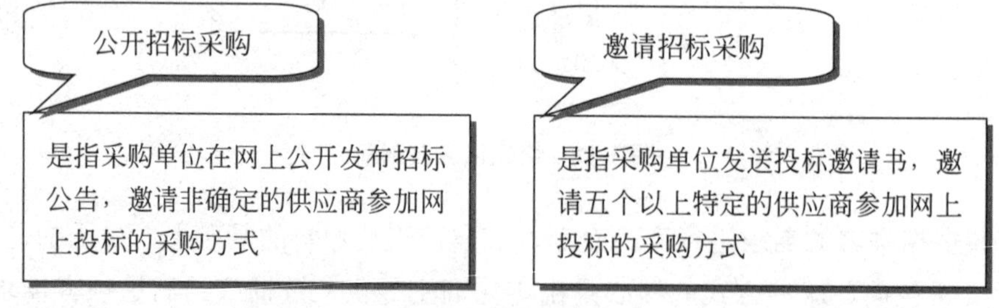

图3-13 招标采购的方式

2.竞价采购

竞价采购又称“逆向拍卖采购”，是招标采购和网上竞价相结合的一种采购方式，它通过供应商在线降价竞争，使采购商获得一个最优惠的价格，大幅度降低采购成本。网上竞价采购广泛应用于工业品采购、政府采购及全球采购等领域。

例如，沃尔玛、家乐福、IBM、微软等知名跨国企业都运用网上竞价进行全球采购。

3.谈判采购

谈判采购是指采购实体通过与多家供应商进行谈判，最后从中确定中标供应商的一种采购方式。

4.直接采购

直接采购是指采购主体自己直接向物品制造厂家采购的方式。其特点如图3-14所示。

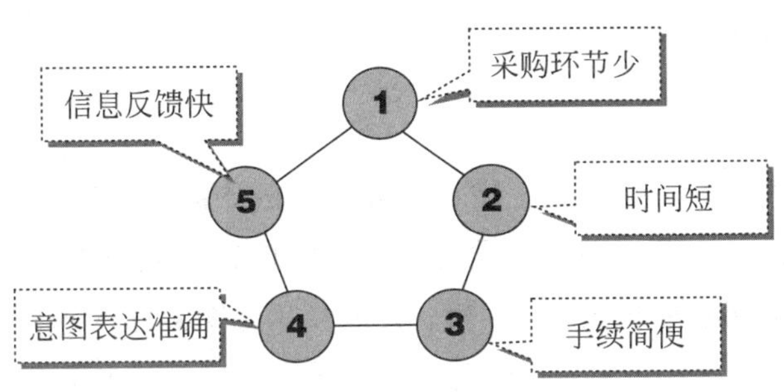

图3-14 直接采购的特点

提醒您：

针对不同的采购对象，采购方可以选用不同的采购方式：办公用品等间接生产材料的采购一般选用竞价或直接采购；战略资源、重要的直接生产材料的采购一般选用招标或谈判采购；采购量较小的维修、服务资料的采购一般选用直接采购；技术性较复杂、非标准型产品或采购金额较大的材料一般选用招标或谈判采购。

（二）网络采购的优点

网络采购的主要目标是对于那些成本低、数量大或影响业务的关键产品和服务订单实现处理和完成过程自动化。

与传统采购方式相比，网络采购具有图3-15所示的优点。

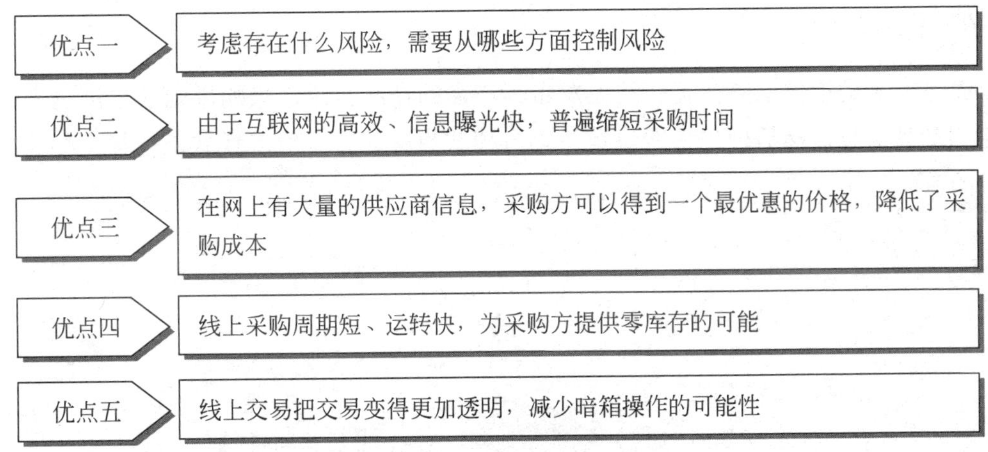

图3-15 网络采购的优点

三、网络采购的模式

目前，随着科技水平的提高和人们的不断追求，网络采购也在不断发展进步，由最初的单一网络交易模式，变得更加完善。就当前的应用而言，常见的网络采购模式有买方模式、卖方模式和中介模式三种。

（一）买方模式

买方模式是指采购方在互联网上发布所需采购的产品信息，由供应商在采购方的网站上投标登录，供采购方进行评估，通过进一步的信息沟通和确认，从而完成采购业务的全过程。买方模式也称为买方一对多模式，其模型如图3-16所示。

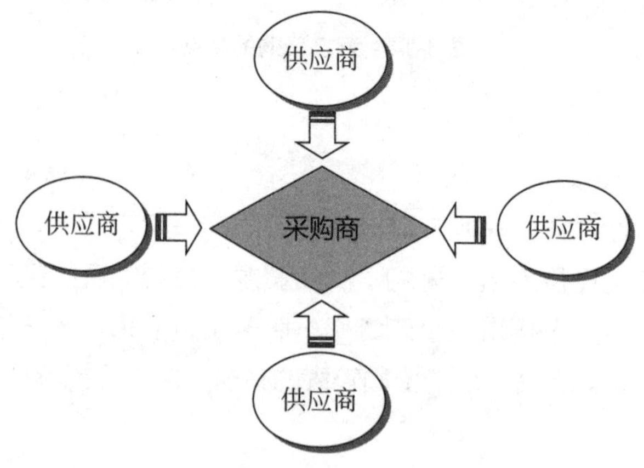

图3-16　买方模式模型

在买方模式中，网站的开发与维护、产品资料的上传和更新维护的工作由采购方来单方面承担，供应商只需登录该平台投标即可，这样虽然加大了采购方的资金投入，但采购方可以更加及时和紧密地控制整个信息流及采购流程，有选择性地进行采购，补充货源。

（二）卖方模式

卖方模式是指供应商在互联网上发布其产品的在线目录，采购方则通过浏览来取得所需的商品信息，然后做出采购决策。卖方模式也称卖方一对多模式，其模型如图3-17所示的。

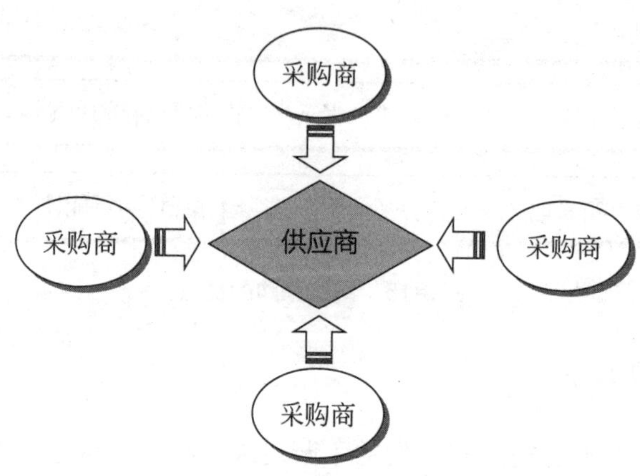

图3-17　卖方模式模型

在这一模式里，买方登录卖方系统通常是免费的，采购方通过浏览供应商建立的网站能够比较容易地获得自己所需采购的产品信息，但由于产品的多样性以及供应商众多，采购商必须寻找更多的供应商系统进行比较，以便于选择性价比最高的合作伙伴完成采购。这样一来又无形中加大了资金和人员的投入。

（三）中介模式

中介模式，也就是第三方交易平台，多以门户网站的形式出现，是指供应商和采购方通过第三方设立的专业采购网站进行采购。第三方交易平台是通过一个单一的整合点，多个采购商和供应商能够在网上相遇，并进行各种商业交易的网络平台。其模型如图3-18所示。

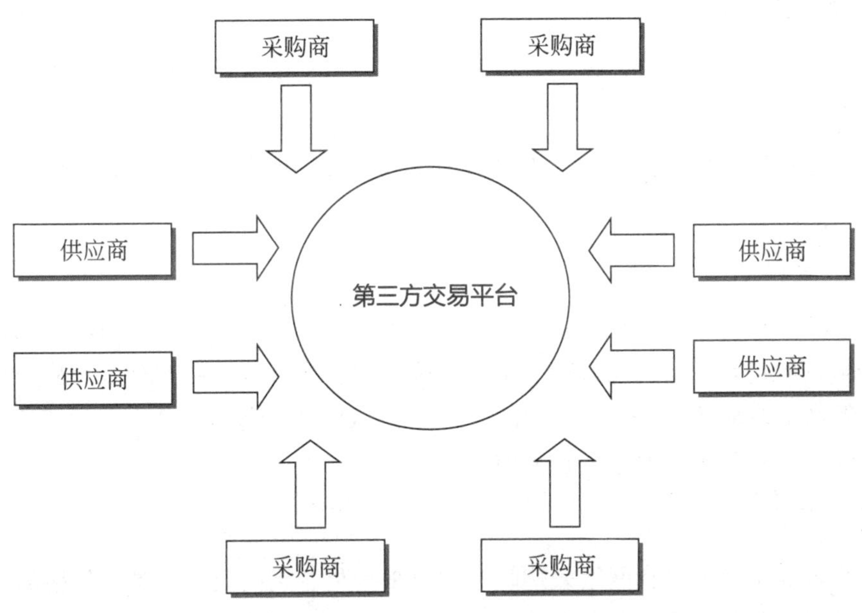

图3-18 第三方交易平台模型

在这个模式里，无论是供应商还是采购方都必须注册登录第三方交易平台，并在第三方网站上发布求购或提供的产品信息，第三方交易平台负责对这些上传的信息进行整合，然后在网站上及时发布和更新维护，以便于反馈给用户使用，达到促成交易成功的机会，使供应商和采购商从中获益。

目前比较流行的第三方交易平台如阿里巴巴供求平台、慧聪网站、易趣等都是专门为各供应商和采购商提供的专门的网络采购平台。

四、对网络采购员的管理

与普通采购员不同的是，网络采购员不仅要能熟练地使用计算机，还必须具备一些其他技能。

（一）要选对采购平台

什么样的采购平台才算符合要求呢？具体要求如图3-19所示。

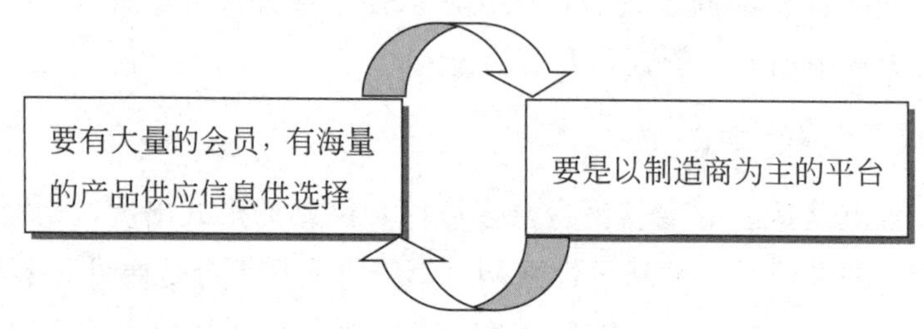

图3-19　符合要求的采购平台

（二）要学会辨别供应商

找到了合适的平台，接下来采购员要做的就是辨别供应商的真实性。采购员可查看采购平台对供应商提供的各种审核认证，比如阿里巴巴的诚信通以及世界工厂网的工厂专属认证标志，此外还要确认一下企业信息是否完善，是否提供营业执照以及相关资质认证。

（三）具备网络谈判技巧

由于整个采购过程是在网上进行的，因此采购员需要掌握一定的网络谈判技巧。线下的商务谈判时，采购员可能会控制不好情绪、身体语言等，对方有可能从中推测出一些信息，但网络谈判就不一样了，采购员可以通过QQ表情等来表达自己的情绪，很好地控制自己的情绪和态度，让对方无缝可钻。

（四）认清采购产品的价格

在网络采购平台上进行网络采购时，如果采购员看到高质量又是低价格的产品，在进行简单的成本计算之后，判断价格有问题，那么建议不要向这类供应商进行采购。因为网络采购也不一定是万能的，价格有时候也不一定是真正符合行情发展的，所以，采购员还是需要自己去调查市场价格，做好采购产品的成本价格分析等。

（五）关注采购产品的质量

作为一名合格的采购员，质量是采购员首要关注的一个点。所以当在网络采购平台上进行采购时，采购员要提前了解到供应商的产品质量是不是自己理想要求的。通常在采购时，需要关注供应商产品的质量、商检合格证；其次要关注产品性能规格和参数等情况。

（六）要建立供应商档案

每次采购结束后，采购员要对供应商进行各个方面的评价，尽量量化。评价指标包括产品质量如何、付款方式、能否按时交货、物流方便与否等，最后得出结论，以后是否可以合作。

（七）其他技能

此外，采购员进行网络采购要用到物流、网银等知识，因此采购员必须了解一些物流运输以及网银操作方面的知识。

采购员只有掌握上述基本知识并贯彻执行，才可以顺利进行网上采购。

五、对网络供应商的管理

从某种程度上说，供应商关系管理的成败，可决定网上采购能否顺利实施。合格的供应商是保证物资高质、高效供应的基本保证。

（一）网络供应商管理的基础工作

网络供应商管理的基础工作，主要包括图3-20所示的几方面的内容。

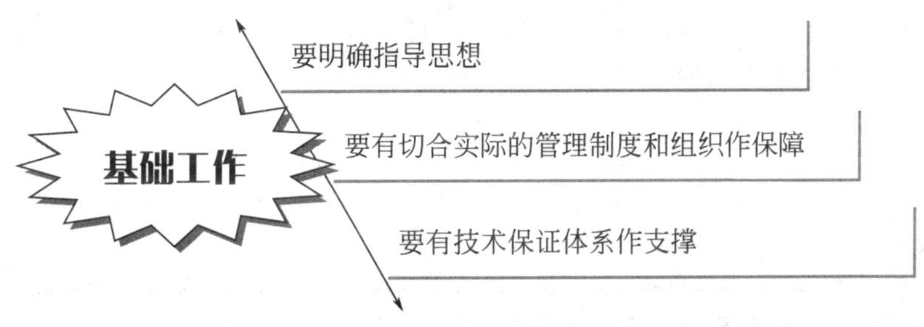

图3-20 网络供应商管理的基础工作

1.要明确指导思想

网络采购的核心是逐步完善，直到建立一个具有高效市场反应的供应链，提高企业的长期竞争力。基于这个认识，供应商关系管理就要以公平公正为目标，努力创造良好的网上交易环境；以业绩为导向，实现供应商的优胜劣汰；以业务奖励为手段，逐步培育核心供应商，实现供需双方的共赢。

2.要有切合实际的管理制度和组织作保障

俗话说："没有规矩不成方圆"。专门的供应商管理制度是执行供应商管理的依据，是供需双方进行公平交易的必须信守的准则，是交易双方维护自身正当权益的保障。与此同时，设置独立于采购业务之外实施对供应商管理的专职供应商管理机构，也是做好供应商管理的一项重要措施。

提醒您：

专职供应商管理机构负责供应商管理标准的建立、供应商认证、供应商资质管理、供应商绩效管理、供应商投诉处理、供应商考核与激励，以及供应商开发的实施。这样的组织设计可以有效避免供应商管理过程中的人情因素，保证了制度执行的有效性。

3.要有技术保证体系作支撑

网络采购的信息发布必须明确、准确，否则会带来供应商报价标准的不统一和对供应商的排斥；另外，到货物资验收标准的模糊也会造成验收过程中的供需双方各执一词，导致验收纠纷。这些会造成对供应商实际的不公平，甚至还会带来采购方内部人员的违规等一系列不正常现象的发生。依据国标、行标制定和执行企业通用性物资及专业物资的验收标准，在很大程度上可有效避免上述问题的发生。

（二）网络供应商的寻找

优秀的供应商是企业成功采购的决定因素，在选择和评估供应商时，必须对诸多因素进行综合考虑，包括交货速度、产品质量、批量柔性、技术能力、应变能力、采购价格等。采购员可以参考图3-21所示的步骤来寻找网络供应商。

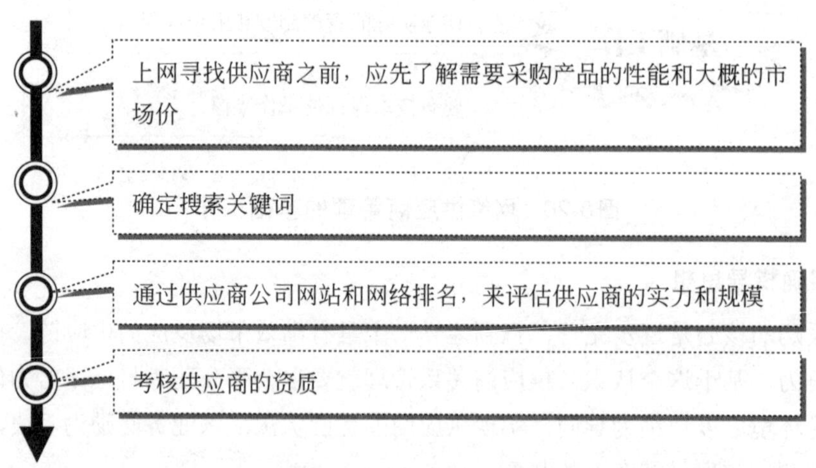

图3-21 寻找网络供应商的步骤

（三）供应商的选择

如今的网络采购平台已是风生水起，在线商城为中小企业采购产品带来了很多便利，然而互联网是虚拟的，这就使得网络宣传和实际情况存在着差别。

比如，有些平台面对网上浩如烟海、鱼龙混杂的卖家信息，会采取专业的信用评价体系，通过考核和买家的评价，迅速将诚信的供应商与问题供应商区分开来。这样便于让买家在选择供应商时能擦亮自己的双眼，不会因此遭受损失。

选择供应商的方法较多，有定性选择考核的，也有定量选择考核的。一般要根据供应商的多少，对供应商的了解程度，对物资需求时间的紧迫程度来确定。

六、对网络采购供应链进行管理

供应链客观存在于各类企业中，供应链管理是针对这些企业而言的。供应链管理的内容可以分为企业操作层面的供应链管理和经营战略层面的供应链管理两大方面，供应链采购管理是企业操作层面的供应链管理内容之一。

在供应链采购管理环境下的运作，主要是指双赢式和准时化的采购管理。

（一）双赢式采购

双赢式采购合作关系是日本企业率先采用的，它提倡一种双赢采购机制，强调在合作的生产商与供应商之间共同分享信息，通过合作和协商来达到双赢的目的。在此，要在采购活动中体现供应链管理的思想，对供应商的选择与控制就应集中在如何与供应商建立双赢关系以维护双赢关系上。具体表现如图3-22所示。

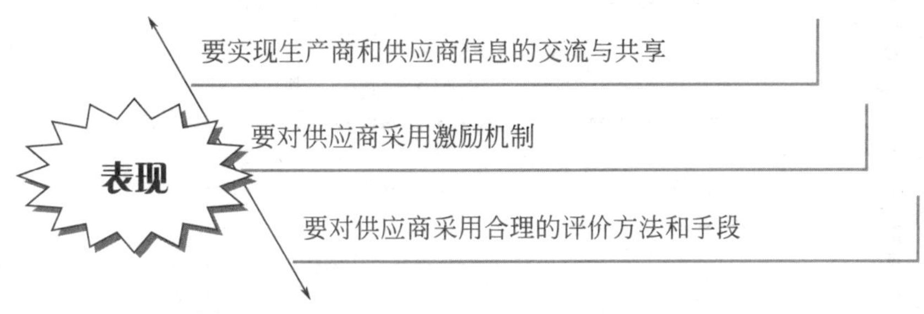

图3-22 建立双赢式采购关系的表现

（二）准时化采购

准时化采购是一种管理哲学在采购中的运用，在日本也称JIT采购，是一种较先进的采购方法。其基本思想体现为在恰当的时间、恰当的地点，以及恰当的质量来提供恰当的物品。这种准时化采购是准时化生产管理模式的必然要求，为了消除库存和不必要的浪费而进行的持续性改进。

在供应链管理环境下，要求选择最佳的供应商，并对供应商进行有效的管理是准时化采购成功的基石，卓有成效的采购过程质量管理是准时化采购成功的保证，供应商和生产商的紧密合作是准时化采购成功的钥匙。

为此，先要制订准时化采购的策略计划，选择少量的供应商建立合作伙伴关系，再确定准时化采购小组，进行试点采购。确保供应商对准时化的认识和理解，来实现配合准时化生产的交货方式，体现准时化采购的运作绩效。

七、对网络采购的运作管理

网络采购的主要目标，是对于那些成本低、数量大或影响业务关键的产品和服务订单实现处理和完成过程自动化。

（一）网络采购的流程

互联网可以优化企业的采购活动，在线采购系统就是利用计算机网络软件系统，使采购活动规范化和程序化、提高采购效率、降低采购成本，保证企业的生产和经营活动顺利进行，网络采购流程具有非常明显的自动化特征。具体流程如图3-23所示。

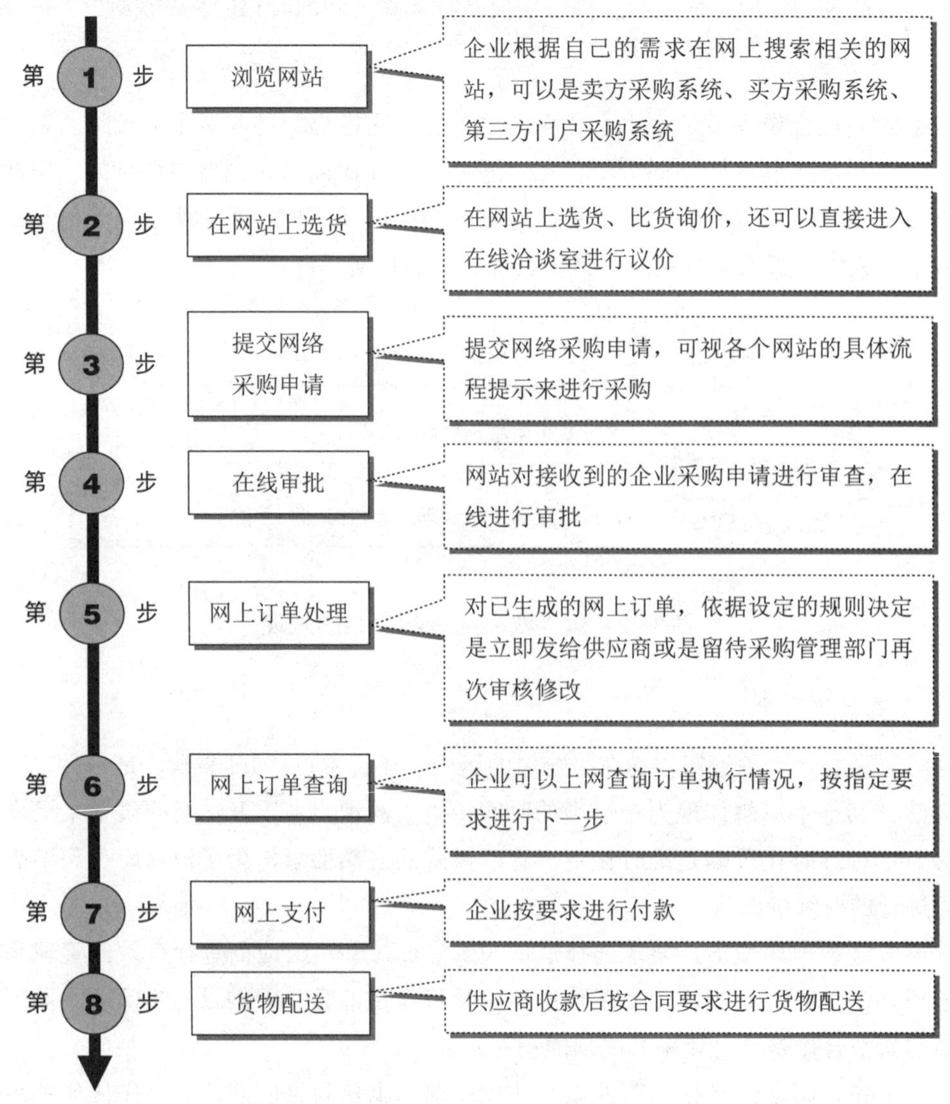

图3-23　网络采购的流程

（二）网络采购数据传送途径

网络采购过程中，在企业的内部，采购申请主要通过互联网进行传递。在申请被批准并形成订单后，在企业外部的传递对网络采购的效率影响最大，途径也十分多样化。目前，国际流行的网上采购数据传送途径主要包括图3-24所示的几种形式。

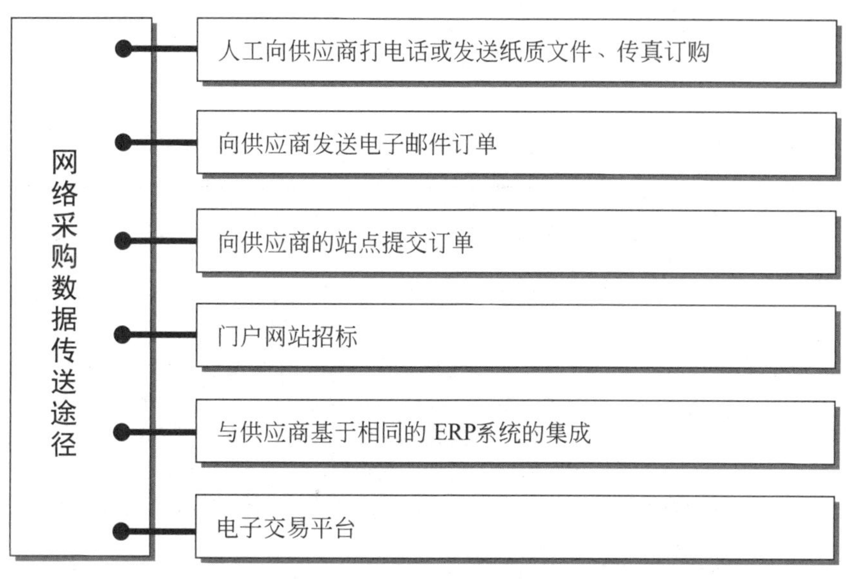

图3-24　网络采购数据传送途径

以上几种方式中，电子交易平台解决方案的优点是显而易见的，它为买方和卖方提供了一个快速寻找机会、快速匹配业务和快速交易的电子商务社区。供需双方能够快速建立联系，从而使企业订购和销售能够快速履行。在电子交易平台中，由于所有的商家都能得到相同质量的服务，并遵照工业标准的协议进行交易处理，商家之间的信息沟通更加便利，而且，加入的商家越多，信息沟通越有效。

（三）网络采购的组织实施

企业网络采购的组织实施一般由采购部门负责，由它组织办理生产部门或其他部门提出采购计划，利用采购管理信息化系统，使网络采购实现内部各相关程序和权利的公开、透明及有效制衡。

采购物资的价格、质量等信息要在企业内部网上公开，做到采购员掌握的信息，监督和管理人员也能掌握，防止“暗箱操作”，堵塞采购漏洞，降低采购成本，确保采购物资质量，防止过高库存。

有条件的企业要通过互联网及其他专业网络广泛收集采购物资的市场价格和质量信息，努力实现网上招标采购，对比其他企业，实现比质比价采购。

第三节　招标采购降成本

招标是事先规定招标的有关规范，包括品质、报价方式、投票手续、运输、交期、检验等，公开延揽厂商交货、承制或承造的方法。凡合乎资格规定的厂商，均可参加竞标，以当众开标为原则，符合各项规定的报价最低者，优先得标。

一、招标的优缺点

招标的优缺点如表3-3所示。

表3-3 招标的优缺点

招标的优点	招标的缺点
（1）公平：公开招标，使合法或符合标单规定资格的厂商，具有供应能力及意愿者，均可在公平竞争条件下，享有最低价得标的权利与机会 （2）价格合理：基于公开竞争，各厂商凭其实力（规格符合、成本最低）争取合约，非人为或特别限制规定售价，价格比较合理 （3）改进品质：因为公开投标，各竞标厂商的产品规格或施工方法不一，可使需求者了解技术水准与发展趋势，促进其品质的改进 （4）减少弊端：各项资料公开，办理人员难以徇私舞弊 （5）了解来源：通过公开招揽方式可获得更多厂商的报价，扩大供应来源	（1）采购费用较高：公开登报、标单制作与印刷、开标场所布置等，均需支付费用及人力支援；一旦发生流标或废标，花费更大 （2）可能造成乱投标：凡金额较大的采购项目，供应商之间可能串通乱投标，做不实或任意提高报价，造成困扰与损失 （3）可能造成抢标：凡有现货急于变现，或因图标未果而意气用事，或有特权掩护，或基于销售或业务政策，做低于合理价格的报价者，可能造成恶性抢标，以致带来偷工减料、交货延误等风险 （4）手续烦琐：从标单设计至签约，每一阶段都须周详准备，不允许发生差错，否则会造成纠纷。由于一切必须按部就班，因而易于呆板或缺乏弹性 （5）规格不一：所有物料，如每次采购时都是由不同厂商得标供应，其规格必有差异，会影响使用或制造效率，增加损耗与维修不易 （6）衍生其他问题：对投标厂商，事先无法了解或预做有效的资信调查，可能会衍生意想不到的问题，如倒闭、转包等。另外，招标人员借泄露底价来图利自己或他人

二、招标采购的适用状况

（1）供应来源不明或散布甚广，必须以公开的方式通知所有可能供应的厂商，在某一时间内前来报价。

（2）过去所采购的物品或工程与现在拟采购的物品或工程，在使用或维修上，没有任何关联性或要求一致性。换言之，公开投标应以标准化的产品或劳务为宜。

（3）在自由竞争情况下，以低廉的价格取得需用物品，并借以杜绝徇私，防止弊端。

案例

某有限公司是一个融冶金、化工于一体的大型股份制企业。公司主要产品有锐钛型钛白粉、硫酸、氧化铁红、钴盐系列产品等。为了增强企业发展后劲，壮大企业实力，公司经过深入细致的市场调研和分析，决定投资2亿元新建一条年产1.5万吨的镏金红石型钛白粉生产线。

本项目投资大，设备种类和数量多，仅大型主体设备投资就达3000多万元。为了保证项目合理、健康、高效地建设，根据国家有关法规文件的规定，公司决定所有设备均以招标的方式进行采购。为了能使这一方式真正发挥作用，公司经过考察和咨询，将本项目设备的招标工作委托给“某国际招标公司”和“某市机电设备招标中心”，由他们全权操作本项目设备的招投标工作。这家国际招标公司是中国机电设备招标中心的全资子公司，具有国家经贸委授予的甲级机电设备招标代理机构资格。该机电设备招标中心是某市唯一一家合法的机电设备招标机构，有着丰富的机电设备招标经验。2010年11月，该公司与某国际招标公司和某市机电设备招标中心签订了委托合同，招标工作正式启动。双方经过多次协商和讨论，确定设备招标分批进行。第一批大型设备的招标技术资料于2010年12月全部确定。开标时间定于2011年2月3日。为保证招标工作的公正、公开和合理性，由招标中心聘请的专家和本公司的专家组成了专家组，并聘请了公证人员对整个招标过程进行监督和公证。整个过程严格按招投标程序进行，经过投标、开标、唱标、议标、证标等一系列程序，本着“相同的质量和服务，价格低的优先；相同的价格和质量，服务好的优先”的原则，经过综合评定，最终确定了设备中标厂家。因为此过程合法、合理、公开、透明，杜绝了“关系”和“后门”。所以，不但中标企业欢天喜地，而且落标企业也心服口服。

本项目第二批大型设备的招标工作也由该国际招标公司和某市机电设备招标中心操作，招标程序同第一批相同。于2011年2月28日开标，经过一系列工作，中标企业也顺利确定。

通过以上两次设备招标，企业真正感受到了招投标制度给企业所带来的便利和好处。首先，设备的招标采购委托给招标中心进行运作，企业节省了人力、物力、精力。其次，招标中心对整个招标过程按法律、法规运作，依据公开、公正、公平的原则进行招标，增加了设备采购过程中的透明度，杜绝了设备采购过程中可能出现的拉关系、走后门等不正之风，保证了所采购的设备的质量，最大限度维护了企业利益，同时也维护了投标企业的合法权益。

因为招标是按国家的有关法律进行的，所以通过招投标，企业可享受国家有关的优惠政策，这对企业减少投资、促进项目的建设大有好处。

最重要的一点还是通过招标，可使企业货比多家，不但质量做到优中选优，而且价格方面通过设备厂家的相互竞争，可以使企业享受到最优惠的价格。通过这两次招标，预算价为1200万元的设备，最终以950万元成交，仅此就为企业节省200余万元，这大大减少了企业的投资。

通过这两次招标，企业的权益得到了充分保障，使企业对在以后的商业活动中走好招投标这条路充满了信心。

三、招标采购过程中成本控制要点

在招标采购过程中，企业应该注意以下几点。

（一）组织结构建设

1.一定的组织地位

有的公司设置有采购总监的职位，而在大多数公司，采购仅仅是中层职位。招标采购部门隶属于哪级领导管理，并没有统一的标准。但采购的阶层必须高到“下情足以上达”。独立的招标采购委员会，杜绝个人决策。

根据不相容职位分离的原则，招标采购必须作为一个独立的部门存在，不能与工程、财务、审计等部门合并或作为其下属部门。为了保证招标采购的独立性，从而保证公正、公平、效率，成立招标采购领导小组（委员会），对招标采购金额大的标的进行集体决策，是很有必要的。该小组成员由公司各方面负责人员组成，对重大的招标采购活动进行集体决策。这样，可以在很大程度上避免上下勾结或是以下瞒上（上级偏听则暗）的情况出现。

2.完善的专家队伍

建立完善的专家队伍是保证决策公平、公正、准确的重要组织措施。专家队伍应该由公司审计部门负责建立，并接受招标采购委员会（小组）的领导，对招标采购部门形成制约、监督、指导的作用，从而防止利用设置各种技术壁垒、以技术为借口进行“暗箱操作”。

（二）流程控制、监控

1.流程控制关键点

在招标采购中的几个关键点是：招标方案、初选供应商、询标名单、最终报价。很多企业往往仅仅关注签订合同，而对于初步入围厂商的选定没有充分关注。尤其是对于不采用公开招标方式的邀请招标，企业项目的风格、档次是在招标前就能基本确定下来的。一般来说，邀请招标时所邀请的厂家均应是实力接近的，这样便于比较。有些招标人却主动挑选投标人。高、中、低档次齐全，谁能中标，一目了然。所以，综合招标代理、采购员、工程技术人员等多方意见，使候选厂商具有相当的代表性是很关键的。

2.内部监督

企业可以建立内部匿名讨论区：现在网络的普及化使得员工沟通渠道更加快捷、便利。建立内部匿名网上讨论区，以不公开的方式广开言路，也是一种有效的监督方式。

3.外部监督

接受所有投标人的复议，避免“暗箱操作”的关键是过程的透明化。由于信息的不对称，“暗箱操作”者往往是利用技术、进度、产品档次等方面颠倒黑白、指鹿为马。招标过程中对关键点做出重要决策的原因应该及时向投标者公示，最终结果应该保留一段时间的复议期。这将能在很大程度上避免“暗箱操作者”指鹿为马的情况发生。复议可以由审计部门负责。出现重大争议时，从专家库抽取专家进行裁决，结果报招标采购领导小组。这样，更可以防止数个部门串通一气的情况发生。

4. 电子采购

采取电子采购方式有利于流程的透明化和监控。采购部门内部组织原则必须采取按类负责和按流程负责相结合的原则。对一般项目，可以让不同级别采购人员负责，但是对于复杂程度高、货值量大的项目，采取按流程负责是较好的选择。初选单位选择（市场调查；选择招标代理；入围单位代表性、资格审查；初步技术价格分析）→询价→谈判（邀请专家、现场考察等）→确定合同（招标采购委员会负责），四个关键性步骤应分阶段负责。这样，虽然增加了中间环节，看似效率降低，实际上由于内部分工合作，互相牵制，会将舞弊的可能性大大降低。否则，很重要的项目由一两个人包办，难免产生问题。

（三）策略采购

对于物料种类繁杂的企业，必须事先对不同类型产品制定不同的采购策略，否则“胡子眉毛一把抓”，效果肯定不佳。

1. 20/80 准则

该准则是一条普遍适用的规律，也是策略采购的重要原则。少数的招标项目能够节约80%的成本。在其余80%的标的上花费太多的精力带来的节约额却是很小的。

这看似简单的问题在实践中却往往解决不好。

原因有两个。其一是在管理中，感情因素的作用是巨大的。管理者往往对于自己熟悉的行业倾注太多的精力，而较少考虑其实际效果。这一点，尤其值得警惕。其二是对于复杂度低的产品而言，不同产品之间可比性强，往往存在行业市场价。如果一定要在此类产品上寻求最低价，而忽略了那些货值量大、复杂程度高的产品等，则往往得不偿失。因为采购员的精力有限，不可能做到面面俱到。

比如电梯、幕墙等：弄清产品复杂性。

门窗、室内装修、中央空调系统等：重点研究节约成本。

屋面瓦、栏杆扶手、上下水管、配电箱等：根据市价限价。

涂料、水泥、外墙保温材料等：保证供应稳定性、产品复杂程度低，货值量高。

不同产品的策略采购对于那些货值量高、产品复杂性高的标的，能带来的节约额度是最大的。

这一块，是招标采购降低成本的核心。

当然，在进行招标采购时，20/80准则并不仅仅是成本准则，企业还可以从产品复杂程度、对工程影响程度等维度进行分类、综合考虑。

2.注意供应商数量的选择

一般来说，对于大规模采购而言，选择一家供应商往往是不明智的，这会在合同履约时给供应商较大的发言权。

对于某些自成系统的产品，也要采取一定的分包形式保证甲方的话语权，降低过程中的风险。

（四）全生命周期成本考核

全生命周期成本考核是一个往往容易忽视的问题。事实上产品维护成本往往难以准确估计，这也给全生命周期成本考核带来一定的难度。

不同成本在不同产品中的比例大为迥异，也许有些人对占房地产采购量较大比例的建材产品的维护费用不以为然。其实，在国外，外墙涂料，每隔3～5年就必须重新涂一次，重涂成本高低就取决于最初选用产品的质量。

至于像电梯、中央空调系统、信息化三网系统这样的产品，维护费用则更高。

（五）翔实的预算体系、现金流分析

1.前期设计阶段采购成本预算

招标采购部门在前期工作中介入程度也是衡量一个房地产公司采购水平的一个重要指标。

有些房地产公司设置了首席成本控制官的岗位，部分地替代了这一职能。

对于那些采用新的技术、产品，或是对各项性能超过常规的要求时，在初期设计阶段就要对有关市场情况进行摸索，达到较佳的性价比（因为设计院往往对经济方面考虑得少一些）。

从设计阶段开始降低成本，有利于合格的潜在供应商与业主和设计院间的充分交流，同时可以较好地防范那些企图在设计阶段做文章的供应商。

另外，根据图纸和进度情况，可以比较准确地做出预算来，对于控制现金流大有好处。

最后，可以从材料的层面协调整体档次与风格，这一点也很关键。

2.施工图阶段采购成本预算

在施工图出来后对选用材料、设备的预先确定需要招标采购部门丰富的知识和广泛的渠道。

施工图阶段确定工料清单而不是在施工阶段确定工料清单能大幅度提高工程管理的水平，在确保进度、控制成本上具有非常重要的意义。

这样，使得审价的重点从工程过程监督、工程后决算转移到工程前控制上来。

这对于改变目前房地产行业“三边工程”带来的工期延滞、预算超标的现状会起到极大的促进作用。

随着这一模式的成熟，中国房地产业的专业分工将会越加明晰。这也有助于目前房地产行业混乱的总分包关系的明晰化。

（六）合理的绩效考核指标

如今，对市场营销的重视远远胜于招标采购，这是因为市场营销是检验公司经济活动结果的试金石。没有成功的市场营销，企业的一切都难以继续。但是，市场营销不但是产品定位等的结果，在这个竞争日益激烈的时代，它更是成功的成本控制的结果。

因此，对采购员进行准确的绩效考核，激发招标采购部门的工作热情，就显得尤为重要。

第四节 准时化采购降成本

在传统的采购模式中，采购的目的是为了补充库存，即为库存采购。随着全球经济的形成，市场竞争更加激烈，竞争方式已由原来企业与企业之间的竞争，转变为供应链与供应链之间的竞争。准时采购是基于供应链管理环境下的采购方式。所谓供应链管理，是利用计算机网络技术，全面规划供应链中的商流、物流、信息流、资金流等，并进行计划、组织、协调和控制。它把整个供应链看成一个实体，用系统的观点进行优化，以提高整个供应链的竞争优势。

一、准时采购的概念及基本思想

准时采购（JIT采购），它是由准时化生产（Just in Time）管理思想演变而来的。JIT采购是一种理想的物资采购方式，它的极限目标是原材料和外购件的库存为零、缺陷为零。它的基本思想是：把合适数量、合适质量的物品在合适的时间供应到合适的地点。最好的满足用户需要准时化采购和准时化生产一样，它不但能够最好地满足用户需要，而且可以极大地消除库存、最大限度地消除浪费。从而极大的降低企业的采购成本和经营成本。

二、供应链管理下准时采购的主要优点

供应链管理下准时采购的主要优点如下。

（一）有利于暴露生产过程隐藏的问题，从深层次上提高生产效益

准时采购认为，过高的库存不仅增加了库存的成本，而且还将许多生产上、管理上的矛盾掩盖起来。准时采购是一种理想的物资采购方式，它设置了一个最高标准，一种极限目标，即原材料和外购件的库存为零，质量缺陷为零。同时，为了尽可能实现这样的目标，准时采购提供了一个不断改进的有效循环途径，即降低原材料和外购件库存→暴露物资采购问题→采取措施解决问题→降低原材料和外购件库存。

（二）消除了生产过程的不增值过程

在企业采购中，存有大量的不增加产品价值的活动，准时采购由于大大地精简了采购作业流程，因此消除了这些浪费，极大地提高了工作效率。

（三）进一步减少并最终消除原材料和外购件库存

降低企业原材料库存不仅取决于企业内部，而且取决于供应商的管理水平。准时采购不仅是一种采购方式，也是一种科学的管理模式。准时采购模式的运作，将大大提高用户企业和供应商企业的科学管理水平，有利于企业减少流动资金的占用，加速流动资金的周转，同时也有利于节省原材料和外购件库存占用空间，从而降低库存成本。

（四）使企业真正实现柔性生产

可以使原材料和外购件库存降到最低水平，从这个意义上讲，准时采购最能适应市场需求变化，使企业能够具有真正的柔性。

（五）有利于提高采购物资的质量

一般来说，实施准时采购，可以使购买的原材料和外购件的质量提高2～3倍。

（六）有利于降低原材料和外购件的采购价格

由于供应商和制造商的密切合作以及内部规模效益与长期订货，再加上消除了采购过程中的一些浪费，就使得购买的原材料和外购件的价格得以降低。

三、供应链管理下准时采购的策略

供应链管理下准时采购的策略如图3-25所示。

策略一　减少供货商的数量

最理想的情况是，对某种原材料只从一个供应商处采购，这种作法称为单源供应。单源供应的好处是，企业与供货商之间增加了依赖性，有利于建立长期互利合作的伙伴关系

策略二　改善供应物流系统

由于准时采购旨在消除原材料的库存，采购必然是小批量的。采购批量小将使送货频率增加，从而引起运输物流费的上升。必须相应改善供应物流系统

策略三　合理选择供应商

准时采购采取单源供应，可以说，选择到合格的供应商是准时采购能否成功实施的关键。在选择供应商时，需要对供应商按照一定标准进行综合评价，这些标准应包括产品质量、交货期、价格、技术能力、应变能力、批量柔性、交货期与价格的均衡、价格与批量的均衡、地理位置等

策略四 对交货的准时性要求更加严格

准时采购的一个重要特点是要求交货准时，这是实施准时化生产的前提条件。交货准时取决于供应商的生产与运输条件

策略五 从根源上保障采购质量

实施准时采购后，企业的原材料和外购件的库存很少甚至为零。因此，为了保障企业生产经营的顺利进行，采购物资的质量必须从根源上抓起，也就是说，质量问题应由供应商负责，而不是企业的物资采购部门。这就从根源上保证采购质量

策略六 对信息交流的需求加强

准时采购要求供应与需求双方信息高度共享，保证供应与需求信息的准确性和实时性。只有供需双方进行可靠而快速的双向信息交流，才能保证所需的原材料和外购件的准时按量供应

策略七 可靠的送货和特定的包装要求

由于准时采购消除了原材料和外购件的缓冲库存，供应商交货的失误和送货的延迟必将导致企业生线的停工待料。因此，可靠送货是实施准时采购的前提条件。而送货的可靠性，常取决于供应商的生产能力、运输条件和应变能力

图3-25 供应链管理下准时采购的策略

四、供应链管理下准时采购实施方法

供应链管理下准时采购实施方法如表3-4所示。

表3-4 供应链管理下准时采购实施方法

序号	方法	说明
1	创建准时化采购班组	专业化的高素质采购队伍对实施准时采购至关重要。为此，首先应成立两个班组，一个是专门处理供应商事务的班组，另外一个是专门从事消除采购过程中浪费的班组
2	制订计划，确保准时化采购策略有计划、有步骤地实施	要制定采购策略，改进当前的采购方式，减少供应商的数量，正确评价供应商，向供应商发放签证等。在这个过程中，要与供应商一起商定准时采购的目标和有关措施，保持经常性的信息沟通
3	精选少数供应商，建立伙伴关系	选择供应商应从这几个方面考虑：产品质量、供货情况、应变能力、地理位置、企业规模、财务状况、技术能力、价格、与其他供应商的可替代性等

续表

序号	方法	说明
4	进行试点工作	先从某种产品或某条生产线试点开始，进行零部件或原材料的准时化供应试点。通过试点，总结经验，为正式实施准时采购打下基础
5	做好供应商的培训，确定共同目标	准时采购是供需双方共同的业务活动，单靠采购部门的努力是不够的，需要供应商的配合
6	向供应商颁发产品免检合格证书	准时采购和传统的采购方式的不同之处在于买方不需要对采购产品进行比较多的检验手续
7	实现配合准时化生产的交货方式	准时采购的最终目标是实现企业的生产准时化，为此，要实现从预测的交货方式向准时化适时交货方式转变
8	继续改进，扩大成果	准时采购是一个不断完善和改进的过程，需要在实施过程中不断总结经验教训，从降低运输成本、提高交货的准确性和产品的质量，降低供应商库存等各个方面进行改进，不断提高准时采购的运作绩效

实施准时采购不但取决于企业内部，而且取决于供货商的管理水平，取决于全社会的管理水平。因此，准时采购对企业的采购管理提出了新的挑战，企业需要改变传统的为库存采购的管理模式，提高柔性和市场响应能力，增加与供应商的信息联系和相互之间的合作，建立新的合作模式。

第五节　联合采购降成本

联合采购一般是多个企业因为有相同的采购需求，因而形成采购联盟的一种采购模式，是委托专业的采购服务机构进行的采购活动，一般是由企业、政府、个体工商户实行区域联合集中采购，使得不同地区的零散项目集合起来，形成大规模采购，以此提高规模经济效益、降低采购成本。

联合采购形式既有它存在的优点也有其缺点，因其独有的优势被广泛应用于一般的采购活动当中，比较常见的就是一些非营利性事业的采购，比如学校、医院等，将不同采购组织的需求量统计在一起，共同采购，可以获得很好的数量折扣价格。作为一种新型的采购模式，联合采购现已被欧洲和美国广泛使用。

一、联合采购的优点

（1）节省前期投入，可以帮助企业降低成本。

（2）增强议价能力，降低采购价格。

（3）规范企业采购行为，对商业贿赂有一定程度的抑制作用。

（4）建立战略合作关系，共享库存资源，减少运输费用。

（5）建立框架协议，简化采购行政管理，降低交易与签约成本。

（6）可以弥补一些企业的不足，比如购买性支出有限、采购范围窄、采购规模小、采购经验少，以创造规模效益。

（7）在联合采购中，各成员带来不同的专业技能、知识与关系网络，对于特定品类的采购来说，是有益无害的。

二、联合采购的缺点

（1）联合采购成员之间的沟通协调不一定那么好，采购时机与条件未必能满足个别的需求。

（2）联合采购的手续较复杂，前期需要耗费大量成本与精力进行准备。

（3）大型的联合采购容易造成联合垄断，容易出现恶意压价等行为。

（4）联合采购的谈判和决策过程耗时长，效率不高。

（5）订单大，中小型企业无法获取，容易压制创新。

（6）联合采购成员没有义务按照商定规格进行采购。

第六节　采购的未来——数字化颠覆传统采购模式

数字化技术近年来飞速发展，正在颠覆传统采购业务。简化和自动化变得司空见惯，智能与洞察成为核心竞争力。借助数字技术，重复性和常规的采购工作将通过“机器人”实现流程自动化。采购代理和顾问能帮助采购员做出最佳决策，实现最大业务价值。

一、何谓数字化采购

许多企业已经在部署电子采购系统，甚至是云采购工具。但是，在不改变既有烦琐采购流程的前提下，仅仅部署一些新的软件工具，并不能解决根本性问题。

数字化采购并不是简单的IT升级。它是真正向前迈出了一大步，不仅在技术层面上有突破，还告别了采购部门沿用了几十年的运营模式。目前，大部分采购部门都还停留在采购1.0阶段，即利用IT技术实现流程自动化，记录实际发生的情况：执行过的交易、支付过的发票、购买过的物品以及签署过的合同，可谓事无巨细。遗憾的是，它的系统功能仅限于利用软件记录数据，致使采购流程过于烦琐，用户体验相当不好。

真正的数字化采购系统可自动执行重复性任务，从而提高效率、降低成本。它通过人工智能（AI）和便捷的在线工具，方便所有采购员实时获取业态洞察与分析数据。它通过更新、更智能的方式，利用数据模型，为企业的日常运营和决策提供更全面的支持。它还能改变采购人员与供应商和其他第三方的互动方式，提供一个全新的协作平台。

二、数字化采购有助于降本增效

数字化采购通过应用人工智能、物联网、机器人流程自动化和协作网络等技术，打造可预测战略寻源、自动化采购执行与前瞻性供应商管理，助力企业降低成本和管控风险，并发掘新价值来源，从而实现降本增效，显著降低合规风险，将采购部门打造成企业新的价值创造中心。

（一）可预测战略寻源

在战略寻源（即从寻源到合同）环节，数字化采购将完善历史支出知识库，实现供应商信息、价格和成本的完全可预测性，优化寻源战略并为决策制定提供预测和洞察，从而支持寻源部门达成透明协议，持续节约采购成本。

（二）支出分析

数字化采购将建立实时支出管理体系和支出知识库，应用预测分析技术，帮助企业预测采购需求和支出结构，进而定位关键支出，实现可持续降本战略。

实时监控合同支出与执行，预测采购需求，自动生成寻源建议，帮助企业优化采购效率；打造认知支出解决方案，实时分类与管理数字化系统的支出数据，从而为企业定位关键支出；应用智能内容提取技术，实时从合同中提取有价值的信息，实现广泛细致的支出分析。

（三）寻源战略

数字化采购将提供强大的协作网络，帮助企业发掘更多合格供应商，同时智能分析和预测其可靠性及创新能力，逐步实现战略寻源转型。应用认知计算等技术，评估和预测潜在供应商的可靠性和创新能力，发掘优质潜在供应商。

借助领先供应商协作平台，如通过Ariba连接250多万个供应商，在全球市场中发现最优供应商；结合品类管理功能，根据不同品类的需求特点等因素，制定差异化寻源策略和可复用标准流程。

（四）决策制定

数字化采购将应用智能分析技术，预测供应商对企业成本与风险的影响，为寻源提供可视化预测及业务洞察，帮助企业快速、智能制定寻源决策。应用数字技术，构建敏感性分析模型，从而更准确预测供应商对企业影响，筛选优质合作伙伴；借助高级可视化仪表盘，直观展现寻源洞察与建议，可将寻源执行及决策周期缩短50%。

（五）供应商协作

数字化采购将智能预测供应商谈判的场景和结果，分析并推荐最优供应商和签约价格，同时自动执行供应商寻源任务，最终建立可预测的供应商协作模式。构建敏感性分析模型，预测谈判双方条件变化对签约价格及采购成本的影响，帮助谈判人员识别关键因素与节点，从而控制谈判风险并削减采购成本；基于最佳实践构建全球条款库，自动识别适用条款，提高合同签订效率，并确保合规性。

（六）自动化采购执行

在采购执行（即从采购到付款）环节，数字化采购将提供自助式采购服务，自动感知物料需求并触发补货请购，基于规则自动分配审批任务和执行发票及付款流程，从而加速实现采购交易自动化，有效管控风险和确保合规性，大幅提升采购执行效率。

（七）目录管理

数字化采购将通过目录化采购，构建基于品类的自动化采购流程，从而帮助企业加强全流程控制，实现差异化品类分析，并在复杂的支出类别中发现可持续的成本节省。

结合最佳实践和企业采购品类自定义编码，建立全品类目录化采购，从根本上规范采购流程；基于采购目录建立精细的品类管理模式，实现差异化品类分析，优化各采购品类的管理策略。

（八）采购到发票管理

数字化采购通过批量执行重复性任务、自动触发请购及审批流程，实现核心的采购到发票管理活动的自动化和标准化，帮助企业全面提高采购效率，持续降低管理成本。应用自动化技术，消除重复性手动操作，使员工专注于高附加值工作，为企业创造更大价值。

实时感知物料需求，并自动触发补货请购，从而简化和智能化请购流程；结合最佳实践和企业现有流程自动分配各环节审批任务，大幅缩短审批周期，提高效率。

（九）付款管理

数字化采购能够应用智能合约技术自动触发付款流程，根据企业需求提供供应链金融功能，推动付款管理更加安全与高效。应用智能合约技术自动执行合同条款，精准触发付款，从而消除手动验证；具备供应链金融功能，实现灵活按需融资，从而增加企业自由现金流，释放运营资本；结合动态折扣功能，最大限度享受供应商折扣，从而降低采购成本，实现更高收益率。

（十）风险与合规

数字化采购通过构建风险与合规管理生态系统，将风险与采购管理无缝嵌入采购流程，从而自动监控各环节采购行为和审计跟踪，帮助企业快速洞察风险与机遇，有效控制采购风险。

应用数字技术，自动追踪采购行为和异常情况，帮助决策制定者实时洞察采购风险与合规性；应用机器人流程自动化技术，自动化审计跟踪，提升审计效率，预计可将审计时间削减50%。

（十一）前瞻性供应商管理

数字化采购将应用众包、网络追踪和VR（虚拟现实技术）等技术，全面收集和捕捉供应商数据，构建全方位供应商生命周期管理体系，实现前瞻性风险规避与控制，从而提升供应商绩效与能力，支持采购运营持续优化。

（十二）绩效管理

数字化采购能够建立实时监测和定期评估机制，将数据转化为切实可行的洞察和预测，从而打造前瞻性绩效管理，逐步优化供应商资源。应用高级可视化仪表盘，识别优质供应商，及时淘汰不合格供应商，打造前瞻性供应商管理；应用VR或空间分析技术，生成虚拟场景，完成供应商访问与现场审核，简化绩效管理流程。

（十三）风险管理

数字化采购将应用数据捕捉和采集技术，基于大数据进行前瞻性预测分析，实时洞察潜在的供应商风险，帮助企业建立先发制人的风险管理模式。结合第三方数据源集成整个供应价值链，建立供应商风险评估数据库；应用数字技术，实时监测、识别供应商风险，建立前瞻性风险控制与规避机制；应用对等网络技术，捕捉影响供应商风险的事件，实现广泛细致的风险洞察，降低供应链风险。

对于期待拥抱数字化的企业来说，实现数字化转型从未如此容易。软件即服务模式意味着部署解决方案变得更快速和简便。采购的未来已呈现在我们眼前，数字化采购将助力企业快速实现业务价值，决胜数字时代。

三、实现数字化采购的五大要素

数字化采购可帮助企业大幅提高采购速度、效率与敏捷性。数字化采购系统为决策者提供更全面的视角，可以降低风险、提高合规性，最终提高采购部门可管控的支出项目，降低采购成本，为企业带来更多价值。但是，要构建数字化采购体系并非易事，要求企业掌握一整套“复合知识体系”，具体涵盖以下五大要素：数据、技术工具箱、直观的用户体验、技能与人才以及新政策、新流程和新运作模式。

（一）数据

数字化采购体系的核心是数据，而且是海量数据。企业运营的方方面面都离不开数据，包括预测客户需求，了解哪些产品或服务可以更好地满足这些需求，确定合适的供应商，并确定合理价格。

实际上在大多数企业，采购部门都无法有效利用海量数据分析供应商、定价、市场和众多其他因素，因此很难做出最优的商业决策。一般情况下，他们只收集交易数据，偶尔收集细项数据。他们并不注重收集背景信息，尤其是与流程步骤有关的流程数据，例如，审核和批准采购申请、确立合同以及招标流程等。此外，他们也没有充分利用各种重要的外部数据和第三方数据。要打造真正的数字化采购体系，企业应当有意识地获取比现在多得多的内部和外部数据。

采购体系内的所有数据，不仅包括采购流程数据，还包括与采购活动相关的其他流程所产生的数据。其中包括发票和付款数据，用于了解价格和流程的合规情况，以及流程信息，例如谁批准了价格变化及其具体金额。

采购体系以外的数据，如深入而全面的行业和市场信息。这些数据其实更为重要，特别是在协商合同的具体条款时，企业需要依据这些数据计算总拥有成本和价格杠杆，从而判断该采购哪些物资，以及从哪些供应商处购买。不过，由于相关数据过于庞大，已成为大多数采购体系的薄弱环节。对任何单一企业而言，仅凭一己之力恐怕也很难解决这个问题。

构建完备的采购体系需要获取两大类数据。第一类用于创建具有参考价值的信息，例如，供应商基本信息、市场概述或各地区商品或服务平均价格的描述性分析。第二类数据用于分析采购决策与结果之间的相关性，建立预测模型，最终实现人工智能。这也是为什么企业应当竭尽所能采集所有信息的原因。

（二）技术工具箱

如果说数据是数字化采购的燃料，那么技术就是数字化采购的引擎。这里所说的技术，并不是支持业务流程的ERP类系统（无论是云方式还是其他）。而是连接并赋予数据含义的技术，尤其是AI、自然语言处理、数据分析和机器人技术。通过将数据和上述先进技术结合在一起，企业将能够实现各种业务活动和流程的自动化或优化，在特定情况下，还能超越简单的自动化，实现高级的智能化。

假设将端到端采购流程中的所有行动和任务都绘制在二维矩阵上：一根轴代表决策的复杂性，另一根轴代表结构化数据与非结构化数据的比例。

任何同时涉及高度结构化信息（例如供应商名称、类别、商品代码、离散项描述或SKU编号）和基于规则（如果是X，则执行Y）的活动或流程，可以也应该实现自动化，以加快执行速度和提高效率。这便是流程自动化机器人的工作。

以下是一个简单的例子：利用机器人流程自动化（RPA）技术（又称机器人），企业可以将采购申请自动转换为采购订单，只要确保所有必填字段完整且准确，完全无须人工干预。某些采购工具已经支持基本的自动化，例如自动验证和分配类别/总账代码。在图谱的另一端，当某个活动或流程需要较高的人工判断，并涉及大量非结构化信息时，利用预测模型和人工智能技术更为适宜，智能代理能够处理并帮助用户做出更好、更明智的决策。

例如，在选择供应商时，智能代理将应用一个复杂的模型，根据所采购物品的采购历史记录、供应商评级和绩效以及最近推荐的供应商报价，推荐入围的供应商。

（三）直观的用户体验

为了实现数字化采购的最大价值，企业需要提供直观而有吸引力的用户体验，以鼓励采购人员使用在线采购工具。使用数字化工具的人越多，采购的效率就越高，企业可以采集的数据量也越大。如果用户体验糟糕，人们就会想方设法绕开数字化工具，或者是不进行采购（因为流程太过复杂或者太耗时），或者寻找其他途径进行采购。

对于数字化采购来说，理想的体验莫过于类似亚马逊公司或Home Advisor公司那样：通过一个门户网站，以简单明了的方式呈现相关信息，方便用户做出正确的决策。“杂乱的事情”全部都在后台发生，用户完全意识不到。系统借助智能算法，向用户提供采购建议，而不是迫使他们手动搜索数据库。这点很像亚马逊的商品推荐，用户无须主动搜索便会发现自己可能感兴趣的商品。

（四）技能与人才

创建和运作数字化采购体系，远非采集更多数据和使用数字化工具那么简单。创造真正的价值还需要一个关键要素，即构建一个由各领域专家组成的跨职能团队，如下所示。

（1）数据科学家和AI专家，他们知道如何构建模型来处理数据，并梳理不同的关联性。

（2）品类/行业专家，他们能够判断出这些关联性是有意义的，还是巧合。

（3）IT专家，他们熟悉技术工具和软件应用程序，了解如何将这两者结合在一起创造出有针对性的解决方案，并将它们整合到公司现有的IT基础设施中，从而真正提升价值。

（4）设计专家，他们擅长开发有吸引力的用户体验，使用户愿意使用所提供的工具，而不是排斥它们。

事实上，采购组织应当在上述所有这四个领域内挖掘并培养人才，以取得最大效益。只投资其中一项远远不够，而投资了所有领域却没有以数字化的视角进行整体规划，也是不行的。而第二点往往是大多数企业面临的难题。单单寻找充足的品类及行业专家就已经是很大的挑战了，再加上招募合格的数据科学家和技术专家，其难度可想而知——人才缺口其实是实现采购体系数字化的最大障碍之一。

（五）新政策、新流程和新运作模式

数字化采购为采购员和供应商提供了全新的协作与互动方式，使所有相关方都可以更加方便地获取数据和洞察。不过为了充分利用这些新功能，企业应该重新审视其政策和流程，确保每个人都了解自己在新采购流程中的角色和职责，以及如何做出最明智的决策。此外，采购部门的运作模式很可能也需要做大幅改动甚至推翻重来，从而与新的工作方式相匹配。

04

第四章

善用分析法降成本

引言

采购成本对企业的利润水平有着重要的影响。加强采购成本分析，降低采购成本，则是采购员提高企业附加值最直接的方式，运用成本分析的方法，采用适当的策略，有效地控制采购成本，能够缓解成本压力，提升企业经营效益。

第一节 VA/VE分析法

一、何谓VA/VE

（一）VA分析

1.价值定义

价值，是指我们采购产品对企业的价值，是以最低的成本，在理想的地点、时间发挥出产品的需求功。价值工程是从这一理论出发去选择执行采购任务的。

2.价值理论

价值理论公式为

$$V=\frac{F}{C}$$

式中 F—— Unction，功能重要性系数；

C—— Cost，成本系数；

V—— Value，功能价值系数。

例如：电视机厂家在生产电视机配件螺丝的时候，螺丝有铁的、有铜的。其中铁螺丝的成本为2毛，而铜螺丝的成本为3毛，但两者的功能相同。所以从价值角度出发，在选择螺丝的时候最好选择铁螺丝。

3.价值分析目的

对采购而言，价值分析的目的如下。

寻求成本最小化

追求价值最大化

（二）价值工程

价值工程的工作原理是通过对采购产品或采购过程服务的功能加以研究，以最低的生命周期成本，通过剔除、简化、变更、替代等方法，来达到降低成本的目的。由于采购产品在设计、制造、采购的过程中存在许多无用成本，因此价值工程的目的就是消除无用成本。

其具体内容如图4-1所示。

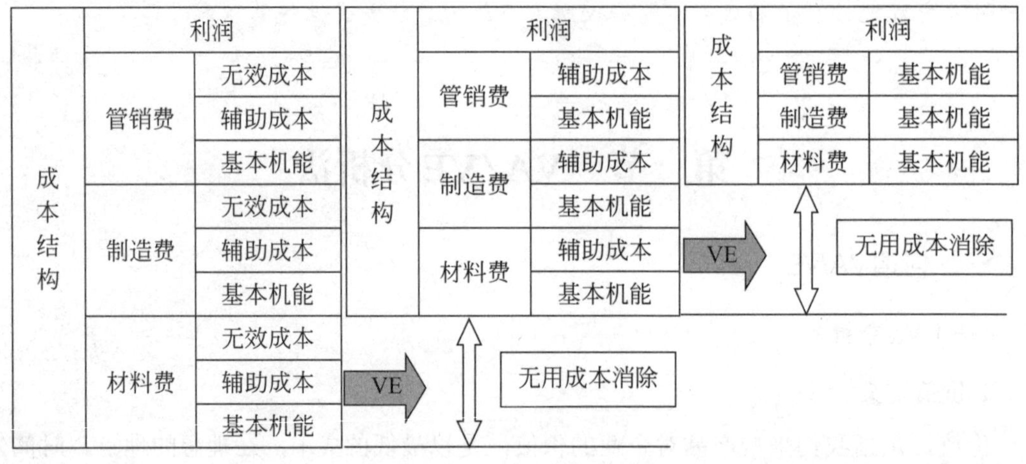

图4-1 价值工程中无用成本消除

二、价值分析工作运作步骤

（一）选择分析对象

一般的情况是，采购产品越复杂，成本付出也就越大，因此也最值得改善。在选择改善对象时，应将产品的主件与配件总和按价值的高低排序，选取最值得改善的产品。

对于企业来说，选择分析对象如下。

（1）采购产品数量较多的。

（2）采购产品价值较大的。

（3）对企业影响较大的产品。

（4）成本消耗较多的采购品。

（二）分析产品或者服务的功能

即分析采购产品、服务的价值大小。例如，计算机组装制造公司选择配件的时候，分析计算机主机的功能，主机的功能对于启动计算机的功能远大于装饰功能。如果是装饰功能较大的话，计算机内部就不会配备如此多的电路板。

分析出产品的主要功能主要是为了针对功能而选择配件，选择是否能寻找到可以替代的配件。

（三）资料收集

收集采购产品、采购过程的资料，主要包括采购品制造成本、品质、制造方法、产量、采购品的发展情况。

（四）提出改善方法

1.改善方法

改善方法主要是通过剔除、简化、变更、替代的方法。

2.具体运用

（1）比如在采购过程中，考虑到是用人力的运输与用车的运输的价值分析。

有一种情况：两地相距不过百米，是选择用车呢？还是选择用人呢？

上面的例子用的方式就是剔除多余采购运输方法。

（2）在采购过程中，采购谈判是一件常事。我们在分析产品价值的时候，对于一件不要紧且价格低廉的配件，还需要实施采购谈判吗？通过采购价值分析可以简化采购谈判的环节。

（3）在采购过程中，如果发现采购产品的质量没有达到预定要求，但并不有损害产品的功能时，是可以采购该产品的。因为它可以降低成本。比如，铝风扇与塑料风扇对于电扇的功能，用塑料风扇代替铝风扇是一个降低成本的有效方法。

案例1 <

华南一家大型原油冶炼公司，在采购原油上运用了采购价值理论分析。

该企业在有两种选择：一是使用A种油；二是使用B种油。

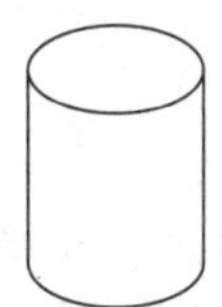

A种油的热值：8000千焦/千克
单价是：78美元/桶

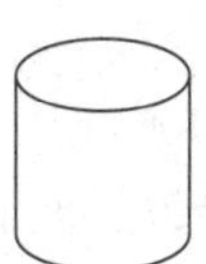

B种油的热值：6000千焦/千克
单价是：60美元/桶

代入价值公式

$$V=\frac{F}{C}=\frac{1800}{78}=102$$

代入价值公式

$$V=\frac{F}{C}=\frac{6000}{60}=100$$

从价值公式的核算中就可以看出：购买A种油要优于购买B种油。

由于受到地理和政治的影响，原油价格出现波动。

A种油变为单价是100美元/桶。B种油的单价是71美元/桶。

代入价值公式

$$V=\frac{F}{C}=\frac{8000}{100}=80$$

$$V=\frac{F}{C}=\frac{6000}{71}=84$$

从价值公式的核算中可以看出：购买B种油要优于购买A种油。

企业在选用采购品时，采购品的价值就决定了采购者的采购方向。

案例2

“规模效益”被一些企业经营者津津乐道，他们认为扩大生产是增加利润的最好方法。

例如：

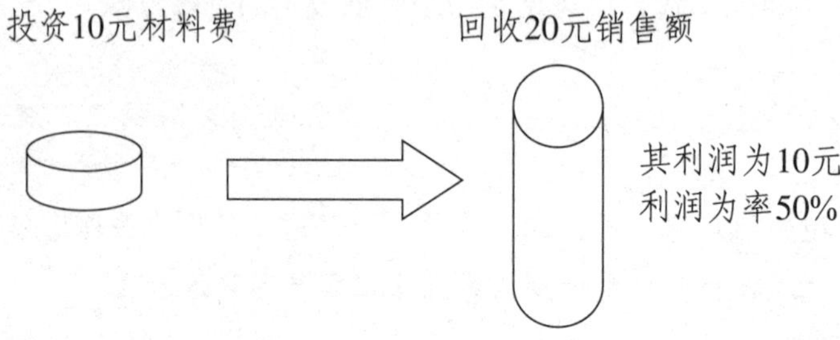

如果

投资20元原材料 ⟹ 能回收40元吗？

答案是无法肯定的。由于销售市场存在不确定性。另外，由于原材料的增加，必然造成制造成本的增加。

如果投入的制造成本为20元，那么回收的40元销售额已经没有任何意义了。如果投入的制造成为10元，那么回收的40元销售额，减去10元的制造成本，再减去原材料的20元成本，其利润也不过10元而已。也就是说采购增加的10元投入等于无用功。

通过以上例子说明：在实施采购前，对采购品或者采购过程进行价值评估是非常重要的。

第二节 产品周期成本分析

一、产品周期

（一）定义

产品需要经历诞生、成长、成熟和衰退的过程，就像生物的生命历程一样，所以称为产品周期。产品周期就是产品从进入市场到退出市场所经历的市场生命循环过程，进入和退出市场标志着周期的开始和结束。

（二）产品周期四阶段

产品周期一般可以分成四个阶段：引入期、成长期、成熟期和衰退期。对于采购产品而言，必须把握住产品的最佳时期，才能降低采购成本。

1. 引入期

新产品投入市场，便进入了引入期。在此阶段产品生产批量小、制造成本高、广告费用大、产品销售价格偏高、销售量极为有限。因此对于零售业采购员来说，必须把握时机。

2. 成长期

当产品进入引入期后，这是需求增长阶段，需求量和销售额迅速上升，生产成本大幅度下降，价格也会降低。可以在一定情况下降低采购成本。

3. 成熟期

随着购买产品的人数增多，市场需求趋于饱和，产品便进入了成熟期阶段。销售增长速度缓慢直至转而下降，由于竞争的加剧，导致广告费用再度提高，利润下降，价格可能上升。采购员是否出手则需要看情况。

4. 衰退期

随着科技的发展、新产品和替代品的出现，产品从而进入了衰退期。产品的需求量和销售量迅速下降，此时成本较高的企业就会由于无利可图而陆续停止生产，该类产品的周期也就陆续结束。如果是末代产品，对于零售业采购员来说，则必须谨慎。

产品周期曲线如图4-2所示。

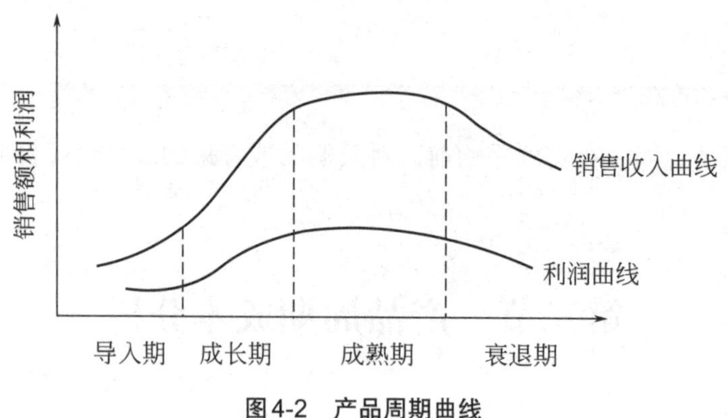

图4-2 产品周期曲线

二、产品周期对采购成本影响

由于产品所处的周期不同，产品固有成本也就不同。这里的固有成本一般指市场买价，由于产品所处的阶段不同，因此市场价格也不同。除了市场价格成本的影响外，采购时还必须考虑到产品的维护成本。如果采购品的维护成本过高，则必须选择产品周期成本最小者。

例如，制造业的采购员在为本企业采购机器设备时，应该在价格最低的时候去买，这样最经济。如果是零售企业采购员在选择零售产品时，也想在价格最低时去买，此时可能会使采购品成为商场的呆滞品。

因此，产品周期决定产品的价格，而产品的价格决定产品采购成本周期，如图4-3所示。

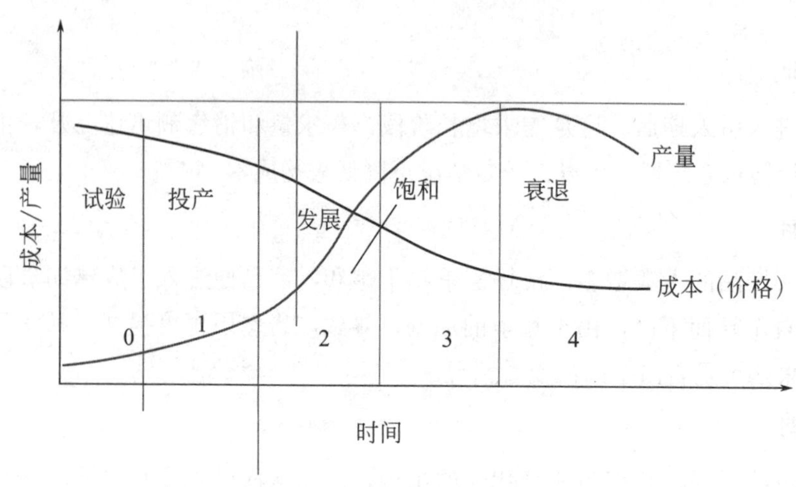

图4-3 产品采购周期成本曲线

案例1

某大型超市采购B号日用品，B号日用品为刚上市的产品。此时进价货价是5元，卖价为8元，该批定量为100件。

因此，在该次交易中，该超市获利为300元。

总结：花去5元的成本，可以赚取3元。

该采购员发现该产品处于市场高峰期，于是决定购入100件，此时进价为4元，卖价是6元。在该次交易中，该超市获利为200元。

总结：花去4元的成本，可以赚取1元。

该产品一旦进入衰退期，此时B号日用品进价仅为2元，该采购员还需要去考虑进100件吗?

总结：花去2元的成本，可以赚取0元。

案例2

某建筑公司A为提高机械化水平。决定引进大型建筑设备，该设备最近才投入市场，此时市场价格为20万元。一年后，另一家建筑公司B也决定购买该设备，而此时价格已降为15万元。

由于A公司比B公司提前一年使用该设备，因此A公司经过统计发现该设备为企业创利5万。后来，两公司在核算成本时发现，该设备的养护修费用非常高，每年几乎要耗去2万元。

最后统计结果为：A公司两年间用于设备的支出是20万元+4万元=24万元。两年间A公司使用设备后的收入为10万元；相对应的B公司用于设备支出：15万元+2万元=17万元。但两年间B公司使用设备的收入为5万元。

总结：由于B公司比A公司晚采购一年设备，则可以为B公司节约成本2万元。

以上例子说明：在实施采购前，对采购品进行产品周期分析是非常重要的。

三、产品所处周期测定

能否正确判断产品处在周期的哪个阶段，对企业制定相应的采购策略非常重要。企业最常用的判断产品周期阶段有下面两种方法。

（一）类比法

该方法是根据以往市场类似产品周期变化的资料来判断企业产品所处市场周期的何阶段，如图4-4所示。

A产品与B产品属于类似产品，用A产品的运行周期来确定B产品的运行周期。

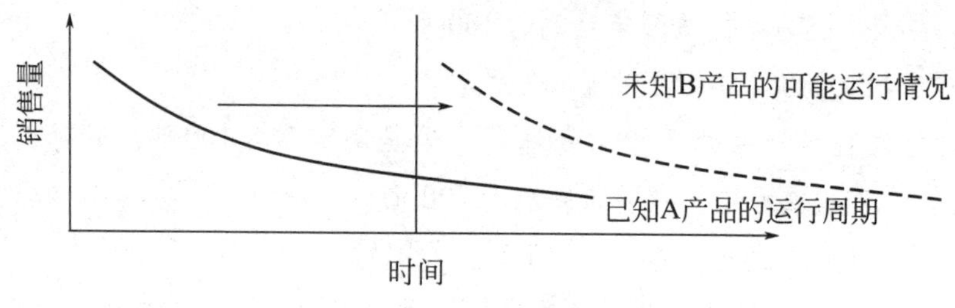

图4-4 产品类比法

（二）增长率法

该方法就是以某一时期的销售增长率与时间的增长率的比值，来判断产品所处市场生命周期阶段，如图4-5所示。

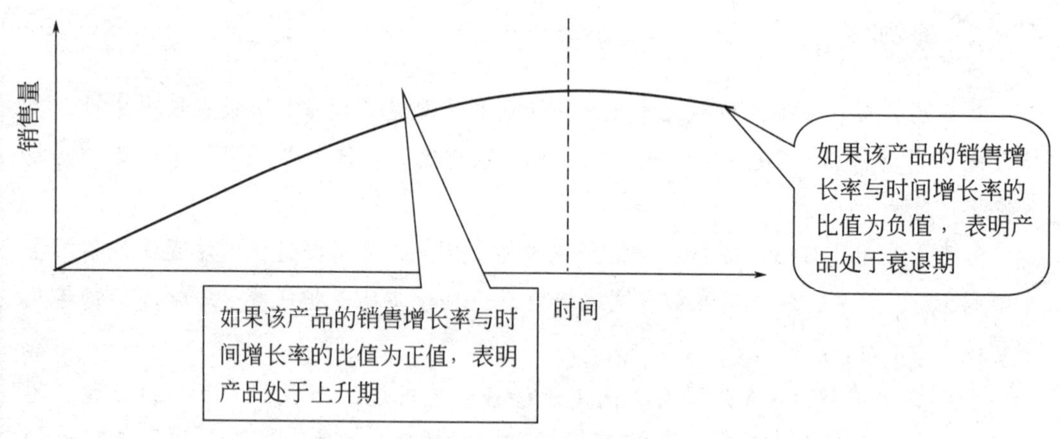

图4-5 产品增长率法

第三节 目标成本法降低采购成本

一、目标成本法

（一）定义

目标成本法是一种以市场导向（Market-driven）对产品制造、生产服务过程进行利润计划和成本管理的方法。

（二）目的

目标成本法的目的是在产品周期的研发及设计（RD&E）、原材采购阶段设计好产品的成本，而不是试图在制造过程降低成本或者销售过程中来获取利润。

（三）成本定价法

目标成本法对于工厂采购而言，是通过预计未来销售市场的价格来确定目前原材料采购品的价格。这与传统上的采购品定价不同。

传统：

成本定价法主张：

预计未来 − 目标利润 = 采购价格 + 制造成本

二、目标成本法的采购意义

目标成本法的采购意义在于采购品的价格制定。我们在给采购品定价时，不是一味地、没有目标地谈价、压价。而是应运用科学核算出我们采购什么价位的产品、配件，才能为企业获得利润。

例如：某电视制造厂预计电视未来价格可能是500元，他们预计的利润为100元。因此在电视成本的制造过程中，确定了400元的成本。如果再预计人工等其他费用要耗去300元，剩下的电视原材料采购只能在100元之内。因此采购电视原材料的定价不得超过100元。

因此目标成本法对于采购而言：

有目标的定价采购品

从而使采购成本降低

案例

××水暖器材制造有限公司是一家大型水龙头制造公司。在公司的发展初期，公司领导层致力于高品质、高规格水龙头生产；同时也采购高标准的原材料DR铜。由于DR铜价值属于高价值原材料，该批水龙头上市后，为了抵消DR铜高成本带走的利润空间，公司便提高水龙头的市场价格。

由于该批水龙头市场价格太高，买者寥寥无几。尽管××公司大力注重DR铜的质量，但在同行的眼中，DR铜的实用价值与普通铜差别不大。于是公司领导层决定放弃DR铜采购，走回原来模式。

两年后，南非一家大型国际采购集团来到该厂，寻求DR铜式水龙头。该厂鉴于DR厂成本太高，打算放弃合作。但外商执意坚持，并要求××公司在当前市场价格上核算出DR铜原材料的成本，在何种范围之内，企业才会有利润。经过分析，××公司认为，如果现行水龙头价格不变，可以在现行DR铜原材料价格的基础上削减40%。由于DR铜产自南非，经过南非合作商的努力，最后在DR铜原材料价格的基础上削减了30%。

DR铜投产后，由于该类产品市场价格与普通铜产品市场价格相差无几，因此该企业DR水龙头订单蜂拥而至。

案例分析：

××水暖器材制造有限公司得益于目标成本法的分析，通过产品未来市场售价，来确定原材料买价是控制成本的一个非常重要的方式。

三、目标成本法运作步骤

目标成本法运作步骤如图4-6所示。

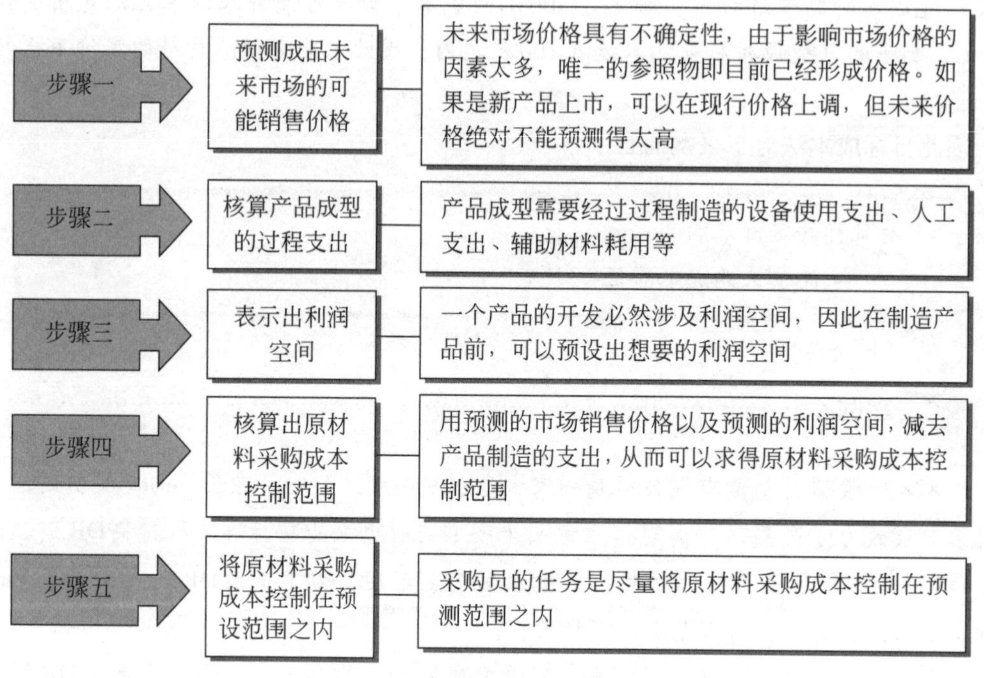

图4-6 目标成本法运作步骤

第四节　供应价格分析降成本

采购中，供应商都倾向于尽可能隐瞒自己的成本结构与定价方法，因此采购员的一个基本任务就是揭开供应商定价方法及成本结构的面纱。

一、采购物品单价的构成

采购员对于所采购物品单价的构成应有所了解。单价的构成一般包括原材料成本、人工、固定资产折旧、模具费用的分摊、票据所纳税点数、合理的利润等。

（一）原材料价格结构图

原材料价格结构图，如图4-7所示。

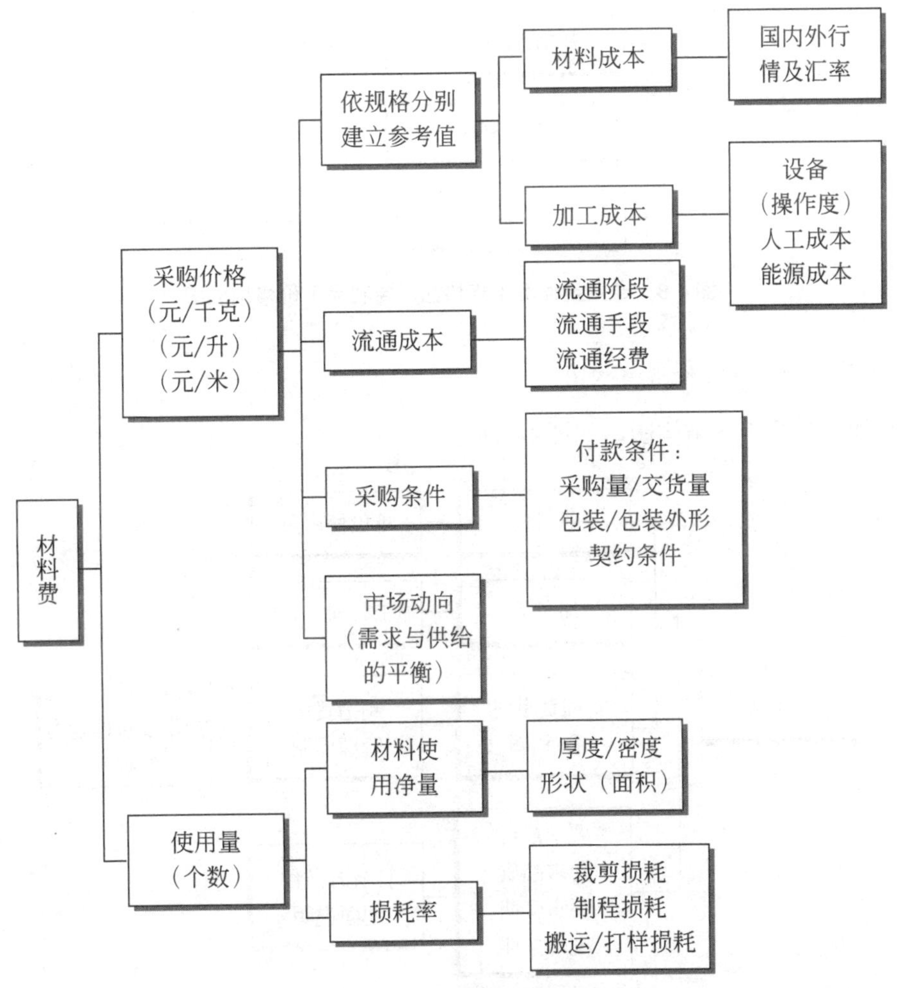

图4-7　原材料价格结构图

（二）专业组件类（规格品、专利品）价格构成图

专业组件类（规格品、专利品）价格构成图，如图4-8所示。

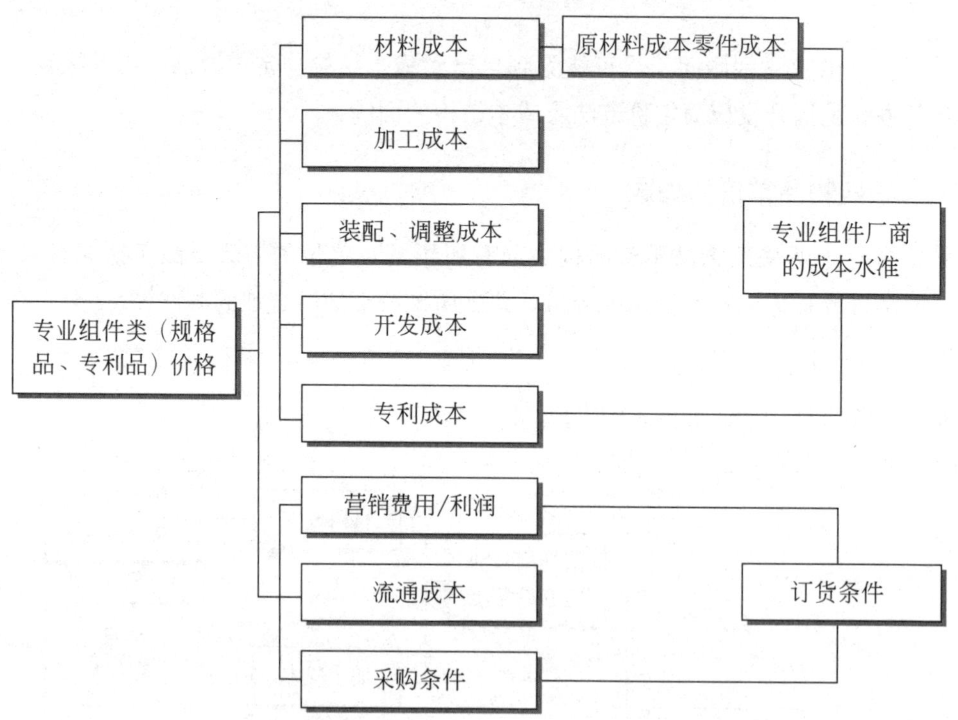

图4-8 专业组件类（规格品、专利品）价格构成图

（三）外托加工制品价格结构图

外托加工制品价格结构图，如图4-9所示。

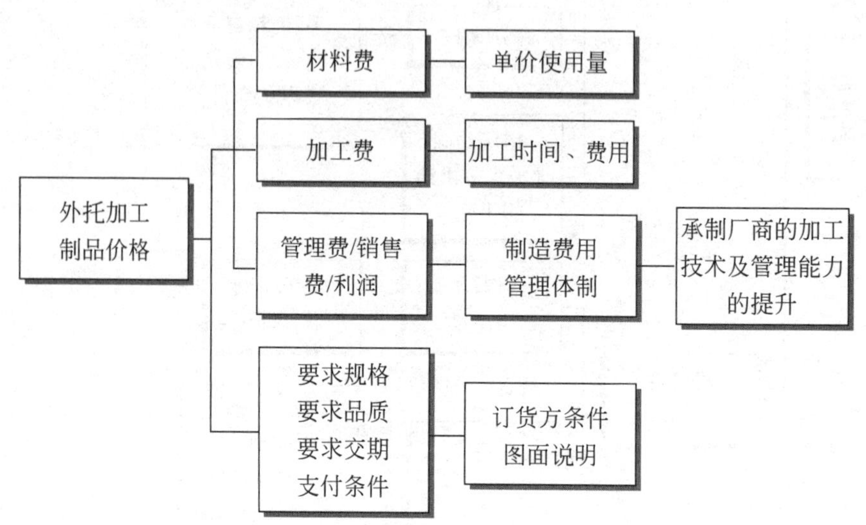

图4-9 外托加工制品价格结构图

（四）市售（规格品）零件类价格结构图

市售（规格品）零件类价格结构图，如图4-10所示。

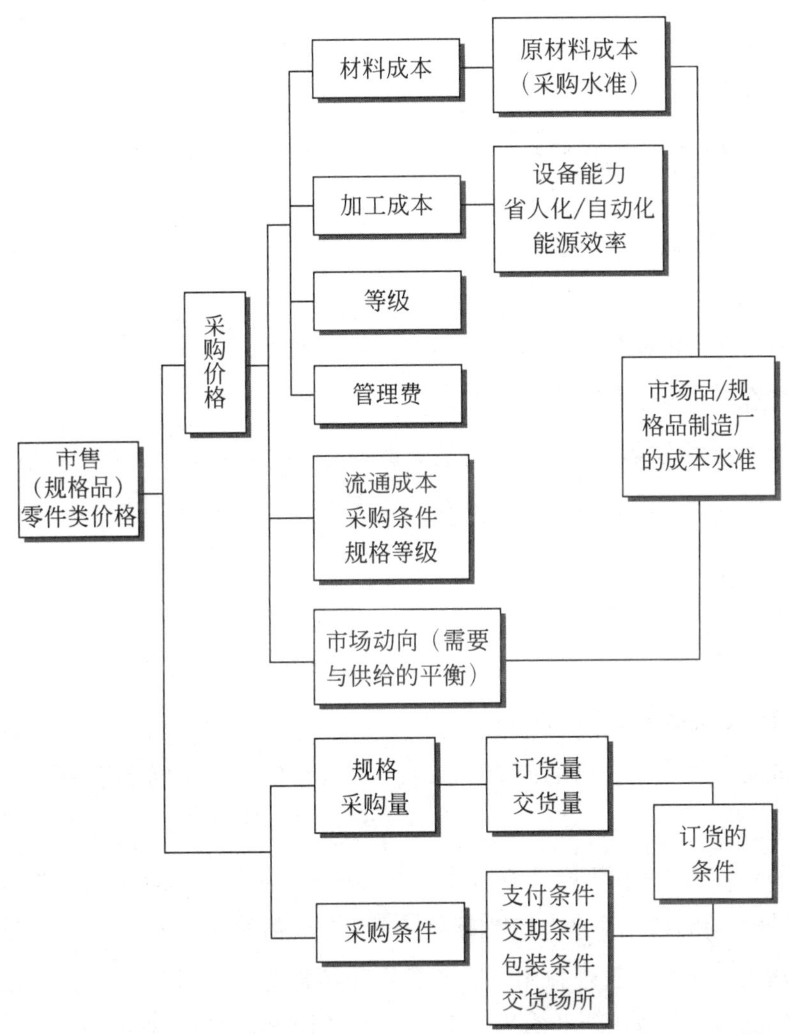

图4-10 市售（规格品）零件类价格结构图

二、供应价格的影响因素

（一）供应价格

所谓供应价格，是指供应商对自己的产品或服务所提出的销售价格。

（二）供应价格的影响因素

1.成本因素

（1）生产成本。

（2）规格和品质。

（3）采购数量。

（4）交货条件。

（5）付款条件。

2. 市场因素

（1）采购对象的市场供求状况。

（2）采购时机。

（3）供应同类物品的供应商的数量。

（4）客户的业务对供应商的吸引程度。

（5）采购企业与供应商的关系。

3. 成本因素与市场因素的关系

市场结构会强烈影响成本结构，而某一供应商的成本结构不会对市场结构产生影响。有些产品的价格几乎完全取决于成本结构，而另一些则全部依赖于市场。

三、供应商的一般定价方法

（一）成本加成定价法

1. 成本加成定价法的定义

成本加成定价法，是在产品的成本上加一个标准的加成来确定价格的方法，是最基本的定价方法。

单位产品出厂价格=（单位产品制造成本+单位产品销售利润）/（1−期间费用率−销售税率）=单位产品制造成本×（1+成本利润率）/（1−期间费用率−销售税率）

其中，期间费用包括管理费用、财务费用和销售费用。期间费用率为期间费用与产品销售收入的比率，可以用行业水平，也可以用本企业基期损益表的数据。

销售税金是指产品在销售环节应交纳的消费税、城建税及教育费附加等，但不包括增值税。销售税率是这些税率之和。

销售利润可以是行业的平均利润，也可以是企业的目标利润。成本利润率是销售利润与制造成本的比率，即加成比例。这是成本加成法的关键。

例：某企业生产一种产品，预计单位制造成本为100元，行业平均成本利润率为25%，销售税率为0.7%，企业基期的期间费用为500000元，产品销售收入为5000000元。

则出厂价格=100×（1+25%）/（1−10%−0.7%）=139.98（元）。

2. 成本加成定价法的优缺点

（1）优点：产品价格能保证企业的制造成本和期间费用得到补偿后还有一定利润，

产品价格水平在一定时期内较为稳定，定价方法简便易行。

（2）缺点：忽视了市场供求和竞争因素的影响，忽略了产品寿命周期的变化，缺乏适应市场变化的灵活性，不利于企业参与竞争，容易掩盖企业经营中非正常费用的支出，不利于企业提高经济效益。

（二）目标利润定价法

目标利润定价法是指运用量、本、利分析原理，根据企业预期的总销售量与总成本，确定一个目标利润率的定价方法。

其计算公式为

产品出厂价格=（单位变动成本+单位固定成本）/（1−销售税率）+目标利润/[预计销售量×（1−销售税率）]

目标利润=（单位变动成本+单位固定成本）×预计销售量×成本利润率

产品出厂价格=[（单位变动成本+单位固定成本）×（1+成本利润率）]/（1−销售税率）

（三）市场竞争定价法

市场竞争定价法是根据市场上同类商品竞争结果的可销零售价格，反向计算而确定出厂价格的方法。计算公式是

产品出厂价格=市场可销零售价格−零批差价−批进差价

=（同类产品市场基准零售价格±产品质量规定差价）×（1−零批差率）×（1−批进差率）

（四）投标定价法

投标定价法是指通过公开的招标竞争来定价的方法，通常应用于政府采购，现在也普遍应用于企业采购。

四、成本分析

（一）成本分析的内容

成本分析是指就供应商所提报的成本估计，逐项进行审查及评估，以求证成本的合理性与适当性。

1. 成本估计中应包括的项目

（1）工程或制造的方法。

（2）所需的特殊工具、设备。

（3）直接和间接材料及人工成本。

（4）制造费用或外包费用。

（5）管理费、营销费及税金、利润。

2.成本分析工作点

成本分析也就是查证前述各项资料的虚实，包括以下两项工作。

（1）会计查核工作：必要时，可查核供应商的账簿和记录，以验证所提供的成本资料的真实性。

（2）技术分析：指对供应商提出的成本资料，就技术观点所作的评估，包括制造技术、品质保证、工厂布置、生产效率及材料损耗等，此时采购部门需要技术人员的协助。

（二）要进行成本分析的情形

采购员要求进行成本分析，通常以下列情形最为常见。

（1）底价制定困难。

（2）无法确定供应商的报价是否合理。

（3）采购金额巨大，成本分析有助于将来的议价工作。

运用企业规范化的成本分析表，可以提高议价的效率。

（三）怎样增进成本分析的能力

增进自己从事成本分析能力的途径如下。

（1）利用自己的工作经验。

（2）向供应商学习（了解他们的制造流程）。

（3）建立简单的制度如成本计算公式等。

（4）养成分析成本、比价和议价的观念。

（四）成本分析表的提供方式

（1）由各报价供应商自行提供。

（2）由采购单位事先编订规范化的报价单或成本分析表，提供所有供应商统一填报。

【实例4-01】某供应商产品成本分析 ▸▸▸

某供应商产品成本分析

某供应商产品成本数据如下表所示：

产品成本构成分析表

供货厂商：	厂商	产品	产品	单台
（公章） *********	代号： *****	名称： *****	图号： *******	用量： ****

续表

序号	项目	金额/元	原材料分析						外购外协件分析					
			名称	规格	单位	数量	单价	金额/元	名称	规格	单位	数量	单价	金额/元
1	原材料	142.46												
2	外购外协件	64.45												
3	直接工资	24.65												
4	制造费用	27.9												
5	专用费用	10.18												
6	废品损失	13.45												
			小计					142.46	小计					64.45

序号	项目	金额/元	费用分配率分析				销售费用分析	
			项目	费用总额 a/元	总工时 b/小时	分配率/ a/b /(元/小时)	项目	金额/元
1	制造成本	283.09						
2	管理费用	23.8						
3	财务费用	12.94						
4	销售费用	36.14	动能			3.75	包装费	18.96
5	工厂成本	355.97	直接工资	24.65	6.57	3.75	包装费	18.96
6	产品利润	−4.89	制造费用	27.9	6.57	4.25	运输费	10.2
7	产品单价	351.08	管理费用	23.8	6.57	3.62		
8	税金	39.01	财务费用	12.94	6.357	1.97	其他	6.98
9	含税单价	390.09	合计				合计	36.14

续表

生产工时分析									专用费用分析				
	重要工序				总工时/小时	单台/小时	操作/小时	单件工时/小时	工模具/元	金额	件/模	使用	分摊/元
					6.57	0.657	10	2.53	509000				50000
	小计								小计				
供方签字									备注：				
经办			主管			联系电话							

数据分析如下。

一、原材料分析和外协外购件分析

根据供应商提供的《采购合同》和增值税发票底单，以及所用材料的市场价格等因素综合进行分析。

二、费用分配律分析、工时分析

（1）根据表格数据得知：每件产品所支出的个人工资=单件工资总额÷总人数=24.64÷10=2.465（元）

（2）人日工资=工资分配率×8小时=3.75×8=30（元）

（3）个人日生产量=人日工资÷每件产品所支出的个人工资=30÷2.465=12.17（件）。

（4）个人单位时间生产量=个人日生产量÷8小时=12.17÷8=1.521（件/小时）（2.465×1.521=3.75，该数据和表格给出的工资分配律一致）。

（5）个人生产1件产品用时=单位时间÷个人单位时间生产量=1÷1.521=0.657（小时）。

（6）可知单件工时为0.657小时，这样和表格给出的总工时相符。

（7）由以上数据可得：

制造费用=4.25÷1.521=2.79（元）

管理费用=3.62÷1.521=2.38（元）

财务费用=1.97÷1.521=1.29（元）

三、销售费用分析

包装费：可用要求供应商提供包装物的采购合同和发票。运输费：要求供应商提供运输发票，税率7%（可用来抵税）。

四、专用费用分析

工装、模具、检具等的费用=金额（看发票）÷分摊数量，该项涉及金额大于2000元，使用年限2年以上，可以计入固定资产，费用另算。

五、税金计算

增值税=（销项税-进项税）×13%。

①城市维护建设税，应交增值税的5%；②教育费附加，应交增值税的4%；③水利建设专项基金，营业收入的0.12%；④印花税，营业收入的0.03%。

六、利润10%

总结：税前价格=该产品的合理报价为原材料（142.46元）+外协外购件（64.45元）+直接工资（24.65元）+制造费用（2.79元）+管理费用（2.38元）+财务费用（1.29元）+专用费用（10.18元）+废品损失（13.45元）+销售费用（36.14元）+利润10%（29.78元）=327.57元。

税金：增值税=[销项税（327.57）-进项税（142.46+64.45）]×17%=15.68元

城市维护建设税=15.68×5%=0.78元；教育费附加=15.68×4%=0.63元；水利建设专项基金=327.57×0.12%=0.393元；印花税=327.57×0.03%=0.098元。

由此得到合理报价：327.57+15.68+0.78+0.63+0.393+0.098=345.15（元）。此价格没有分析到原材料、外协件、销售费用、专用费用及废品损失等项目的分析。

05

第五章
巧用采购技术降成本

引言

成本管理除了以公平合理的价格取得必需的货品或劳务外，还应当力求降低成本。采购成本一般来说包括实际采购原料成本、原料运输费用成本、原料存货存储成本、原料采购相关人工费用。这些都是事后发生的结果，难以为企业找到改进的方法。企业要降低成本更要从为什么要采购、采购多少、采购时点、向谁采购、如何采购以及以多少价格来采购。采购员必须从这些问题上着手，运用一定的采购技术来降低成本。

第一节　ABC法采购控成本

一般来说，企业的物资种类繁多、价格不等、数量不均，有的物资品种很多但价值不高。由于企业的资源有限，因此，对所有品种均给予相同程度的重视和管理是不可能的，也是不切实际的。为了使有限的时间、资金、人力、物力等企业资源能得到更有效的利用，应对物资进行分类，将管理的重点放在重要的物资上，进行分类管理和控制，即依据库存物资重要程度的不同，分别进行不同的管理，这就是ABC控制方法的基本思想。

一、ABC法的分类原则

ABC分类法对于采购库存的所有物料，按照全年货币价值从大到小排序，然后划分为三大类，分别称为A类、B类和C类。A类物料价值最高，受到高度重视，处于中间的B类物料受重视程度稍差，而C类物料价值低，仅进行例行控制管理。

ABC分类法的原则是通过放松对低值物料的控制管理而节省精力，从而可以把高值物料的库存管理做得更好，如图5-1所示。

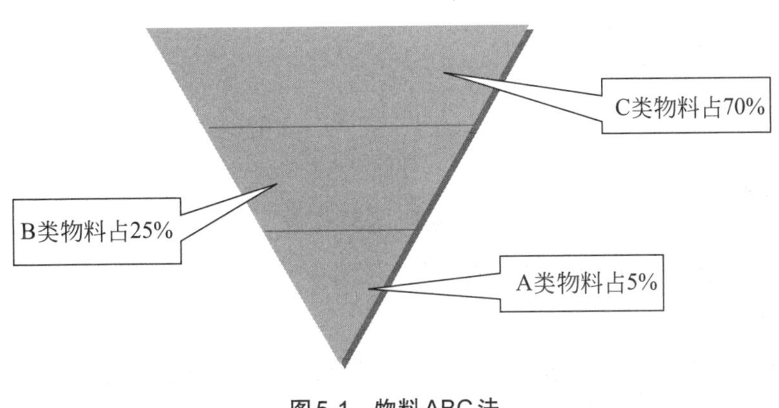

图5-1　物料ABC法

二、ABC分类标准

（一）ABC物资的总金额和品种

在企业物料存储中：

（1）A类物资在总金额中占75%～80%，而品种仅占10%以下；

（2）B类物资在总金额中占10%～15%，品种占10%～15%；

（3）C类物资在总金额中仅占5%～10%，而品种却占75%以上。

（二）ABC物资的库存管理法

根据ABC分类的结果可以采取不同的库存管理方法。

对A类物资应重点管理，严加控制，采取较小批量的定期订货方式，尽可能降低库存量。对C类物资采用较大批量的定量货方式，以求节省手续，留出精力管好重要物资。而对B类物资则应根据情况区别对待。

ABC物资的库存管理法如图5-2所示。

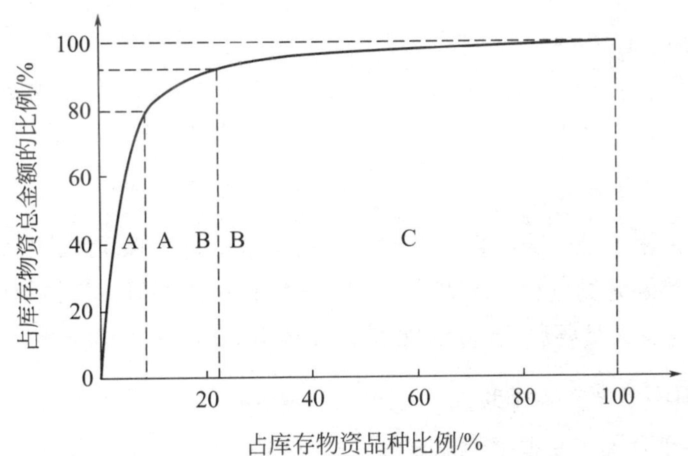

图5-2　ABC物资的库存管理法

三、ABC分类的采购

（一）A类材料的采购

1.采购渠道

对占用资金多的A类材料必须严格采取定期订购，订购频率可以长久一些，同时要进行精心管理。A类材料采用订货的形式。

2.采购方式

采购方式采取询价比较采购、招标采购，这样能控制采购成本，保证采购质量。采购前，采购员做好准备工作，进行市场调查，货比三家。对大宗材料、重要材料要签订购销合同。材料进场必须通过计量验收，对材料的质量报告、规格、品种、质量、数量，认真验收合格后入库，进行货款结算材料计划的检查与调整，做到及时、有效纠正偏差。

（二）B类材料的采购

1.采购渠道

对于批量不是很大的常用材料和专用物资，订货渠道采取定做及加工改制，主要适用于非标准产品、专用设备等。加工改制包括带料加工和不带料加工。

2.采购方式

采购方式可采取竞争性谈判。采购方直接与三家以上的供货商或生产厂家就采购事宜进行谈判，从中选出质量好、价格低的生产厂家或供货商。

3.订货方式

订货方式可采用定期订货或定量订货。B类材料虽无须像A类材料那样进行精心管理，但其材料计划、采购、运输、保管和发放等环节管理，要求与A类材料相同。

（三）C类材料的采购

1.C材料特点

C类材料是指用量小、市场上可以直接购买到的一些等物资。这类材料占用资金少，属于辅助性材料，容易造成积压。

2.采购渠道、订货方式

进货渠道可采用市场采购，订货方式可采用定量订货。必须严格按计划购买，不得盲目多购。采购员要认真进行市场调查，收集采购材料的质量、价格等市场信息，做到择优选购。材料保管人员要加强保管与发放，要严格领用手续，做到账、卡、物相符。

（四）材料ABC分类管理作用

材料ABC分类管理，是保证产品质量、降低材料消耗、杜绝浪费、减少库存积压的重要途径。无论是A类材料，还是B、C类材料，只有认真做好材料的计划、采购、运输、储存、保管、发放、回收等环节的管理工作，同时根据不同的材料采取不同的订货渠道和订货方式，才能及时准确、有效地做好材料质量与成本控制，才能达到节约成本、提高经济效益的目的。

第二节 按需订货控成本

一、按需订货采购

（一）定义

Lot for Lot中文含义叫按需订货，是属于MRP的一种订货技术，生成的计划订单在数量上等于每个时间段的净需求量。这是有效避免采购过多、采购不足的一种方法，也是有效避免采购成本增加的一种方法。目前大多数生产企业均采用该种订货方式。

（二）计算模式

计算模式是

净需求量=生产订单需求量-（现有库存量+在途采购量）

例如：某个生产收音机企业的外购需求情况见表5-1。

表5-1 某个生产收音机企业的外购需求情况

订单名称	产品名称	需要量/个	下单时间	交货时间
广州明华01单	电子	1000	1月1日	2月1日
广州明华01单	电子	8000	1月1日	3月1日
广州明华01单	天线	500	1月1日	2月1日
澳门水杉01单	天线	3000	1月1日	2月1日
四海科技01单	电子	2000	1月1日	2月1日
四海科技01单	天线	4000	1月1日	2月1日

该企业没有电子与天线的生产线，因此需要外购。如果该产品的生产期限是周期1个月：目前库存量是电子5000个、天线3000个，则MRP的计算如下。

1月电子需求是：广州明华01单的1000+四海科技01单2000个-前库存量是电子5000个=-2000个。

因此1月没有必要实施电子采购。

1月份天线需求量是：广州明华01单的500+四海科技01单4000个-前库存量是电子3000个=1500个。

因此1月天线需求量是1500个。

利用MRP实施按需订货可以准确计算出在一段时间内的净需求量。上面的例子过于简单，因为现实企业操作中，订单每时每刻在增加，采购需求也在断变化。而利用MRP技术，实施按需订购则是一个比较科学的方式。

二、按需订货的前提

为了保证MRP数据的准确性，实施按需订货需要两个前提。

（一）库存数据必须准确

采购需求是订单总需求与库存需求的差值。总需求数据来自订单直接数据，而库存数据来自企业仓储内部。库存数据的准确性是目前大多数企业的一个弱点，利用良好仓库管理技术，是保证库存数据正确、保证按需订货的前提。

（二）确定阶段时间

按需订货必须确定采购阶段时间，也就是常说的采购周期合并法。某企业采购需求见表5-2。

表5-2 某企业采购需求

订单名称	配件名称	需要量/个	采购到位时间	下单时间
明华01单	电子	1000	1月10日	2月1日
成华01单	电子	8000	1月20日	2月5日
明华01单	天线	500	1月11日	2月8日
水杉01单	天线	3000	1月12日	2月2日
高科01单	电子	2000	1月18日	2月1日
兴科01单	天线	4000	1月20日	2月10日

根据一般企业情况：采购周期常用1周来作为采购衡量标准，以此减少搬运量。如1月10～17日之间的采购订单可以合并到1月10完成。

也就是说：在1月10日电子需求量=明华01单1000；在1月11日天线需求量=明华01单500+水杉01单3000；在1月18日电子需求量=水杉01单3000+成华01单8000；在1月20日天线需求量=兴科01单4000。

第三节 定量采购控成本

一、何谓定量采购

所谓定量采购控制法指当库存量下降到预定的最低库存数量（采购点）时，按规定数量［一般以经济订货批量（EOQ）为标准］进行采购补充的一种采购成本控制方式

（图5-3）。当库存量下降到订货点（也称为再订货点）时马上按预先确定的订货量（*Q*）发出货物订单，经过交纳周期（*LT*），收到订货，库存水平上升。其常用于零售企业。

图5-3 定量采购控制法

二、定量采购的优点

（一）掌握库存量

由于每次订货之前都要详细检查和盘点库存（看是否降低到订货点），才能及时了解和掌握商品库存的动态。因每次订货数量固定，且是预先确定好了的经济批量，方法简便。

（二）保证流动资金

由于定量采购，不会在一次性积压太多的资金，从而保证了现金流的畅通。

三、定量采购的缺点

（一）占用库存

经常对商品进行详细检查和盘点工作量大且需花费大量时间，从而增加了库存保管维持成本。

（二）运输成本大

该方式要求对每个品种单独进行订货作业，这样会增加订货成本和运输成本。定量订货方式适用于品种数目少但占用资金大的商品。

四、定量采购的实施

（一）适用范围

定量采购订货方式适用于产品数量少、占用资金量大的物品。

（二）采用采购控制法必须预先确定订货点和订货量

1. 订货点

通常采购点的确定主要取决于需求率和订货、到货间隔时间这两个要素。在需要固定均匀和订货、到货间隔时间不变的情况下，不需要设定安全库存，订货点由下式确定。

$$R = LT \times \frac{D}{365}$$

式中　D——每年的需要量。

当需要发生波动或订货、到货间隔时间是变化的情况时，订货点的确定方法则较为复杂，且往往需要安全库存。

2. 订货量

订货量通常依据经济批量方法来确定，即以总库存成本最低时的经济订货批量（EOQ）为每次订货时的订货数量。

第四节　定期采购控成本

一、定期采购的含义

（一）定义

定期采购（图5-4）是指按预先确定的订货间隔期间进行采购以补充库存的一种方式。企业根据过去的经验或经营目标顶先确定一个订货间隔期间。每经过一个订货间隔期间就进行订货，每次订货数量都不同。在定期采购时，库存只在特定的时间进行盘点，例如每周一次或每月一次。其常用于零售企业。

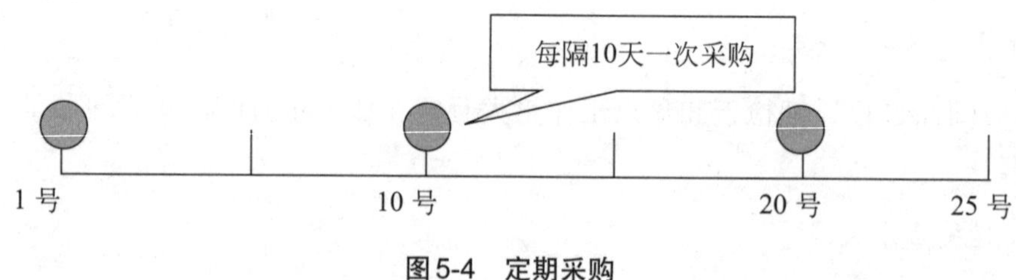

图5-4　定期采购

（二）定期采购的目的

当供应商走访顾客并与其签订合同或某些顾客为了节约运输费用而将他们的订单合在一起的情况下，必须定期进行库存盘点和订购。另外一些公司采用定期采购是为了促进库存盘点。例如，销售商每两周打来一次电话，则员工就明白所有销售商的产品都应进行盘点了。

（三）定期采购的定购量

在定期采购时，不同时期的订购量不尽相同，订购量的大小主要取决于各个时期的使用率。它一般比定量采购要求更高的安全库存。定量采购是对库存连续盘点，一旦库存水平到达再订购点，立即进行订购；相反，标准的定期采购模型是仅在盘点期进行库存盘点。这就有可能在刚订完货时由于大批量的需求而使库存降至零，这种情况只有在下一个盘点期才被发现，而新的订货需要一段时间才能到达。这样，有可能在整个盘点期和提前期会发生缺货。所以安全库存应当保证在盘点期和提前期内不发生缺货。

二、定期采购的优点

定期采购的优点如图5-5所示。

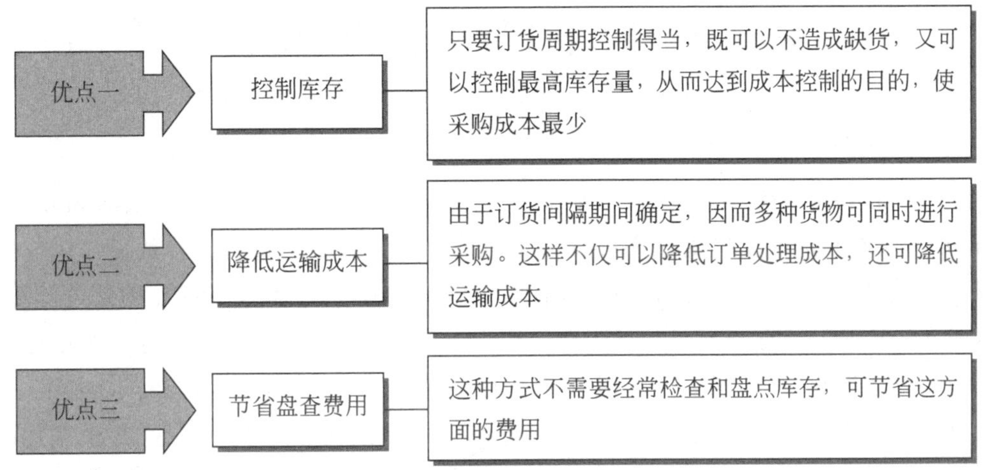

图5-5 定期采购的优点

三、定期采购的缺点

定期采购的缺点如下。

（一）不能掌握库存动态

由于不经常检查和盘点库存，对商品的库存动态不能及时掌握，遇到突发性的大量需要，容易造成缺货现象带来的损失。因而为了应对订货间隔期间内需要的突然变动，往往库存水平较高。

（二）耗用流动资金

定期采购，如果遇见合适品种数量少、占用资金大的产品，那么企业流动资金就会出现紧张。

四、定期采购的实施

（一）适用范围

定期采购仅对于产品数量大、占用资金较少的商品；对于产品数量小、占用资金较少的商品最好采用定量采购。

（二）如何计算订货量

采购周期也可以根据具体情况进行调整。例如，根据自然日历习惯，以月、季、年等确定周期；根据供应商的生产周期或供应周期进行调整等。定期采购方式中订货量的确定方法如下。

订货量=最高库存量−现有库存量−订货未到量+顾客延迟

第五节　经济订货批量采购控成本

一、何谓经济订货批量

经济订货批量是针对上述成本问题而提出来的，经济订货批量（Economic Order Quantity，EOQ）是使订单处理和存货占用总成本达到最小的每次订货数量（按单位数计算）。订单处理成本包括使用计算机时间、订货表格、人工及新到产品的处置等费用。占用成本包括仓储、存货投资、保险费、税收、货物变质及失窃等。无论大小都可采用EOQ计算法（图5-6）。订单处理成本随每次订货数量下降（按单位数平摊的增加而下降，因为只需较少的订单就可买到相同的全年总数），而存货成本随每次订货数量的增加而增加（因为有更多的商品必须作为存货保管，且平均保管时间也更长）。这两种成本加起来就得到总成本曲线。

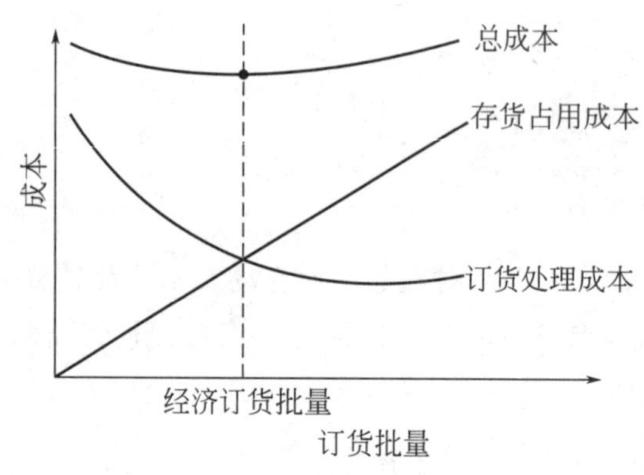

图5-6　经济订货批量

由于需求、价格上涨、数量折扣及可变的订货成本和维持成本等方面的变化，必须经常修订EOQ。

二、经济性订货点计算

对企业而言，在进行采购时，其经济订货数量如何求取非常关键。为了解决这一问题，采购员应备有若干计算经济订货量的公式，按照这些公式就无须靠经验或感觉来决定经济的订货数量。

一般的经济订货批量的公式为

$$EOQ=\sqrt{\frac{2\times \text{年需要量}\times \text{订货成本}}{\text{库存管理费用率}\times \text{单价}}}$$

用数学公式表示，经济订货批量为

$$EOQ=\sqrt{\frac{2DS}{IC}}$$

式中 EOQ——每次订货数量（以单位计）；

D——年需求量（以数量计）；

S——订货成本（以金额计）；

I——年存货成本占单位成本的比例，%；

C——商品的单位成本（以金额计）。

案例1

某超市估计每年能销售15000套电动工具。这些工具每件成本为900元；损坏、保险费、呆账及失窃等费用等于这些工具成本的10%（或每件90元）；单位订货成本为250元。其经济订货批量为

$$EOQ=\sqrt{\frac{2\times 15000\times 250}{0.10\times 900}}=\sqrt{\frac{7500000}{90}}=290\text{（元）}$$

案例2

某医药配送企业某种药品一年销售10000箱，每箱进价100元，每箱货的保管费用平均为一年5元，每次供应商送货的手续费170元。根据这个数据，我们想知道：每次采购多少箱？多长时间采购一次？一年的总费用是多少？

年费用的计算如下。

该医药配送企业一年的总费用=商品的总进价+全年的保管费+全年订货手续费=每箱进价×销售总箱数+（每箱年保管费/2×销售总箱数）/订货次数+每次订货手续

费×订货次数

这里有的概念容易误解，即全年的保管费的计算。

很容易让人感觉：全年的保管费=每箱年保管费×销售总箱数。

下面举一个最简单的例子否定上面的想法。

比如仓库月初进了30箱货，每箱每天的保管费用为1元，那么到月底的时候保管总费用是不是［1元/（箱·天）］×30箱×30天=900元呢？实际上要考虑到箱子在均匀出库。举个简单的例子，一天卖一箱，那么月底的时候刚好卖完，那么1号时候保管费用为30元；2号因为仓库只有29箱。所以保管费用为29元，以此类推，保管费用为30+29+28+…=450（元）。

所以实际上：全年的保管费=（每箱年保管费/2）×（销售总箱数/订货次数）。

严格地证明：全年的保管费=每箱年保管费×∫(0，1)（每次订货量−销售总箱数×t）=（每箱年保管费/2）×（销售总箱数/订货次数）。

公式推导证明如下。

该医药配送企业一年的总费=每箱进价×销售总箱数+（每箱年保管费/2×销售总箱数）/订货次数+每次订货手续费×订货次数。

这里订货次数是个未知量。

做个字母公式（便于推导分析，意义和上面中文一一对应）。

$$F=P\times D+(C/2\times D)/n+K\times n \text{（}n\text{是未知数）}$$

式中 P——每箱进价；

D——销售总箱数；

C——每箱年保管费；

K——每次订货手续费；

n——订货次数。

根据代数不等式定律，当（$C/2\times D$）/$n=K\times n$，F有最小值。

所以最合理订货次数 $n=\sqrt{\dfrac{C\times D}{2\times A}}$。

最小总费用 $F_{\min}=P\times D+\sqrt{2\times C\times D\times K}$。

采购周期 $T=\dfrac{1}{n}=\dfrac{1}{\sqrt{\dfrac{C\times D}{2\times K}}}$

每次采购量 $Q=\dfrac{D}{n}=\dfrac{D}{\sqrt{\dfrac{C\times D}{2\times K}}}=\sqrt{\dfrac{2D\times K}{C}}$。

三、经济订货批量的适用范围

（1）该物品成批地，或通过采购或通过制造而得到补充，它不是连续生产出来的。

（2）销售或使用的速率是均匀的，而且同该物品的正常生产速率相比是低的。

四、经济订货批量的不足和缺陷

伯比奇教授在其1978年的著作《生产管理原理》中，对经济订货批量提出的批评大致如下。

（1）它是一项鲁莽的投资政策——不顾有多少可供使用的资本，就确定投资的数额。

（2）它强行使用无效率的多阶段订货办法，根据这种办法所有的部件都足以不同的周期提供。

（3）它回避准备阶段的费用，更谈不上分析及降低这项费用。

（4）它与一些成功的企业经过实践验证的工业经营思想格格不入。

似乎那些专心要提高库存物资周转率，以期把费用减少到最低限度的公司会比物资储备膨胀的公司获得更多的利益。其他反对意见则认为，最低费用的订货批量并不一定意味着就获利最多。此外，许多公司使用了经另一学者塞缪尔·艾伦教授加以扩充修订的经济批量法之后认为，在他们自己的具体环境条件下，该项方法要求进行的分析本身就足够精确地指明这项方法的许多缺点所在，而其他方法则又不能圆满地解决它们试图要解决的问题。

06

第六章 采购价格谈判降成本

引言

采购谈判不仅仅是人们普遍认为的讨价还价，一场成功的谈判是买家和供应商间经过计划、检讨及分析最终达成相互可接受的协议。这些协议不仅包含了价格，还包含了交易的各项条件，例如产品的质量、交货和服务等方面。优秀的谈判员不仅能够为企业降低成本，采购到物美价廉的产品，而且能够提高工作效率。

第一节 采购价格谈判

采购员谈判时，要把握好采购价格，才能让公司获利。采购员首先应掌握以下常识。

一、影响采购价格的因素

影响采购价格的因素有许多，具体如图6-1所示。

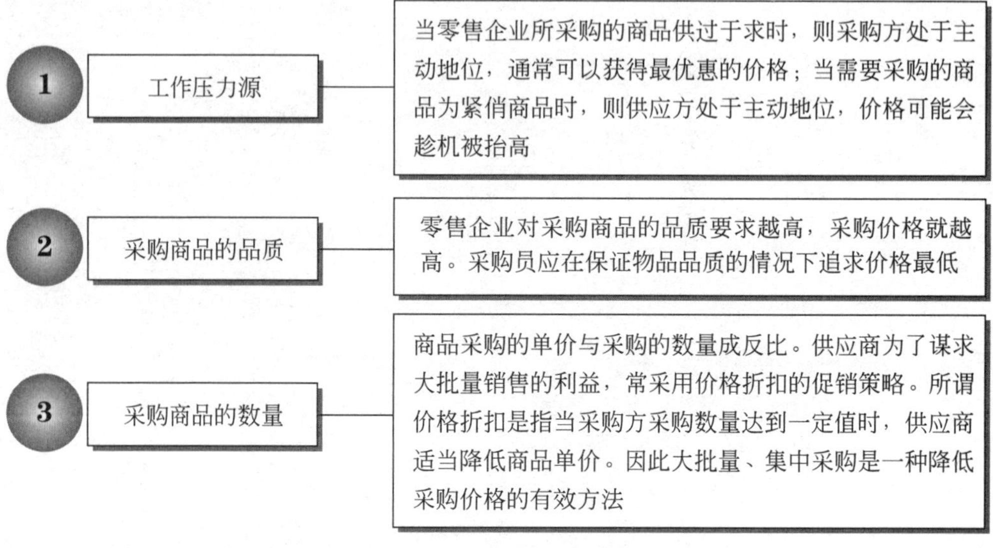

序号	因素	说明
4	交货条件	包括承运方的选择、运输方式、交货期的缓急等。如果商品由采购方承运，则供应商会降低价格；反之，价格将提高
5	供应商成本的高低	供应商所供应商品的成本是影响采购价格最根本、最直接的因素。因此商品的采购价格一般在供应商的成本之上，两者之差即为供应商的利润，而供应商的成本是采购价格的底线
6	付款方式	合适的付款方式能降低采购价格，因为现金的高流转性对每个企业都很重要
7	供应商对采购商的依赖程度	采购商在供应商心中位置是否重要很关键，采购量大或占其业务比例大的采购商，使供应商不会轻易得罪的重要客户，价格自不会高
8	专利技术，非通用性和垄断性	与上一条相反，因这三个因素影响，这些供应商知道只要价格不是高得太离谱，还是要向其采购的。他们偶尔还是会做些让步，不过利用一些时机又会将价抬高
9	价格谈判能力	谈判能力的高低直接影响采购价格，因而采购员应加强学习和锻炼以提高谈判能力
10	对市场信息行情的分析判断	采购员对市场行情了解不够、对价格趋势分析不正确、对成本分析不透彻，均可能造成价格的偏高
11	与供应商的沟通及理解	加强与供应商的交流，要多理解他们对自己公司关于价格、付款等方面的抱怨，应采用适当方式从而在价格上争取主动
12	公司的商业信誉	良好的商业信誉能促进供应商对公司的认同感，良好的心态自不会报出离谱的价格
13	直接采购和间接采购	量不大的情况下直接向制造商采购，不一定能获得低于中间代理商的报价。直接向主营商家采购，其价格自会低于兼营商家的价格

图6-1

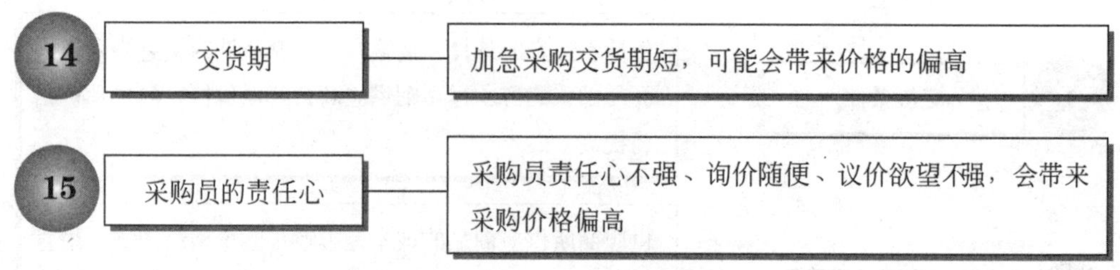

图6-1 影响采购价格的因素

二、采购询价

“询价（Request for Quotation）”是采购员在作业流程上的一个必要阶段。合理的询价也直接有利于采购价格谈判，在询价阶段要做好以下工作。

（一）询价文件的编写

为了避免日后造成采购与供应商各说各话，以及在品质认知上的差异，对于询价时所应提供资料的准备就不能马虎。因为完整、正确的询价文件，可帮助供应商在最短的时间内提出正确、有效的报价。一个完整的询价文件至少应该包括图6-2所示部分。

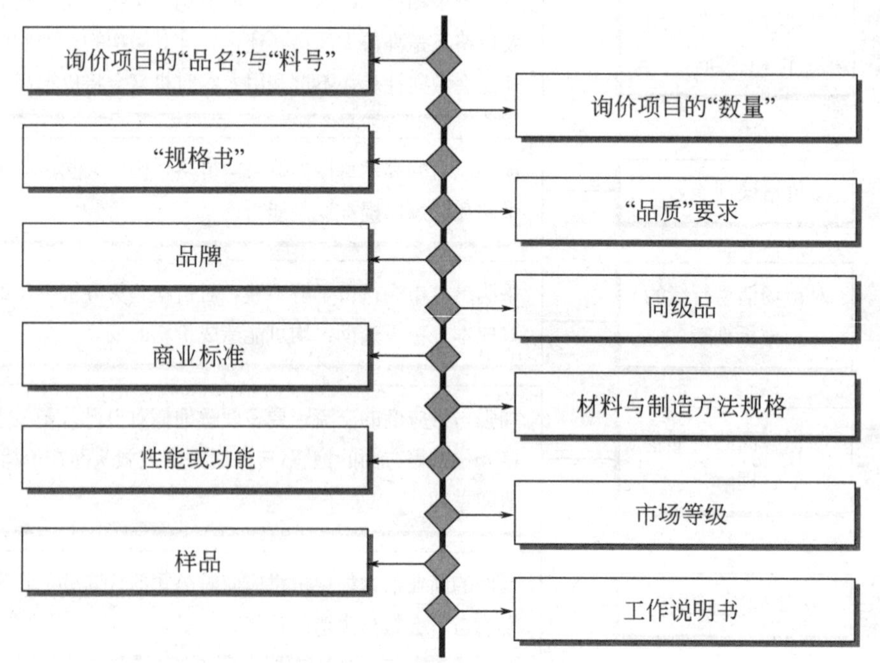

图6-2 询价文件的组成部分

1.询价项目的“品名”与“料号”

首先，询价项目的“品名”以及“料号”是在询价单上所应必备的最基本资料。供应商必须知道如何来称呼所报价的产品，即所谓的“品名”以及其所代表的“料号”。料号中一个位数的不同可能就是版本的不同，甚至可能变成另一个产品的料号。品名的书写应尽量能从其字面上可以看出产品的特性与种类为佳。

2. 询价项目的“数量”

通常供应商在报价时都需要知道买方的需求量，这是因为采购量的多少会影响到价格的计算。数量资讯的提供通常包括“年需求量”“季需求量”甚至“月需求量”；“不同等级的需求数量”，如数量为500k、1M、3M等；每一次下单的大约“订购数量”；或产品“生命周期的总需求量”。

3. “规格书”

规格书是一个描述采购产品品质的工具，应包括最“新版本”的工程图纸、测试规格、材料规格、样品、色板等有助于供应商报价的一切资讯。工程图纸必须是最新版本，如果图纸只能用于估价，也应一并在询价时注明。在确定规格书时须注意以下事项。

（1）如为国际采购，如果原始工程图纸为英文之外的语种如德文、法文、日文等，也应附上国际通用语言英文的译名，以双语形式呈现以利沟通。

（2）若工程图纸可以利用电子档案方式提供，则必须向供应商询问其接受的程度，在提供时应注意采用国际共通的档案格式如DWG、IGES、DXF、PRO/E等，以方便供应商转换图档。

（3）在利用电子邮件传递档案的同时，最好也同时提供一份清楚的绘在图纸上的工程图纸，以避免在档案传递时所可能发生的资料误失。

4. “品质”要求

采购员很难单独使用一种方式，便能完整表达出对产品或服务的品质要求，应该依照产品或服务的不同特性，综合使用数种方式来进行。

5. 品牌

一般而言，使用品牌的产品对采购而言是最轻松容易的，不仅能节省采购时间、降低采购花费，同时也能降低品质检验的手续，因为只需确认产品的标示即可。不过，具有品牌的产品其价格通常也比较高，购买数量不多时，使用品牌方式采购反而比较有利。

6. 同级品

同级品是指具有能达到相同功能的产品，决定是否允许使用可替代的同级品报价也应在询价时注明。而同级品的确认使用，必须要得到使用单位的接受。

7. 商业标准

商业标准对于产品的尺寸、材料、化学成分、制造工法等，都有一个共同的完整描述。对于一般标准零件如螺丝、螺帽、电子零组件，使用商业标准可以免除对品质上的误解。

8. 材料与制造方法规格

当对材料或制造方法有特定要求时，必须注明其适用的标准。如果要求注明为DIN

欧规时，其相对应的CNS或JIS规格也最好能予以注明。

9.性能或功能

此类型规格较常用于采购高科技产品以及供应商先期参与的情况中。供应商只被告知产品所需要达到的性能或功能，至于如何去制作方能达到要求的细节部分，则留给供应商来解决。

10.市场等级

通常用于商品如木材、农产品、烟草、食品等方面的品质要求。由于市场等级的划分界线无法很明确地被一般人所辨识，采购员通常会被要求具有如何鉴定所购产品属于何种等级的能力。

11.样品

样品的提供对供应商了解买方的需求有很大的帮助，尤其是在颜色、印刷、与市场等级的要求上使用比较普遍。

12.工作说明书

主要适用于采购服务项目，如大楼清扫、废弃物处理、工程发包等。一份完整的工作说明书除了应该简单明了外，对于所应达到的工作品质也应尽量以量化的方式来规范其绩效的评估。

（二）询价准备工作

采购员须知的询价准备工作，如图6-3所示。

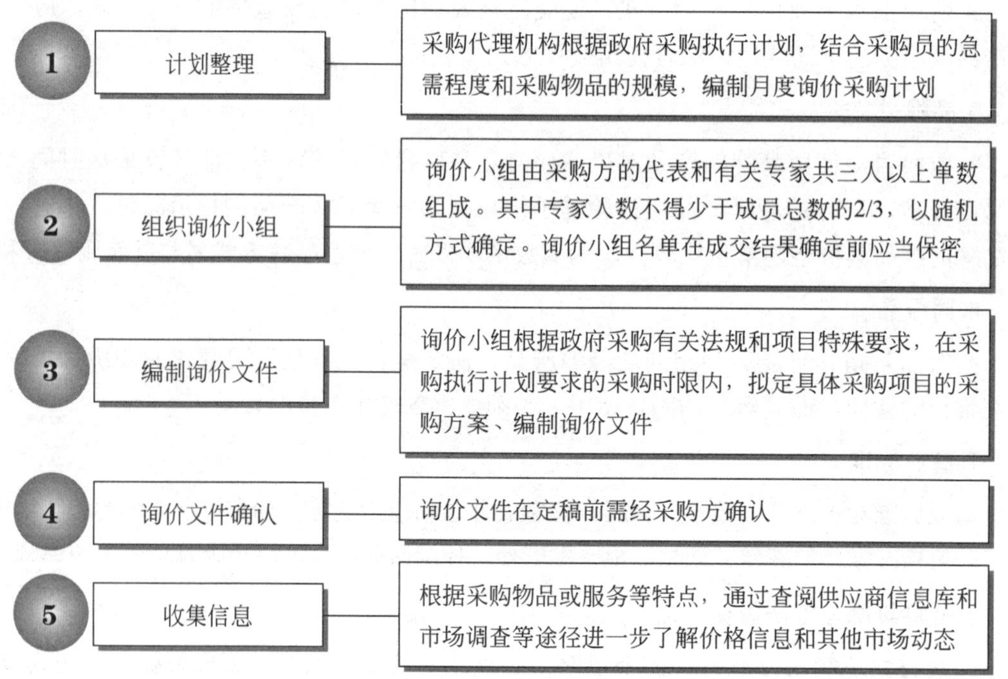

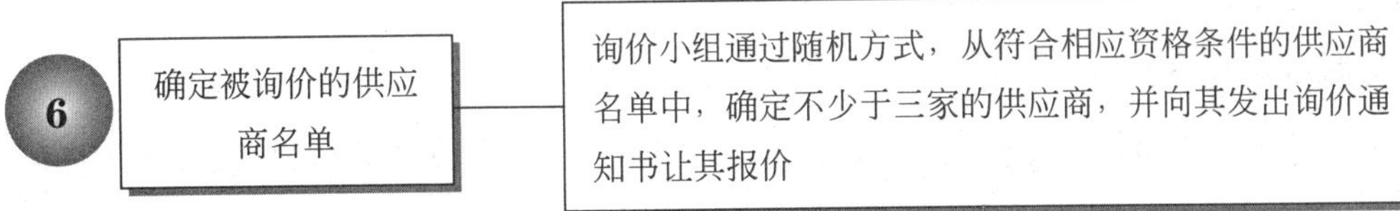

图6-3 询价准备工作

（三）询价工作步骤

采购员须知的询价工作步骤如图6-4所示。

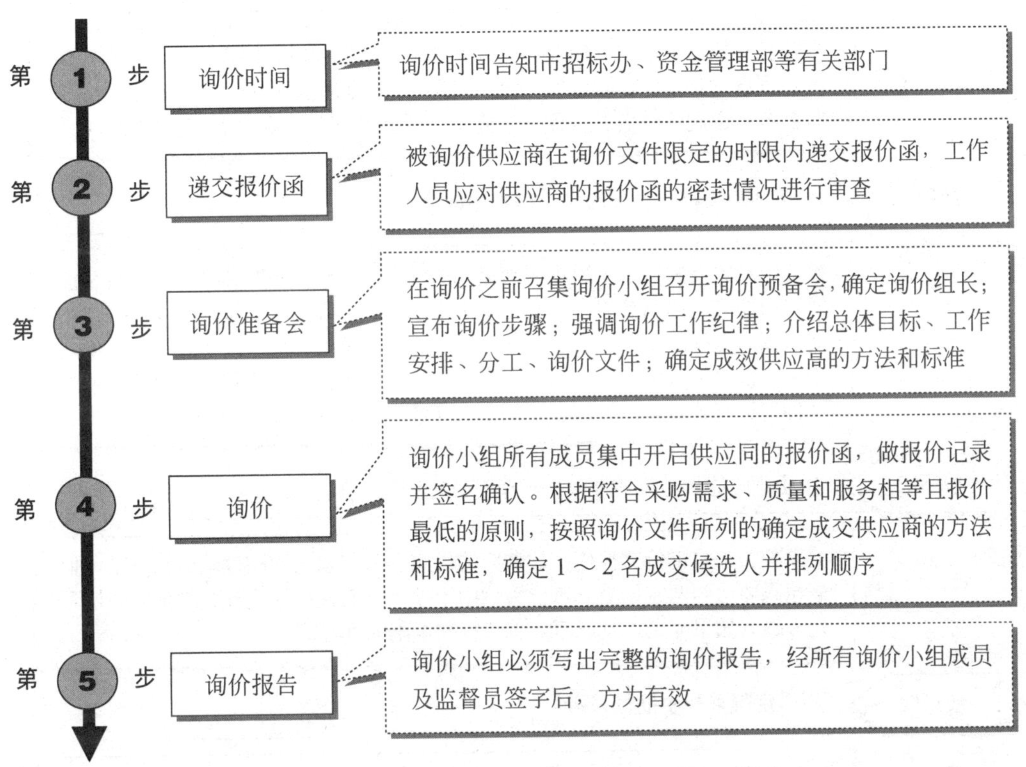

图6-4 采购员须知的询价工作步骤

（四）确定成交方程序

1.成交方确定

采购方根据询价小组的书面谈判报告和推荐的成交候选方的排列顺序确定成交方。当确定的成交方放弃成交、因不可抗力提出不能履行合同时，采购方可以依序确定其他候选方为成交方。采购方也可以授权询价小组直接确定成交方。

2.成交通知

成交方确定后，由采购方向成交方发出《成交通知书》，同时将成交结果通知所有未成交的供应商。

3.编写采购报告

询价小组应于询价活动结束后20日内，就询价小组组成、采购过程、采购结果等有关情况，编写采购报告。

（五）询价的技巧

采购员在询价时应注意以下技巧，如图6-5所示。

技巧一　最大限度地公开询价信息

参照公开招标做法，金额较大或技术复杂的询价项目，扩大询价信息的知晓率、信息发布要保证时效性，让供应商有足够的响应时间；询价结果也应及时公布。通过公开信息从源头上减少"消息迟滞型""不速之客"现象的出现

技巧二　更多地邀请符合条件的供应商参加询价

被询价对象要由询价小组集体确定。询价小组应根据采购需求，从符合相应资格条件的供应商名单中，确定不少于三家的供应商，被询价对象的数量不能仅满足三家的要求，还应力求让更多的符合条件的供应商参加到询价活动中来，以增加询价竞争的激烈程度。推行网上询价、传真报价、电话询价等多种询价方式，让路途较远不便亲来现场的供应商也能参加询价

技巧三　实质响应的供应商并非要拘泥于"三家以上"

前来参加并对询价文件作实质响应的供应商并非要人为硬性地达到三家，但是起码要达到两家以上。询价采购由于项目一般较小往往让大牌供应商提不起兴趣。如果非要达到三家，询价极可能陷入"僵局"

技巧四　不得定牌采购小批量采购

指定品牌询价是询价采购中的最大弊病，并由此带来操控市场价格和货源等一系列连锁反应，在询价采购中定项目、定配置、定质量、定服务而不定品牌，真正引入品牌竞争，沉重打击陪询串标行为，让"木偶型""不速之客"绝迹于询价采购活动，让采购人真正享用到政府采购带来的质优价廉

技巧五　不单纯以价格取舍供应商

法律规定"采购人根据符合采购需求、质量和服务相等且报价最低的原则确定成交供应商"，这是询价采购成交供应商确定的基本原则。过低的价格是以牺牲可靠的产品质量和良好的售后服务为条件的，无论是采购人还是供应商都应理性地对待价格问题

图6-5　询价的技巧

三、供应商报价

采购员应知晓供应商报价的分类，才能在供应商报价时做到心中有数。其具体分类如下。

（一）按采购诱因分类

供应商接到询价单后，会做出报价。报价可以说是采购行动的第一步。就采购诱因的观点来看，有供应商主动报价的；有因顾客需求企业主动寻求报价的；也有因企业本身商品结构的需要而寻求报价的。因此，我们可将报价归纳为主动报价及被动报价两种情况。

企业采购员应有主动出击寻求质优价廉的供应来源的能力与意愿。因此，企业设计采购制度时，应预留一点弹性空间，让采购员发挥，千万别过分限制。这样才能制定出良好且健全的采购标准。

（二）按途径分类

按途径划分，报价主要有两种，如图6-6所示。

口头报价	书面报价
口头报价是供应商通过电话或当面向采购员说明报价内容。报价的商品则是买卖双方经常交易、规格简单且不易产生错误的，这样可以节省书面报价所必需的书写或邮寄时间	供应商以自备的报价单或超市采购部门的投标单或报价单，将价格、交货日期、付款方式、交货地点等必要资料填入后，寄给采购部门；但金额较大时，有些公司规定报价单必须以密封方式，寄给稽核或财务单位，以便将来公司拆封比价

图6-6 报价的途径分类

（三）按供应商报价的内容分类

若以供应商报价的内容划分，报价可分为以下两类。

1.确定报价

这种报价是在一定期限内有效的报价。法律上视为确定要约。在报价有效期内，一旦对方提出接受即“承诺”，买卖双方的交易行为即告成立。因此发出确定报价的各项条件也即成为日后契约的主要条款。

确定报价是国际贸易间最普遍的一种报价。逾期对方不发接受（承诺）通知，即告失效；但对方接受时，若附有条件，也就是对原有报价部分条件进行变更，则原有“确定报价”自动失效，又成为一种新的要约。

2.不确定报价

不确定性报价，也被称附有条件的报价。这种报价，法律上称为不确定要约。其形态十分复杂，具体又分为图6-7所示几种。

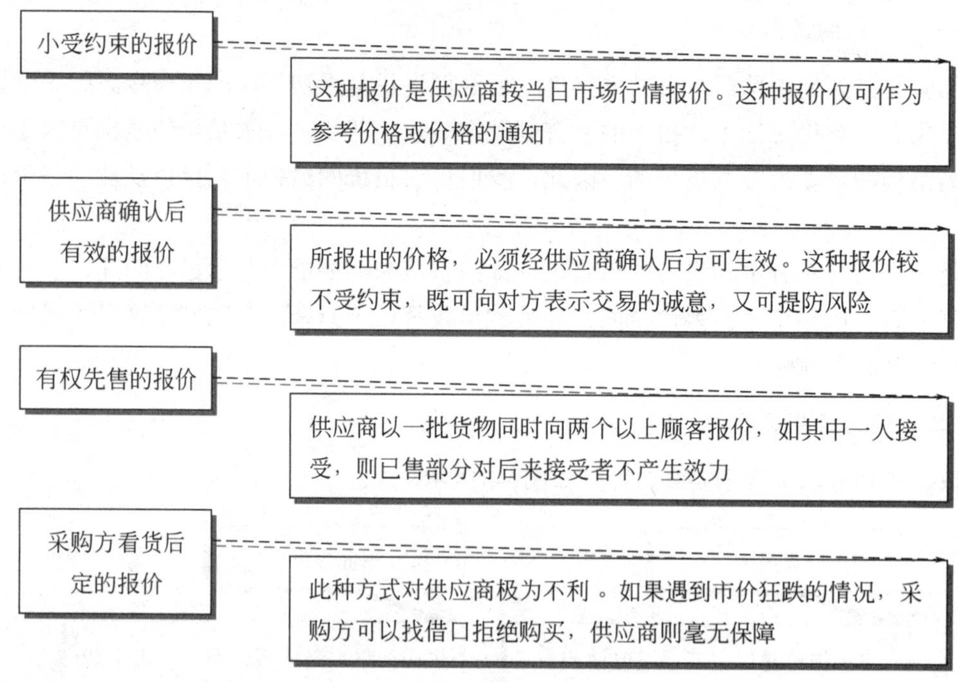

图6-7 不确定报价的种类

四、价格确定

通常采购基本是遵照质量第一、服务第二、价格第三、其余第四的原则。价格确定是采购谈判的一个核心，也是采购谈判中最活跃的因素。通常在采购谈判中有图6-8所示的11种价格确定方法。

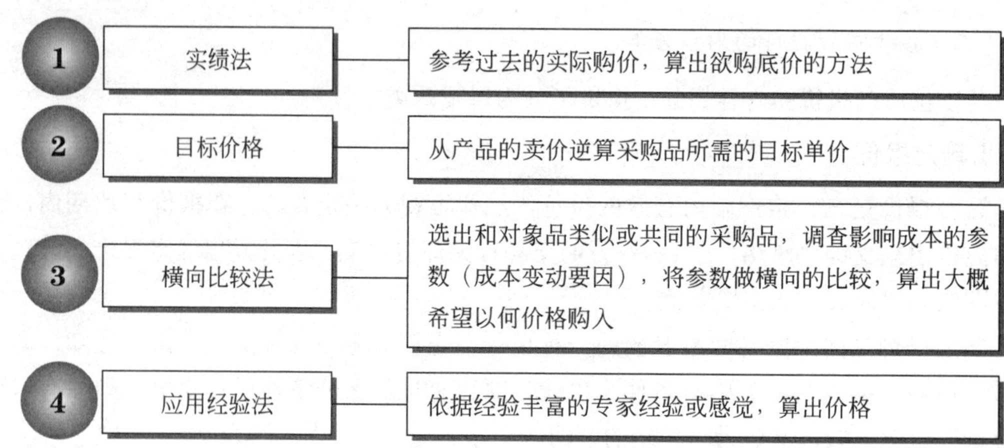

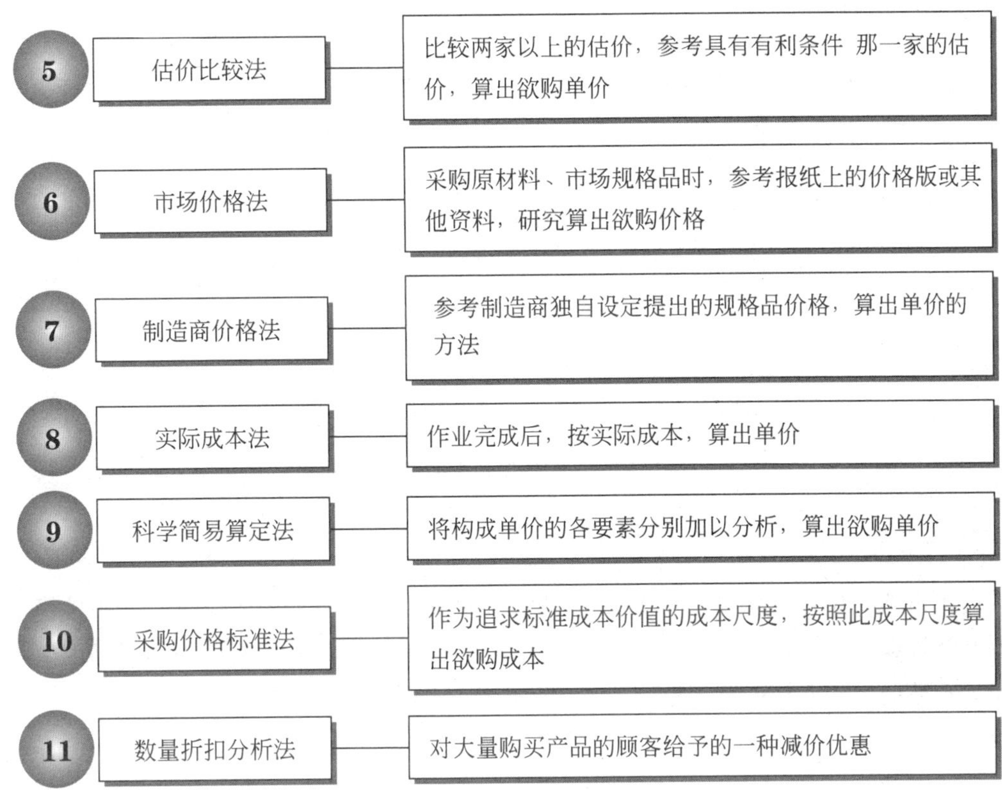

图6-8　采购价格确定方法

第二节　采购压价技巧

采购价格谈判是采购员与供应商业务人员讨价还价的过程。对于采购员来说，是想办法压价的过程；而对于业务员来说，是固守报价的过程。而采购员在压价时应掌握如图6-9所示的技巧。

图6-9　采购员在压价时应掌握的技巧

一、还价技巧

采购员谈判中还价技巧如图6-10所示。

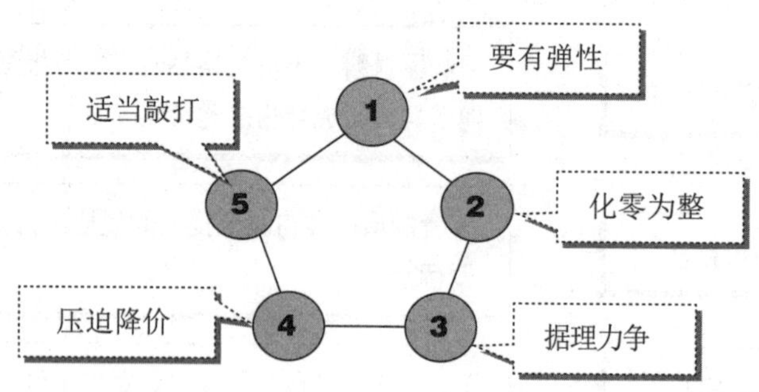

图6-10 采购员谈判中的还价技巧

（一）要有弹性

在价格谈判中，还价要讲究弹性。对于采购员来说，切忌漫天还价，乱还价格；也不要一开始就还出了最低价。前者让人觉得是在“光天化日下抢劫”，而后者却因失去弹性而处于被动，让人觉得有欠精明，从而使价格谈判毫无进行的余地。

（二）化零为整

采购员在还价时可以将价格集中开来，化零为整。这样可以在供应商心理上造成相对的价格昂贵感，会比用小数目进行报价获得更好的交易。

这种报价方式的主要内容是换算成大单位的价格，加大计量单位。如将“千克”改为“吨”，“两”改为“千克”；“月”改为“年”；“日”改为“月”；“小时”改为“天”；“秒”改为“小时”等。

（三）据理力争

采购员应善用上级主管的议价能力。通常供应商不会自动降价，采购员必须据理力争。但是，供应商的降价意愿与幅度，视议价的对象而定。因此，如果采购员对议价的结果不太满意，此时应要求上级主管来和供应商议价。当买方提高议价者的层次时，卖方有受到敬重的感觉，可能同意提高降价的幅度。

若采购金额巨大，采购员甚至可进而请求更高层的主管（如采购经理，甚至副总经理或总经理）邀约卖方的业务主管（如业务经理等）面谈，或直接由买方的高层主管与对方的高层主管直接对话，此举通常效果不错。因为，高层主管不但议价技巧与谈判能力高超，且社会关系及地位崇高，甚至与卖方的经营者有相互投资或事业合作的关系。因此，通常只要招呼一声，就可获得令人料想不到的议价效果。

（四）压迫降价

所谓压迫降价，是买方占优势的情况下，以给对方压力的方式要求供应商降低价格，并不征询供应商的意见。这通常是在卖方处于产品销路欠佳，或竞争十分激烈，以致发生亏损和利润微薄的情况下，为改善其获利能力而使出的“杀手锏”。

此时采购员通常遵照公司的紧急措施，通知供应商自特定日期起降价若干；若原来供应商缺乏配合意愿，即行更换供应来源。当然，这种激烈的降价手段，会破坏供需双方的和谐关系；当市场好转时，原来“委曲求全”的供应商，不是“以牙还牙”抬高售价，就是另谋发展。因此供需关系难能维持良久。

（五）适当敲打

在价格谈判中，巧妙地暗示对方存在的危机，可以迫使对方降价。

通过暗示对方不利的因素，从而使对方在价格问题上处于被动，有利于自己提出的价格获得认同。这就是这种还价法的技巧所在，但必须“点到为止”，而且要给人一种“雪中送炭”的感觉，让供应商觉得并非幸灾乐祸、趁火打劫，而是真心诚意地想合作、想给予帮助——当然这是有利于双方的帮助，那么还价也就天经地义了。

二、杀价技巧

采购谈判中的杀价技巧如图6-11所示。

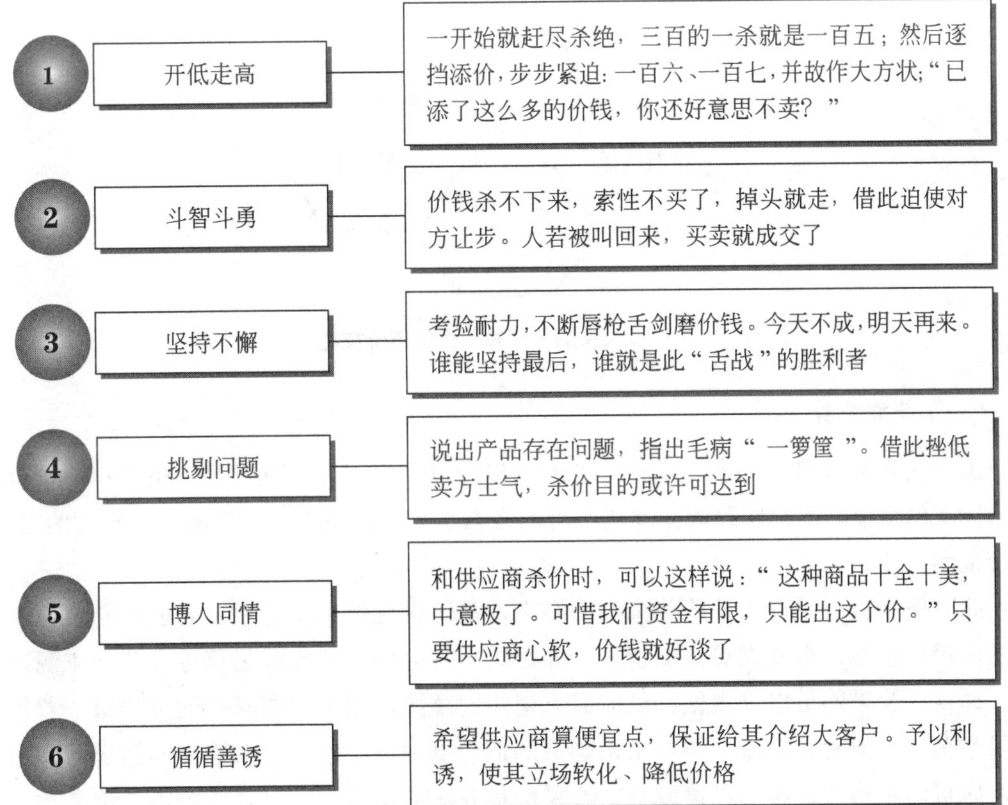

图6-11　采购谈判中的杀价技巧

三、让步技巧

采购员应知的让步的技巧具体如下。

（1）谨慎让步，要让对方意识到你的每一次让步都是艰难的，使对方充满期待，并且每次让步的幅度不能过大。

（2）尽量迫使对方在关键问题上先行让步，而本方则在对手的强烈要求下，在次要方面或者较小的问题上让步。

（3）不做无谓的让步，每次让步都需要让对方用一定的条件交换。

（4）了解对手的真实状况，在对方急需的条件上坚守阵地。

（5）事前做好让步的计划，所有的让步都应该是有序的，并将具有实际价值和没有实际价值的条件区别开来，在不同的阶段和条件下使用。

四、讨价还价技巧

采购员须知的讨价还价技巧如图6-12所示。

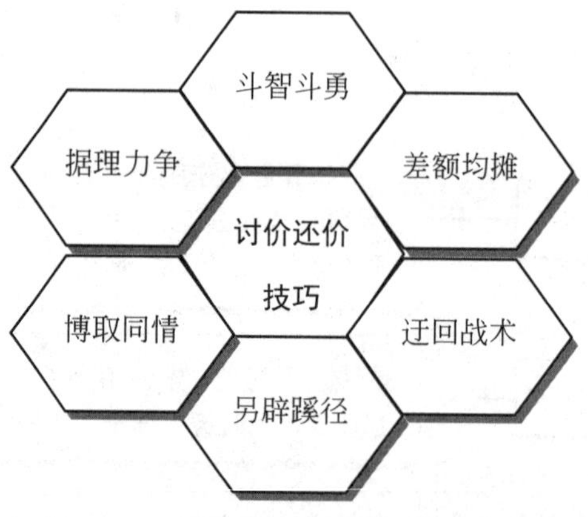

图6-12　采购员须知的讨价还价技巧

（一）斗智斗勇

由于买卖双方势力均衡，任何一方无法以力取胜，因此必须斗智。采购员应该设法掩藏购买的意愿，不要明显表露非买不可的心态；否则若被供应商识破非买不可的处境，将使采购员处于劣势。

此时采购员应采取“若即若离”的姿态，从试探性地询价着手。若能判断供应商有强烈的销售意愿，再要求更低的价格，并做出不答应即行放弃或另行寻求其他来源的表现。通常，若采购员出价太低，供应商无销售的意愿，则不会要求采购员加价；若供应商虽想销售，但利润太低，即要求采购员酌情予以加价。此时，采购员的需求若相当急迫，应可同意略加价格，迅速成交；若采购员并非迫切需求，可表明绝不加价之意，供应商则极可能同意买方的低价要求。

（二）差额均摊

由于买卖双方议价的结果存在着差距，若双方各不相让，则交易失败：采购员无法取得必需的商品，供应商丧失了获取利润的机会。因此，为了促成双方的成功交易，最好的方式就是采取“中庸”之道，即将双方议价的差额，各承担一半。

（三）迂回战术

在供应商占优势时，正面议价通常效果不好，此时应采取迂回战术才能奏效。

案例

某超市在本地的总代理购入某项化妆品，发现价格竟比同业某公司的购入价贵。因此超市总经理要求总代理说明原因，并比照售予同业的价格。未料总代理未能解释其中道理，也不愿意降价。因此，采购员就委托其国的某贸易商，先行在该国购入该项化妆品，再转运至超市。因为总代理的利润偏高，这种转运安排虽然费用增加，但总成本还是比通过总代理购入的价格便宜。

当然，这种迂回战术是否成功，有赖于运转工作是否可行。有些原厂限制货品越区销售，则迂回战术的执行就有困难。

（四）另辟蹊径

有些单一来源的总代理商，对采购员的议价要求置之不理，一副“姜太公钓鱼，愿者上钩”的姿态，使采购员有被轻视的感觉。此时，若能摆脱总代理商，寻求原制造商的报价将是良策。

案例

某超市拟购一批健身器材，经总代理商报价后，虽然三番两次应邀前来议价，但总代理商却总是推三阻四，不切主题。后来，采购员查阅产品目录时，随即发送要求降价12%的传真给原厂。事实上其只是存着姑且一试的心理。不料次日原厂回电同意降价，使采购员雀跃不已、欣喜若狂。

从上述的事例中可以看出，采购员对所谓的总代理应在议价的过程中辨认其虚实。因为有些供应商自称为总代理，事实上，并未与国外原厂签订任何合约或协议，只想借总代理的名义自抬身价，获取超额利润。因此，当采购员向国外原厂询价时，多半会获得回音。但是，在产、销分离制度相当严谨的国家，如日本，则迂回战术就不得其门而入。因为原厂通常会把询价单转交当地的代理商，不会自行报价。

（五）博取同情

在居于劣势情况下，采购员应以“哀兵”姿态争取供应商的同情与支持。由于采购员没有能力与供应商议价，有时会以预算不足作借口，请求供应商同意在其有限的费用下，勉为其难地将货品卖给他，而达到减价的目的。

一方面采购员必须施展“动之以情”的议价功夫；另一方面则口头承诺将来“感恩图报”，换取供应商“来日方长”的打算。此时，若供应商并非血本无归，只是削减原本过高的利润，则双方可能成交；若采购员的预算距离供应商的底价太远，供应商将因无利可图，不会为采购员的诉求所动。

（六）据理力争

为了避免供应商处于优势下攫取暴利，采购员应同意让供应商有“合理”的利润，否则胡乱杀价，仍会给予供应商可乘之机。因此，通常采购员应要求供应商提供其所有成本资料。对国外货品而言，则请总代理商提供一切进口单据，以查核真实的成本，然后加计合理的利润作为采购的价格。

五、直接议价技巧

即使面临通货膨胀、物价上涨的时，直接议价仍能达到降低价格的目的。因此在议价协商的过程中，采购员可以用直接议价的方式进行谈判。其具体技巧有四种，如图6-13所示。

技巧一　以原价订购

当供应商提高售价时，往往不愿意花太多时间在重复议价的交涉上。因此若为其原有的顾客，则可利用此点，要求沿用原来价格购买

技巧二　直接说明预设底价

在议价过程中，采购员可直接表明预设的底价，如此可促使供应商提出较接近该底价的价格，进而要求对方降价

技巧三　不成交就放弃

此法适用于：当采购员不想再讨价还价时；当议价结果已达到采购员可以接受的价格上限

技巧四 要求说明提高售价的原因

供应商提高售价，常常归到原料上涨、工资提高、利润太簿等原因。采购 员在议价协议时，应对任何不合理的加价提出质疑，如此可掌握要求供应商降价的机会

图6-13 采购人员谈判中的直接议价技巧

六、间接议价技巧

（一）针对价格的议价技巧

在议价的过程中，也可以间接方式进行议价。采购员可用如图6-14所示的三种技巧来进行协商。

技巧一 议价时不要急于进入主题

在开始商谈时，最好先谈一些不相关的话题。借此熟悉对方周围事物，并使双方放松心情，再慢慢引入主题

技巧二 运用“低姿势”

在议价协商时，对供应商所提的价格，尽量表示困难，多说“唉！”“没办法！”等字眼，以低姿势博取对方同情

方式三 尽量避免书信或电话议价，而要求面对面接触

面对面的商谈，沟通效果较佳，往往可通过肢体语言、表情来说服对方，进而要求对方妥协，予以降价

图6-14 针对价格因素的议价技巧

（二）针对非价格因素的议价技巧

在进行议价协商的过程中，除了上述针对价格所提出的议价技巧外，采购员也可利用其他非价格的因素来进行议价。其具体技巧如下。

1. 在协商议价中要求供应商分担售后服务及其他费用

当供应商决定提高售价，而不愿有所变动时，采购员不应放弃谈判，而可改变议价方针，针对其他非价格部分要求获得补偿。最明显的例子，便是要求供应商提供售后服

务，如大件家电的维修、送货等。

在一般的交易中，供应商通常将维修送货成本加于售价中，因此常使采购员忽略此项成本。所以在供应商执意提高售价时，采购员可要求供应商负担所有维修送货成本，而不将此项成本进行转嫁。如此也能间接达到议价功能。

2. 善用“妥协”技巧

在供应商价格居高不下时，采购员若坚持继续协商，往往不能达到效果。此时可采用妥协技巧，对少部分不重要的细节，可做适当让步，再从妥协中要求对方回馈。如此也可间接达到议价功能。但妥协技巧的使用须注意以下几点。

（1）一次只能做一点点的妥协，如此才能留有再妥协的余地。

（2）妥协时马上要求对方给予回馈补偿。

（3）即使赞同对方所提的意见，也不要答应太快。

（4）记录每次妥协的地方，以供参考。

3. 利用专注的倾听和温和的态度，博得对方好感

采购员在协商过程中，应仔细地倾听对方说明，在争取权益时，可利用所获对方资料，或法规章程，进行合理的谈判，即“说之以理，动之以情，绳之以法”。

07

第七章
加强采购过程控制降成本

引言

在当前采购过程中，成本控制是重要的工作内容，只有在保证供货质量的同时不断降低成本，才能达到提高采购整体效益的目的。基于这一认识，应认识到成本控制在采购过程中的重要作用，应结合采购过程的成本控制实际，做好采购过程的成本控制工作，提升采购成本管理效益，促进采购过程成本控制的全面发展。

第一节　加强采购认证优化采购环境

采购认证是相对采购流程的质量而言的，对采购的每个环节从质量的角度进行控制。在这个体系下，通过对供应商提供的产品质量进行检验，从而控制供应商的供应质量。

一、采购认证的步骤

（一）对选择的供应商进行认证

认证的内容包括以一定的技术范围考察供应商的软件和硬件。软件是指供应商的管理水平、技术能力、工艺流程、合作意识等；硬件是指供应商设备的先进程度、工作环境的完善性等。

（二）样品试制认证

这一步骤的主要工作是对供应商的加工过程进行协调监控，如设计人员制定的技术规格和供应商的实际生产过程是否有出入；认证部门组织设计、采购、工艺、质量等部门的相关人员对供应商提供的样品及检验报告进行评审，看其是否符合企业的技术规格和质量要求（图7-1）。

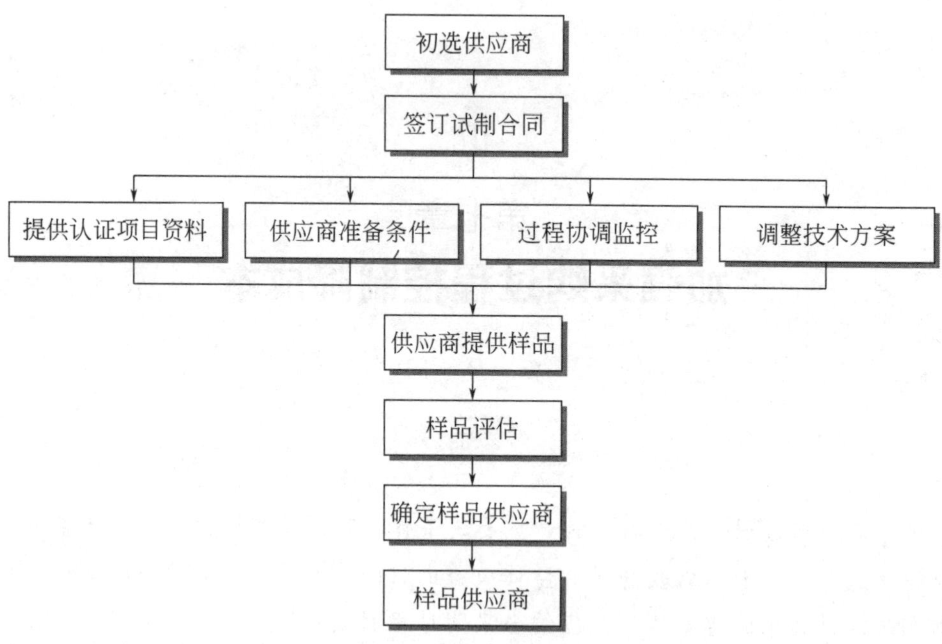

图7-1　样品试制认证流程

（三）中试认证

经过样品试制确认这一环节后，就进入了中试认证。因为样品认证合格不代表小批量生产就能符合质量要求，通常小批量生产的物料与样品的质量会存在一定的差异。所以，为了将来能进行批量采购，非常有必要进行小批试制认证（图7-2）。

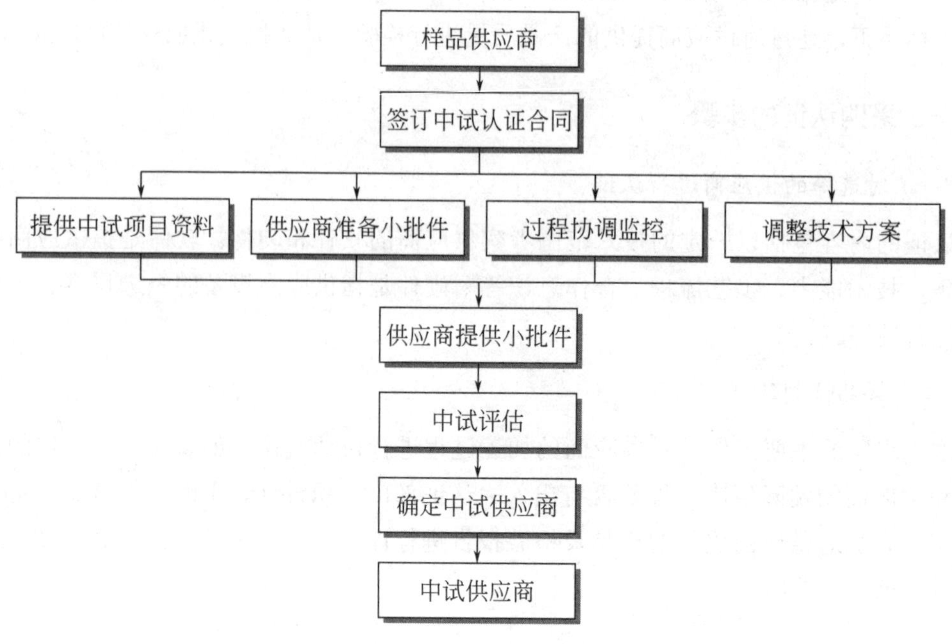

图7-2　中试认证流程

（四）批量认证

批量认证的目的是一方面控制新开发产品批量生产的物料供应质量的稳定性；另一方面控制新增供应商的批量物料供应质量的稳定性（图7-3）。

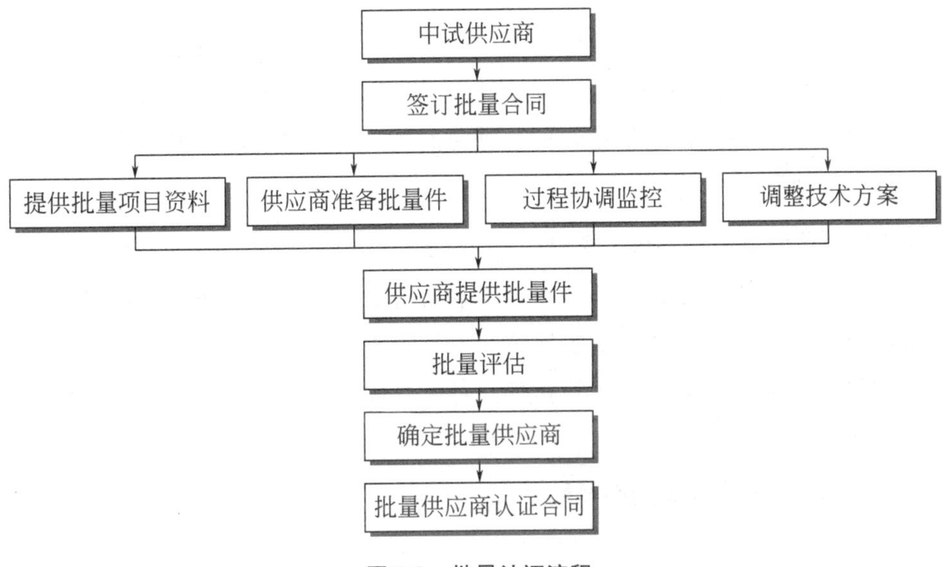

图7-3 批量认证流程

（五）认证供应评估

经过上述各个环节的认证考察就可以确定合格的批量供应商，但供应商在实际的供应过程中能否严格按照供货合同供货、绩效如何、是否要调整等问题在认证过程中是看不出来的。因此只有在实际的供货过程中定期对物品的供应状况进行评估才能得出适当的结论，而定期评估的目的就是建立优化的采购环境。定期评估需要以下五个步骤，具体如图7-4所示。

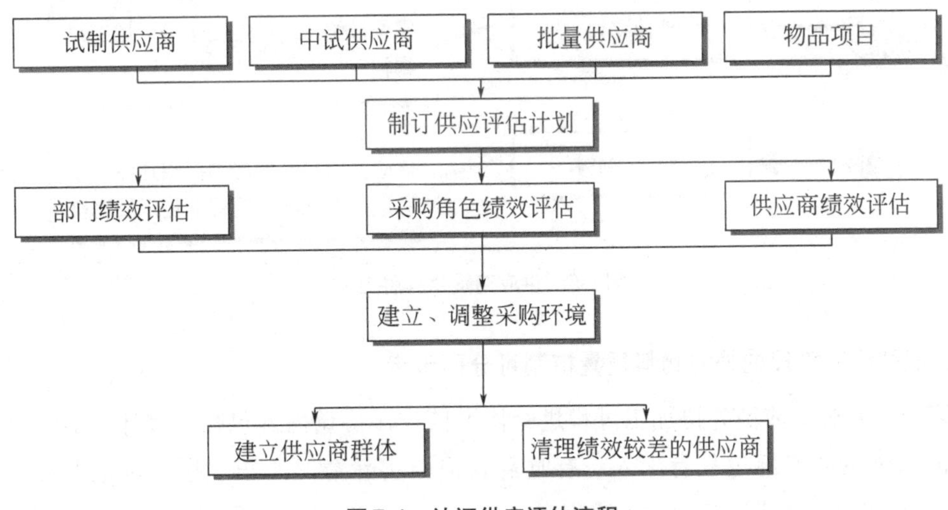

图7-4 认证供应评估流程

二、认证过程中的质量控制

认证过程中的质量控制包括以下四项内容。

（一）初选供应商的质量控制

初选供应商时，应在质量上严格把关：考察供应商的硬件（设备的先进性、环境配置完善等）、软件（人员技术水平、工艺流程、管理制度、合作意识等）；供应商是否通过ISO 9000的认证，质量控制措施如何；供应商是否为世界名牌厂商供货，是否和你将要采购的物料类似等。

1.选择供应商的依据——技术规范

技术规范是对所要认证的物料项目的技术品质要求，它是选择供应商的依据，物料的检验标准据此生成；技术规范由产品设计人员制定，由认证部门发给供应商；在产品技术规范与供应商的相关标准存在差异时，对于合理的、不影响物料质量的改动，认证人员有责任向设计人员提出。

2.初选供应商的质量控制的必要性

公司在设计一个新产品或者供应商在生产技术规范要求上有一定的实现难度时，这个供应商要想参与物料供应竞争，就必须进行质量整改。而且认证人员及质量管理人员和供应商应一起研究并实施质量改进措施，认证部门应组织质量小组对供应商进行验收，直至达到技术规范要求。

（二）试制认证的质量控制

试制认证是供应商提供样件（也叫作样品）并进行验证的过程。供应商提供样件方式视其物料的形式而不同，具体如图7-5所示。

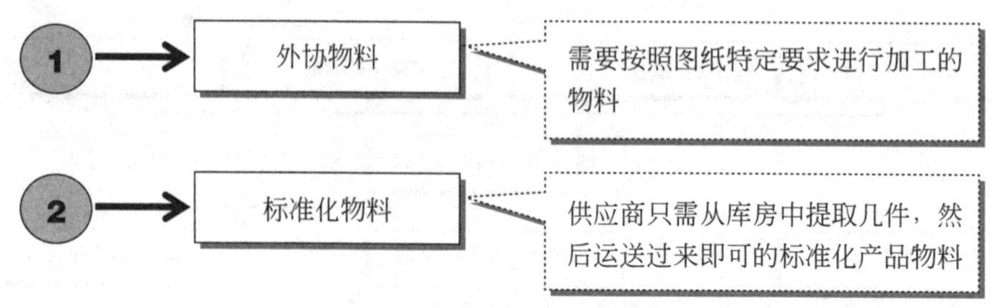

图7-5 供应商提供样件方式

1.试制认证阶段的外协物料质量控制可分两步走

第一步：对供应商外协加工过程进行协调监控，协调内容包括：设计人员制定的技术规范和供应商实际过程有出入，有时需要根据实际情况改正“技术规范”或者“图纸”；有时需要改善供应商的加工流程。

第二步：认证部门组织设计、工艺、质管等部门相关人员对供应商提供的样品及检测报告进行评审，其目的是验证供应商的样品能否满足公司的技术和品质要求。

2.试制认证阶段的标准化物料质量控制

只有一个过程，即外协物料的“第二步”。在标准化物料生产过程中，供应商一般都有较严格的质量控制手段，并且是机械化、自动化、大批量作业，认证人员没有必要对过程进行监控。但对样品进行评审是必须的，因为样品的认证方法多种多样，对有些样品企业本身就可以进行评审鉴定；有些样品需要花钱借助社会其他公司协助，如金、银的鉴别等。

（三）中试认证的质量控制

中试认证阶段的关注点是单一样件向小批件过渡，而质量是其最重要的因素。因此作为认证人员应该记住，样品的质量符合要求，并不代表小批件质量也能符合要求。

1.新开发方案的质量控制

一个新开发方案，可能在试制期间动用一切手段，使得方案得以实现。而物料的配套是精品中的精品，质量第一，成本则被放到第二位置。但这种精品很难向小批件过渡，因为供应商提供一件物料较容易，而小批件的提供则难度大（成本大、时间长）。因此，如何选择质量过关、价格适中的物料是中试认证必须解决的难题。认证人员应参与研发物料选型过程，向研发人员推荐质高价廉的物料。

2.新供应商认证的质量控制

一个新供应商的认证，可能在试制认证期间，供应商精心筛选出一个样件提供到认证部门，以供测试评审。而到了中试认证阶段，供应商提供小批量物料时，其质量则很难保证。因为供应商难以承受大成本、长时间的煎熬。而每一个经验丰富的认证人员都会有许多的这种经历。

（四）批量认证的质量控制

批量认证阶段的质量控制有两个方面：双方控制新开发方案产品批量生产的物料供应质量的稳定性；控制新增供应商的批量物料供应质量的稳定性。

1.物料供应质量的控制

质量检验是对产品或服务的一种或多种特性进行测量、检查、试验、度量，并将这些特性与规定的标准要求进行比较以确定其符合性的活动。通过来料质量检验（对供应商送来的物料进行质量检验）来控制供应商批量物料供应质量。

2.批量认证的质量控制的解决方法

具体如图7-6所示。

方法一　质量连续超标(不合格)的物料供应

一方面提请供应商进行质量改进；另一方面，如果供应商的质量改进到了极限，则从产品设计系统方案入手，选配易于大批量生产的物料种类

方法二　质量连续合格的物料供应

可考虑对供应商物料实行免检，实际上批量认证的最终目的是使供应商物料达到免检

方法三　免检供应商

首先要与其签订"质量保证协议"，加入处罚措施，以从合同上对供应商物料质量进行制约，防止其质量意识松懈

图7-6　批量认证的质量控制的解决方法

第二节　制订采购计划

一、采购计划与成本控制的关系

（一）企业物资采购计划管理有利于企业生产资源的优化配置

科学合理的物资采购计划管理具有对企业生产资料统筹规划的能力。加强物资采购计划管理，可以解决企业面临的需要什么物资、需要多少以及如何购买等多方面的问题，解决这一系列问题的过程就是企业生产资源优化配置的过程，从而更好地实现企业生产效益的最大化，提高企业的经济效益。

（二）企业物资采购计划管理能够监督企业的物资采购行为

计划管理可以在企业物资采购管理中发挥监督职能，从而实现对物资采购活动进行全面管理。物资采购计划管理发挥监督职能主要通过以下三个方面实现。一是相关的财务软件，企业可以通过财务软件（ERP）来制订物资采购计划，大幅度提高采购工作的效率，降低采购工作的成本。二是通过采购步骤发挥监督职能，一个完整的采购活动主要包括三个环节，即合同的签订、订单的执行以及物资入库。而通过计划管理可以分别对这三个环节进行过程监督，从而保证物资采购计划管理活动的科学性、合理性。三是计划管理可以通过信息共享制度增加计划管理过程中透明度及信息及时有效地上传下达。

（三）企业物资采购计划管理有利于调节企业的库存

库存保管开支是企业经营费用开支的一个重要组成部分，因此加强对库存的管理具有重要意义。库存不宜过少，也不宜过多，过少有可能影响企业生产的连续性，而过多则会造成物资的浪费，占用企业大量的流动资金，影响其他经营活动的顺利开展，而企业加强物资采购计划管理，提高物资采购计划管理的水平，则可以将企业的库存保持在一个合理范围内。

【实例7-01】采购计划管理流程 ▸▸▸

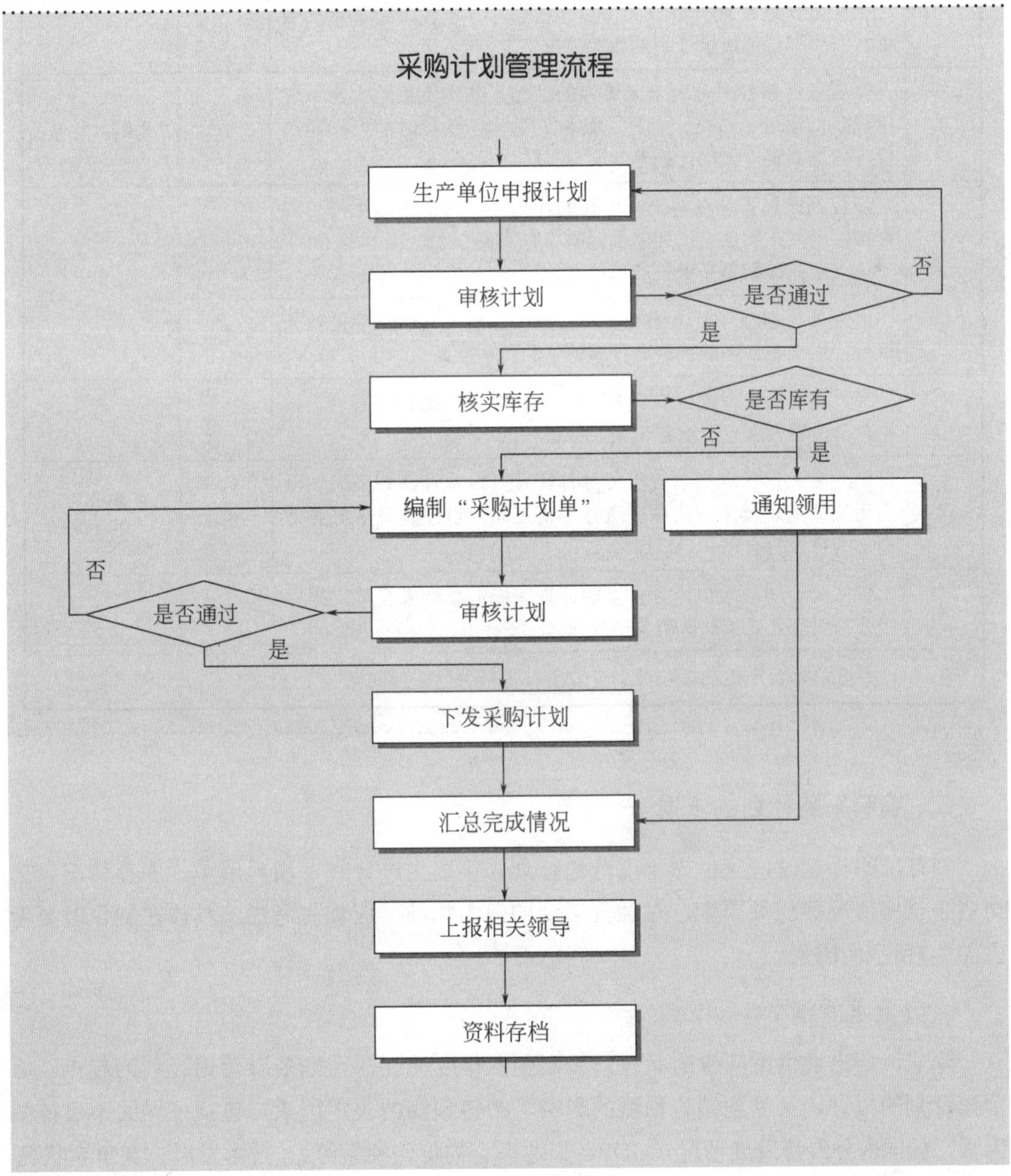

采购计划管理流程

生产单位申报计划
审核计划
是否通过
否
是
核实库存
是否库存
否
是
编制“采购计划单”
通知领用
审核计划
是否通过
否
是
下发采购计划
汇总完成情况
上报相关领导
资料存档

任务节点	任务内容及程序	时限	相关文件
1	各生产单位根据库存及生产情况，编制“采购计划单”并上报物资供销公司供应处 重点：“采购计划单”必须经由生产单位负责人审核签字确认		
2	供应处计划管理员具体审核各生产单位所报计划是否符合规定（其中包括编号、品名、规格等是否正确，到货时间是否标明，审批程序是否符合规定）	1小时	
3	供应处计划管理员审核无误后，根据库存软件上所显示的数据核对生产单位所报计划的库存情况	1小时	
4	供应处计划管理员对于无库存的计划采购物资按照生产单位所提供的编号、规格、名称、数量、单位、到货时间、领用单位等信息编制“采购计划单”	1小时	“采购计划单”
5	供应处计划管理员对于有库存的计划采购物资通知生产单位直接领用并在所报原计划单上标明库有物资 重点：原计划单交予生产单位一份	1小时	
	供应处计划管理员所编制的“采购计划单”交由供应处处长审批，审批不合格的重新进行编制	1小时	
6	经过相关领导审批后的“采购计划单”，供应处计划管理员按照物资所属类别分发给各相关业务员	10分	
7	供应处计划管理员负责于每月月底及时将本月计划采购物资的到货情况以及未到货原因进行分析汇总，以便随时掌握各计划采购物资的动态	半天	“采购分析汇总表”
8	供应处计划管理员每月将采购计划完成汇总结果及时上报供销公司供应处处长及供销公司经理	1小时	
9	月底将本月产生的采购计划管理所有资料进行整理归档	1天	

二、编制采购计划的依据

制订采购计划时，应考虑年度营销计划、年度生产计划、用料清单、库存情况、公司资金供应情况等相关因素，对经营活动的急需物品，应优先考虑。具体在制作时要考虑图7-7所示的因素。

（一）年度营销计划

除非市场出现供不应求的状况，否则企业年度的经营计划多以营销计划为起点。而营销计划的拟订，又受到销售预测的影响。销售预测的决定因素，包括外界的不可控制因素，如国内外经济发展情况（GDP、失业率、物价、利率等）、技术发展、竞争者状况

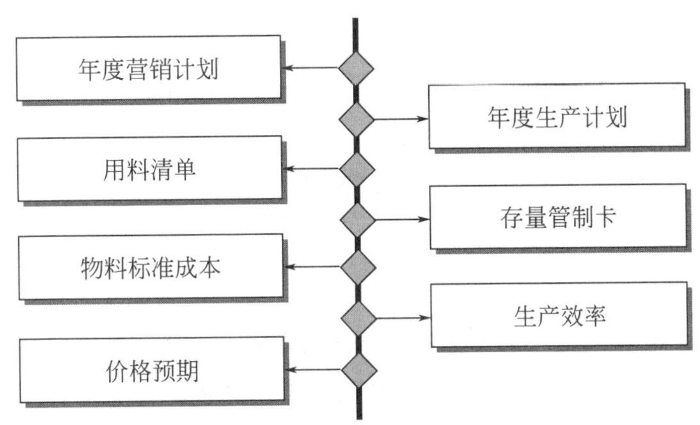

图7-7 编制采购计划应考虑的因素

等，以及内部可控制因素，如财务状况、技术水准、厂房设备、原料零件供应情况、人力资源及公司声誉等。

（二）年度生产计划

一般而言，生产计划源于营销计划。若营销计划过于乐观，将使产量变成存货，造成企业的财务负担；反之，过度保守的营销计划，将使产量不足以供应客户所需，丧失了创造利润的机会。因此，常因营销人员对市场的需求量估算失当，造成生产计划朝令夕改，也使得采购计划与预算必须经常调整修正，从而使物料供需长久处于失衡状态。

（三）用料清单

若产品工程变更层出不穷，会导致用料清单难以进行及时反应与修订，以致根据产量所计算出来的物料需求数量与实际的使用量或规格不尽相符，从而造成采购数量过多或不及、物料规格过时或不易购得。因而，采购计划的准确性，有赖于维持最新、最正确的用料清单。

（四）存量管制卡

由于应购数量必须扣除库存数量，因而，存量管制卡记载是否正确也会影响采购计划的准确性。这包括：料账是否一致、物料存量是否全为良品。若账上数量与仓库架台上的数量不符，或存量中并非全数皆为规格正确的物料，这将使仓储的数量低于实际的可取用数量。故采购计划中的应购数量将会偏低。

（五）物料标准成本

在编订采购预算时，对将来拟购物料的价格预测不容易，故多以标准成本替代。如果该标准成本的设定，缺乏过去的采购资料为依据，也无工程人员严密精确地计算其原料、人工及制造费用等组合或生产的总成本，则其正确性会降低。因而，标准成本与实际购入价格的差额，即是采购预算准确性的评估指标。

（六）生产效率

生产效率的高低，将使预计的物料需求量与实际的耗用量产生误差。产品的生产效率降低，会导致原物料的单位耗用量提高，从而使采购计划中的数量不够生产所需。当生产效率有降低趋势时，采购计划必须将此额外的耗用率计算进去，从而不会发生原物料短缺的现象。

（七）价格预期

在编订采购金额预算时，常对物料价格涨跌幅度、市场景气情况等多加预测，甚至将其列为调整预算的因素。但由于个人主观的判定与事实的演变常有差距，也可能会造成采购预算的偏差。

三、采购计划的制订要求

采购计划就是要确定怎样进行采购物料和服务，以最好地满足生产需求的过程。它重点需要考虑的问题包括：是否采购、采购什么、采购多少、怎样采购及何时采购。一般而言，采购计划有年度采购计划、月度采购计划、日采购计划、日常经营需求计划，其要求如表7-1所示。

表7-1　采购计划的制订要求

序号	种类	制订要求
1	年度采购计划	根据企业年度经营计划，在对市场信息和需求信息进行充分分析和收集的基础上，并依据往年历史数据的对比预测所制订的计划
2	月度采购计划	在对年度采购计划进行分解的基础上，依据上月实际采购情况、库存情况、下月度需求预测、市场行情制订的当月采购计划
3	日采购计划	在对月度采购计划进行分解的基础上，依据各部门每日经营所需物品的汇总审核后制订的采购计划
4	日常经营需求计划	根据每天的经营情况、物品日常消耗情况、库存情况，各部门向采购部报送的日采购需求计划

四、编制采购计划的步骤

（一）将物料分类

首先必须将所需采购的物料依其本身重要性分类处理，通常可分四大类，如图7-8所示。

第一类　价值较高、价格较贵的物料，其需求数量又有时间性、季节性者，应预先予以估计，并应控制最低与最高存货量者

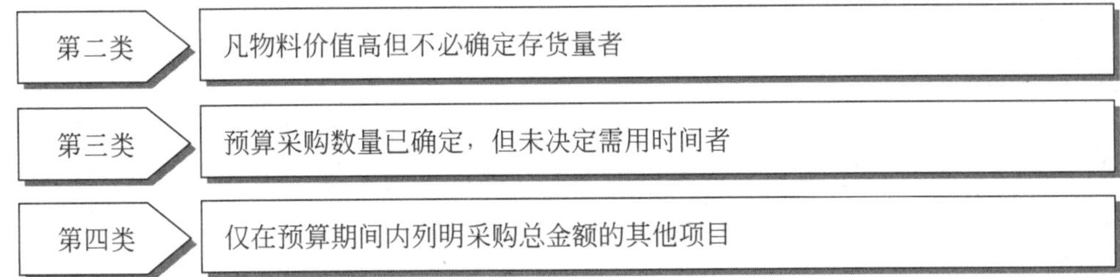

图7-8 物料的分类

（二）分析与采购相关的资料

1.生产计划

由销售预测加上人为的判断，即可拟订销售计划或目标。销售计划，是表明各种产品在不同时间的预期销售数量；而生产计划则依据销售数量，加上预期的期末存货减去期初存货来拟订。

2.用料清单（BOM）

生产计划只列示产品的数量，若想直接知道某一产品需用哪些物料，以及数量多少，则需借助用料清单。

该清单是由研发或产品设计部门拟订的，内容列示各种产品由哪些材料所制造或组合而成。根据该清单可以精确计算制造某一种产品的用料需求数量。而用料清单所列的耗用量，即通称的标准用量，与实际用量相互比较，可作为用料管制的依据。

【实例7-02】物料用料清单 ▸▸▸

物料用料清单

产品名称		简图
产品型号		
开发日期		
客户		

序号	材料名称	规格	计量单位	标准用量	损耗率	材料来源	单价	备注

确认：　　　　审核：　　　　制定：

3. 存量管制卡

若产品有存货，则生产数量不一定要等于销售数量。同样，若材料有库存数量，则材料采购数量也不一定要等于根据用料清单所计算的材料需用量。因此，必须查阅物料的存量管制卡，以确切了解某一物料目前的库存状况；再依据用料需求数量，并考虑购料的作业时间和安全存量水准，从而算出正确的采购数量。

【实例7-03】存量管制卡 ▸▸▸

存量管制卡

卡号：

<table>
<tr><td>品名</td><td colspan="2"></td><td>料号</td><td colspan="2"></td><td colspan="2">请购点</td><td colspan="2"></td><td colspan="3">安全存量</td><td colspan="2"></td></tr>
<tr><td>规格</td><td colspan="2"></td><td>存放</td><td colspan="2">库号：
架位：</td><td colspan="2">一次请购量</td><td colspan="2"></td><td colspan="3">采购前置时间</td><td colspan="2"></td></tr>
<tr><td rowspan="2">日期</td><td rowspan="2">凭证号码</td><td rowspan="2">摘要</td><td colspan="2">入库</td><td colspan="2">出库</td><td rowspan="2">结存数量</td><td colspan="7">请（订）购量</td></tr>
<tr><td>收</td><td>欠收</td><td>发</td><td>欠发</td><td>订购量</td><td>订购单号</td><td>订购日</td><td>请求交货日</td><td>实际交货日</td><td>交货量</td><td>备注</td></tr>
<tr><td></td><td></td><td></td><td></td><td></td><td></td><td></td><td></td><td></td><td></td><td></td><td></td><td></td><td></td><td></td></tr>
<tr><td></td><td></td><td></td><td></td><td></td><td></td><td></td><td></td><td></td><td></td><td></td><td></td><td></td><td></td><td></td></tr>
<tr><td></td><td></td><td></td><td></td><td></td><td></td><td></td><td></td><td></td><td></td><td></td><td></td><td></td><td></td><td></td></tr>
<tr><td></td><td></td><td></td><td></td><td></td><td></td><td></td><td></td><td></td><td></td><td></td><td></td><td></td><td></td><td></td></tr>
<tr><td></td><td></td><td></td><td></td><td></td><td></td><td></td><td></td><td></td><td></td><td></td><td></td><td></td><td></td><td></td></tr>
</table>

（三）决定各类物料采购数量

综前所述，生产计划、用料清单或材料需求计划以及存量管制卡是决定采购数量的主要依据。因而，可依以下步骤来计算。

（1）先预估预算期内销售所需物料数量。

（2）根据预估销售所需物料数量加上最低与最高存货量，求出其需求量总数。

（3）再以上述数减去上期期末存量，即为计划期间内的最低与最高采购数量。其计算公式为

生产需要量+最高存货限额－期末存货=最高采购限额

生产需要量+最低存货限额－期末存货=最低采购限额

（四）填写采购计划表

接下来就是将计算出来的数量及其他信息填入采购计划表里。一般而言，一些管理

规范的企业都有标准化的表格，这时只要将相关信息填入即可；如果企业没有这样的标准化表格，则需要根据实际情况加以制作，以下提供几个范本供制作时参考。

【实例7-04】物料年度采购计划

物料年度采购计划

编号： 制表人：

物料类别										
序号	物料名称	料号	规格	单位	单价	年度用量	现有库存量	年计划采购量	年用金额	计划采购日期

批准日期： 审核日期：

【实例7-05】物品采购月计划

物品采购月计划

编号： 日期：

物料名称	规格	部门	全年采购总量	单价	金额	每月采购计划							
						1月		2月		3月		……	
						数量	金额	数量	金额	数量	金额	……	……

批准日期： 审核日期： 编制人：

【实例7-06】订单采购计划表

订单采购计划表

编号： 日期：

材料名称	品名规格	适用产品	上旬		中旬		下旬		库存量	订购量
			生产单号	用量	生产单号	用量	生产单号	用量		

批准日期： 审核日期： 编制人：

【实例7-07】物品定期采购计划表

物品定期采购计划表

编号： 日期： 年 月 日

材料名称	规格	每月估计用量	订购交货日期	每日用量	每日最高用量	基本存量	最高存量	基本存量比率	每次订购数量

第三节 采购订单跟单

一、请购的确认

（一）确认需求

确认需求就是在采购作业之前，应先确定购买哪些物品、买多少、何时买、由谁决定等，这是采购活动的起点。

1.发出采购需求的部门

采购需求的提出往往是以请购单的形式。通常，请购单都是由下列人员或部门提出的（表7-2）。

表7-2 发出采购需求的部门

序号	发出采购需求的部门	适用范围
1	使用部门	一般性物料均由使用部门开出请购单，经采购部门购入物料后，由仓储部门通知其领用
2	仓储部门	属于存量管制的物料，由仓储部门按照订购点自行请购，无须征求使用部门的同意（除非此项物料准备停用）
3	生管或物管部门	当物料管理计算机化时，则依据物料需求计划及存量管制标准，直接由计算机列印请购单，但仍需经过物料或生管部门签核
4	项目小组	当工厂进行扩建计划，或公司订立新产品开发计划时，均由负责此等计划的项目小组开出请购单，以进行扩建或开发事宜
5	总务部门	办公用品，通常由总务部门统筹各部门的需求，再集中请购

为避免发生采购标的与请购需求不能完全符合，应注意表7-3所列事项。

表7-3 提出采购申请的要求

序号	注意事项	具体要求
1	适当的请购人	请购所需求的内容，由使用部门或统筹管理的部门填写。由这些部门提出请购，最能正确表达各项需求的内容与附属条件
2	以书面的方式提出	物料的采购，有时牵涉相当复杂的内容，若仅以口头方式提出要求的条件，不但容易发生沟通上的错误，将来在验收时若与实际的需求发生差距时，因“口说无凭”，双方也会发生纷争。因此，以“请购单”详载所需物料的名称、规格、料号、数量、需要日期等内容，可使请购的诉求趋于明确与周全
3	确定需求的内容	即确实表明物料品质上的一些条件，包括物料的成分、尺寸、形状、强度、精密度、耗损率、不良率、色泽、操作方式、维护等各种特性

续表

序号	注意事项	具体要求
4	以规格表明需求的水准	需用部门对品质的要求水准可以用规格表明示。以规格表明品质的形态极多，包括厂牌或商标、形状或尺度、化学成分或物理特性、生产方式或制作方法、市场等级、标准规格、样品、蓝图或规范、性能或效果、用途等
5	盘算预算	需求的内容及水准，常与请购人的预算有密切关系，因此，在提出请购之前，必须先就支付能力与愿意承受代价的上下限加以盘算，以免请购内容超出预算范围

2.采购需求发出的原因及流程

任何采购都产生于企业中某个部门的确切的需求。生产或使用部门的人应该清楚地知道本部门独特的需求：需要什么、需要多少、何时需要。这样，仓储部门会收到这个部门发出的物品需求单，经汇总后，将物品需求信息传递给采购部门；有时，这类需求也可以由其他部门的富余物品来加以满足。当然，或迟或早企业必然要进行新的物品采购，因此采购部门必须有通畅的渠道从而能及时发现物品需求信息。采购需求发出的流程如图7-9所示。

图7-9　采购需求发出的流程

同时，采购部门应协助生产部门一起来预测物品需求。采购管理人员不仅应要求需求部门在填写请购单时尽可能地采用标准化格式，尽量少发特殊订单，而且应督促其尽早地预测需求以避免太多的紧急订单，从而减少因特殊订单和紧急订货而增加的采购成本。

另外，由于了解价格趋势和总的市场情况，有时为了避免供应中断或是价格上涨，采购部门必然会发出一些期货订单。这意味着对于任何标准化的采购项目，采购部门都要把正常供货提前期或其他的主要变化通知使用部门，从而使其对物品需求做出预测。因此要求采购部门和供应商能早期介入（通常作为新产品开发团队的一个成员）。因为采购部门和供应商早期介入会给企业带来许多有用信息和帮助，从而使企业避免风险或降低成本，加速产品推向市场的速度，并能带来更大的竞争优势。

（二）制定需求说明

需求说明就是在确认需求之后，对需求的细节如品质、包装、售后服务、运输及检验方式等，都要加以准确说明和描述。采购主管如果不了解使用部门到底需要什么，就不可能进行采购。出于这个目的，采购部门就必须对所申请采购物品的品名、规格、型号等有一个准确的说明。如果你对申请采购的产品不熟悉，或关于请购事项的描述不够准确，应该向请购者或采购团队进行咨询，而不能单方面想当然地处理。采购需求说明书见表7-4。

表7-4　采购需求说明书

序号	名称	规格型号	单位	数量	品质	包装	售后服务	运输及检验方式

（三）审核采购申请单

由于在具体的规格要求交给供应商之前，采购部门是能见到它的最后一个部门。因而采购部门需要对其最后检查一次。采购申请单应该包括以下内容。

（1）日期。

（2）编号（以便于区分）。

（3）申请的发出部门。

（4）涉及的金额。

（5）对于所需物品本身的完整描述以及所需数量。

（6）物品需要的日期。

（7）任何特殊的发送说明。

（8）授权申请人的签字。

以下提供一份采购申请购单的范本供参考。

【实例7-08】采购申请单 ▸▸▸

采购申请单

编号：　　　　申请部门：　　　　年　月　日

序号	物品名称	规格型号	数量	估计价格	用途	需用日期	备注

申请人：　　　　申请部门经理：　　　　批准人：

注：本单一式三联，第一联申请部门留存，第二联交采购部，第三联交仓库。备注栏须注明预算内、外。

二、采购订单准备

采购员在接到审核确认的请购单之后，不要立即向供应商下达订单，而是先要进行以下订单准备工作，如图7-10所示。

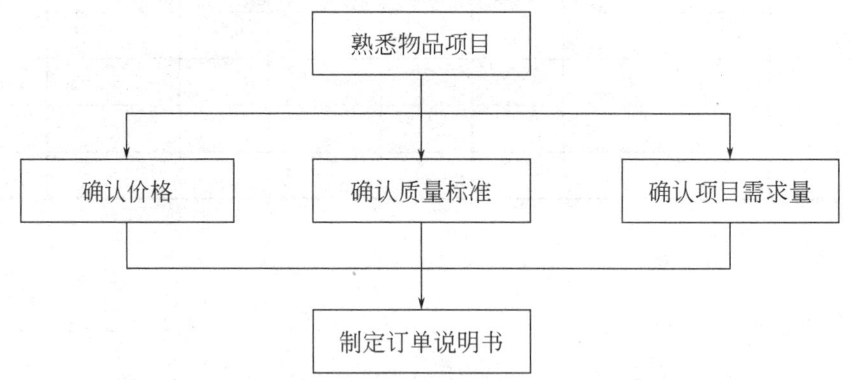

图7-10 采购订单准备流程示意

该流程说明如表7-5所示。

表7-5 采购订单准备流程说明

序号	准备事项	具体要求
1	熟悉物品项目	首先应熟悉订单计划。因为订单上采购的物品种类有时可能很多，有时可能是从来没有采购过的物品项目，对其采购环境不一定熟知。这就需要采购人员花时间去了解物品项目的技术资料等
2	确认价格	由于采购环境的变化，作为采购员应对采购最终的价格负责。订单人员有权利向采购环节（供应商群体）价格最低的供应商下达订单合同，以维护采购的最大利益
3	确认质量标准	采购员与供应商的日常接触较多，由于供应商实力的变化，对于前一订单的质量标准是否需要调整，采购员应随时掌握
4	确认项目需求量	订单计划的需求量应等于或小于采购环境订单容量（经验丰富的采购员可不查询系统也能知道），如果大于则提醒认证人员扩展采购环境容量；另外，对计划人员的错误操作，采购员应及时提出。以保证订单计划的需求量与采购环境订单容量相匹配
5	制定订单说明书	订单说明书的主要内容包括说明书（项目名称、确认的价格、确认的质量标准、确认的需求量、是否需要扩展采购环境容量等方面），另附有必要的图纸、技术规范、检验标准等

三、选择本次采购的供应商

订单准备工作完毕后，采购员的下一步工作就是最终确定本次采购活动的供应商。而确定本次具体采购活动的供应商，应做好如图7-11所示工作。

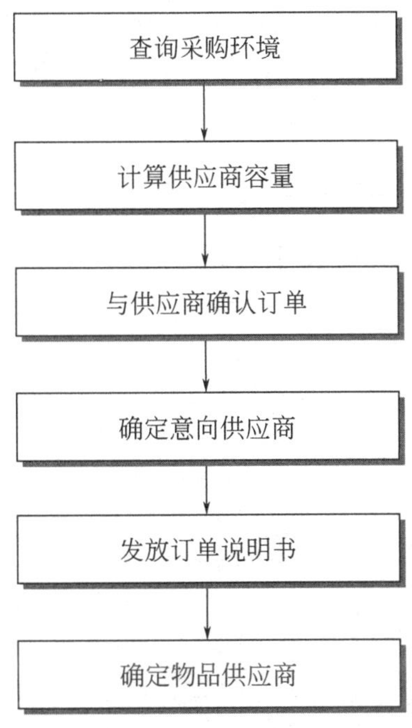

图7-11 本次采购活动供应商选择流程

（一）查询采购环境

采购员在完成订单的准备后，要查询采购环境信息系统，以寻找适应本次物品供应的供应商。认证环节结束后会形成公司物品项目的采购环境，用于订单操作。对于小规模的采购，采购环境可能记录在认证报告文档上；对于大规模的采购，采购环境则使用信息系统来管理。一般来说，一项物品应有三家以上的供应商，特殊情况下也会出现一家供应商，即独家供应商。

（二）计算供应商容量

如果向一个容量已经饱和的供应商下单，那么订单很难被正常执行，最后会导致订单操作的失败。因此作为经验丰富的采购主管，首先要计算一下采购环境中供应商的容量，哪些是饱和的，哪些有空余容量。如果全部饱和，请立即通知相关认证人员，并对其进行紧急处理。

（三）与供应商确认订单

从主观上对供应商的了解需要得到供应商的确认，供应商组织结构的调整、设备的变化、厂房的扩建等都影响供应商的订单容量；有时需要进行实地考察，尤其要注意谎报订单容量的供应商。

（四）确定意向供应商

采购员在权衡利弊（既考虑原定的订单分配比例，又要考虑现实容量情况）后可以初步确定意向供应商以便确定本次订单由哪一家供应商供应，这是订单操作实质性进展的一步。

（五）发放订单说明书

既然是意向，就应该向供应商发放相关技术资料。一般来说，采购环境中的供应商应具备已通过认证的物品生产工艺文件。如果是这样，订单说明书就不要包括额外的技术资料。供应商在接到技术资料并对其分析后，即会向采购员做出“接单”还是“不接单”的答复。

（六）确定物品供应商

通过以上过程，就可以确定本次订单计划所投向的供应商，必要时可上报经理审批。因为供应商可以是一家，也可以是若干家。

四、与供应商签订采购订单

在确定供应商之后，接下来要做的工作就是同供应商签订正式的采购订单。而采购订单根据采购物品的要求、供应的情况、企业本身的管理要求、采购方针等要求的不同而各不相同。签订采购订单一般需要经过以下过程。

（一）制作订单

拥有采购信息管理系统的企业，可直接在信息系统中生成订单；在其他情况下，则需要订单制作者自选编排打印。企业通常都有固定标准的订单格式，而且这种格式是供应商认可的，只需在标准合同中填写相关参数（物品名称代码、单位、数量、单价、总价、交货期等）及一些特殊说明后，即可完成制作合同操作。

提醒您：

价格及质量标准是认证人员在认证活动中的输出结果，已经存放在采购环境中，采购员的操作对象是物品的下单数量及交货日期。特殊情况下可以向认证人员建议修改价格和质量标准。

国外采购的双方沟通不易，因此订购单成为确认交易必需的工具。当采购单位决定采购对象后，通常会寄发订单给供应商，作为双方将来交货、验货、付款的依据。国内采购可依情况决定是否给予供应商订单。由于采购部门签发订购单后，有时并未要求供应商签署并寄回，形成买方对卖方的单向承诺，实属不利。但订购单能使卖方安心交货，甚至有可获得融资的便利。

订单内容应特别侧重交易条件、交货日期、运输方式、单价、付款方式等方面。根据用途不同，订购单可分为厂商联（第一联），作为厂商交货时的凭证；回执联（第二联），由厂商签认后寄回；物品联（第三联），作为控制存量及验收的参考；请款联（第四联），可取代验收单；承办联（第五联），制发订购单的单位自存。

以下提供一份订单供参考。

【实例7–09】订单

订 单

No.： 日期：

请购单号：

厂商		编号		地址			电话		
订购内容									
项次	物料名称	料号	单位	订购数量	单价	金额	交货日期		数量
1									
2									
3									
4									
5									
合计									
合计金额（大写）			万 仟 佰 拾 元			交货地点			

交易条款

交期

承制厂商须依本订单交期或本公司采购部以电话或书面调整的交货期，若有延误，每逾一日扣该批款的____%。

品质

依照图纸要求。

进料检验：依MIL-STD-I05D Ⅱ抽样检验，AQL依本公司规定。

不良处理

经检验后的不合格品，应于三日内取回，逾时本公司不负责。

如急用需选别，所产生的费用，依本公司的索赔标准计费。

附件

1.产品图纸：____张

2.检验标准：____份

总经理		经理		课长		承办人		承制厂	

（二）审批订单

审批订单是订单操作的重要环节，一般由专职人员负责。其主要审查内容如图7-12所示。

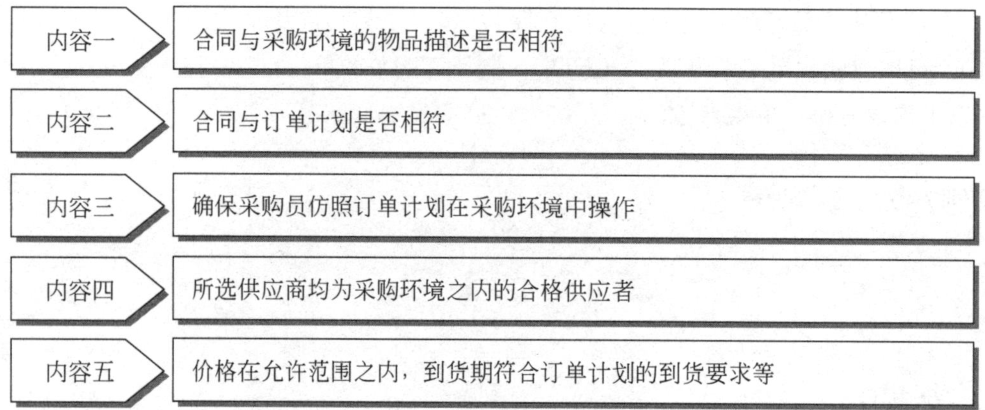

图7-12 主要审查内容

（三）与供应商签订订单

经过审批的订单，即可传至供应商确定并盖章签字。签订订单的方式有4种，如图7-13所示。

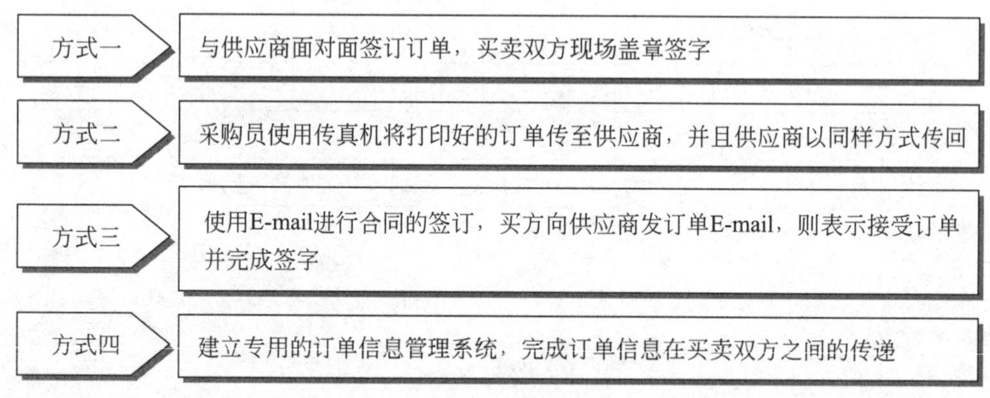

图7-13 签订订单的方式

（四）执行订单

在完成订单签订之后，即转入订单的执行时期。加工型供应商要进行备料、加工、组装、调试等过程；存货型供应商只需从库房中调集相关产品及适当处理，即可送往买家。

五、减少小额请购

小额请购是采购部在请购阶段常会面临的问题之一。

依照80/20法则（柏拉图原理），就采购而言，80%的请购单只占采购总金额的20%。换句话说，小额请购占用了绝大多数采购作业的人力，而解决之道在于降低小额请购的批次。通常，采购员可采取表7-6所列方法，解决小量请购问题。

表 7-6　小额请购的处理方法

序号	方法	具体操作要领
1	集中采购	集中采购包括指定办理的部门及时间。例如将各部门所需的小量请购，交由指定的部门集中办理，统筹供需，或是指定这些小量物料的请购日期，在同一时间内汇集其需求量，以便一次性采购；而且集中采购不但可节省人力，也可获取数量折扣
2	减少品种	要设法将小量采购的项目标准化，借以减少请购次数。比如将规格相近的物品加以汇总，订出通用的标准规格。如果此品种减少了，请购的件数也就会随之降低
3	化零为整	在接到小量请购时，如果不是紧急需用者，就将其暂时搁置，待累计小量请购单达到一定数量或金额时，再行采购
4	采取统购	“统购”是针对价值不高、价格稳定且经常需用而品种规格繁多的物品，先与供应商签订统购合约，议定价格。当需用时，由请购部门直接通知供应商送货，免除请购及采购的手续，因为只要仓储部门开出验收单即可付款

六、控制紧急订单

通常，采购部门会收到太多的标注着“紧急”字样的订单。

（一）紧急订单出现的原因

紧急订单的出现不可避免，也有其存在的理由。款式和设计上的突然改变以及市场状况的突然变化都会使精心规划的物料需求不再适用。如果实际所需的部件或物料没有库存，那么生产的中断就不可避免。紧急订单出现的原因如图7-14所示。

存货管制失误

由于实际库存数量与账上数量不符，领用时才发现缺料；另外，有时库存数量虽充足，但品质有瑕疵，因而无法使用，都必须紧急请购以补充

生产计划不当

预测的准确与否会影响生产计划能否顺利执行。若销售预测发生偏差，生产计划就必须加以修改。当追加销售数量或插入紧急订单时，该项产品的原物料若没有足够库存，必将发生紧急请购；另外，在制订生产计划时，只依据外售数量安排原物料需求量，忽略了自用数量，也会发生紧急请购

图7-14

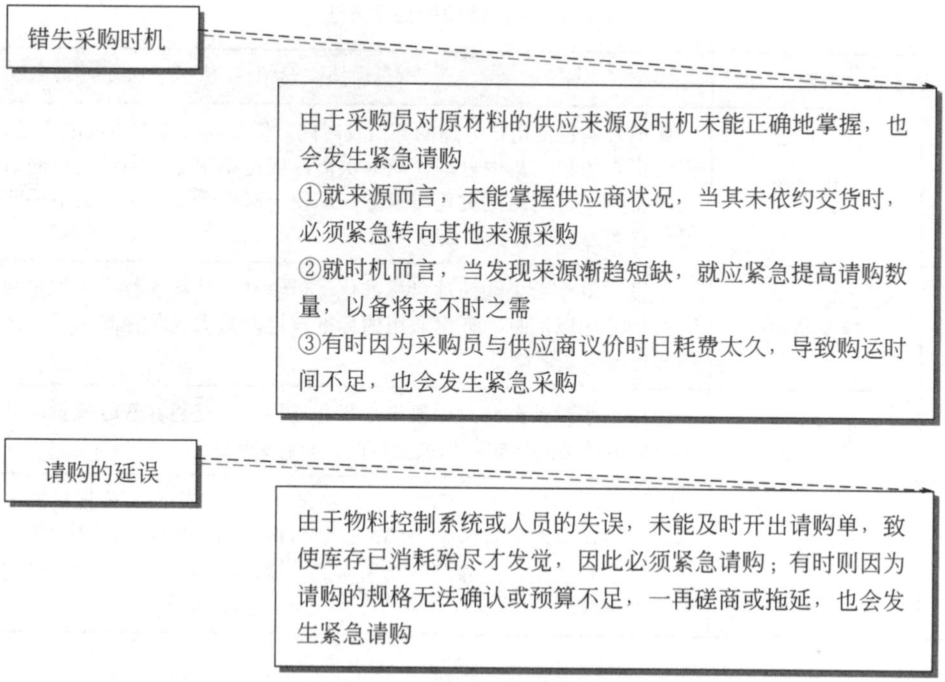

错失采购时机

由于采购员对原材料的供应来源及时机未能正确地掌握，也会发生紧急请购
①就来源而言，未能掌握供应商状况，当其未依约交货时，必须紧急转向其他来源采购
②就时机而言，当发现来源渐趋短缺，就应紧急提高请购数量，以备将来不时之需
③有时因为采购员与供应商议价时日耗费太久，导致购运时间不足，也会发生紧急采购

请购的延误

由于物料控制系统或人员的失误，未能及时开出请购单，致使库存已消耗殆尽才发觉，因此必须紧急请购；有时则因为请购的规格无法确认或预算不足，一再磋商或拖延，也会发生紧急请购

图7-14 紧急订单出现的原因

紧急订单引发的代价通常较大，直接增加了采购成本，而且也会给供应商带来负担，而这必然会直接或间接地体现在买方最后的支持价格之中。

（二）紧急订单的解决办法

紧急请购将会造成品质降低、价格偏高等损失，因此应做好存货管制、生产计划，并正确掌握请购及采购时机，以避免负担产销上的额外成本。

但对于那些并不是出于紧急需要的所谓“紧急”订单而言，可以通过正确的采购流程方面的教育加以解决。例如在一家企业，如果某一个部门发出了紧急订单，这个部门必须向总经理做出解释并需得到批准。而且，即使这一申请得到批准，紧急采购所增加的成本在确定之后也要由发出订单的部门来承担，其结果自然是紧急订单的大量减少。

【实例7-10】采购订单管理规范

采购订单管理规范

1. 目的

规范采购管理工作，加强采购过程控制，强化供应商管理，确保适时、适价、适量地供应公司生产所需物料。

2. 适用范围

适用于公司生产物料的采购过程控制、对账发票管理以及新开发厂商和合格供应商定期或不定期的评估选择等。

3. 职责

3.1 采购文员

负责采购订单的下达，物料的催货，异常的追踪，订单对账、请款和发票的催缴以及协助进行供应商的评估等。

3.2 采购专员

负责物料价格的谈判、定价，选择合格的供应商，物料异常的处理、追踪及异常信息的传递，对账单、请款单的初审，物料采购成本的控制分析以及合作供应商关系的协调等。

3.3 供应管理员

根据物料供应商需求预测分析，为采购专员提供经评估合格的供应商供其选择，供应商的定期或不定期评估结果的制定和传达，跟进新物料或新供应商的打样情况。

3.4 计划组主管

对物料采购订单的审核，协调物料异常情况的处理和跟踪处理结果，审核供应商的考评和选取，完善物料采购管理。

3.5 生产部经理

负责采购对账单和请款单的批准，物料采购成本控制的审核，供应商合作关系的协调，以及跨部门之间异常的协调。

4. 采购订单管理流程

略。

5. 采购订单管理内容

5.1 供应商选用规定

5.1.1 采购专员根据订单要求和供应商管理员提供的供应商评估报告，合理选择合作厂商并进行价格确认。

5.1.2 采购专员必须选择经供应商管理评估合格的供应商或经生产部经理核准的选用供应商作为订单下单的对象，未经评估合格的供应商暂时不做考虑（特殊物料的供应商除外）。

5.1.3 合作供应商在未经评估合格（特殊物料除外）的情况下选用的，造成的异常损失由下单人员负责并记录个人考评。

5.1.4 采购订单的供应商选择和价格评定需由计划组主管审核，生产部经理批准后才能下单达给合作供应商。未经供应商选用审核或批准而下达的采购订单，其造成的责任由下单人员负责，并记录个人考评。

5.2价格管理规定

5.2.1采购专员依物料规格、交期、品质要求及其他交易条件，选择适当的供应商，做询价、比价、议价作业。

5.2.2采购专员合理选择供应商之后，根据其收集的市场信息与供应商进行价格谈判（老供应商的物料进行价格确认）并确认物料定价。比价作业：在询价作业完成后需有两家以上供应商提供价格做比较，并考虑品质、成本、交期等符合本公司需求的供应商，若客户指定要求或独有技术等特殊案件可不做比较范围。议价作业：合格供应商只有独家时则依供应商提供的价格，比照以往采购记录及平时收集的价格信息，由采购专员与供应商议价。

5.2.3采购文员根据采购专员和供应商最终确认的价格列入采购订单，并将采购订单交由计划组主管审核及生产部经理批准。未经采购价格审核和批准的采购订单不能下达给供应商，由此造成的损失由下单人员负责。

5.3下单管理规定

5.3.1采购专员在接到生管员的物料采购需求之后，及时核实订单所要求的资料文件和供应商的工艺技术文件是否准确和齐全。并由采购文员整理归档，作为订单下达的资料准备。采购专员对资料不全或有错误的订单需及时协调业务员或研发组主管进行确认，未经确认前需及时传达信息给生管员和物控员进行订单调整。

5.3.2采购专员根据供应商管理员提供的“供应商综合评估表”以及备用合格新供应商名单，合理选择物料供应商，并依据价格管理规定对供应商进行价格确认。

5.3.3采购文员根据采购专员提供的物料供应商和确认的价格及时编制采购订单，由计划组主管审核和生产部经理批准后交由采购专员盖章并下达给供应商。采购文员需确认订单是否下达到供应商，需追踪供应商的订单回传并存档。

5.3.4未经确认的采购订单不得下达给供应商，由此而造成的损失由下单人员负责。

5.4催单管理规定

5.4.1采购文员需根据采购计划的要求，及时跟进供应商的生产加工情况和供货期安排，对供应商反映的异常信息及时告知采购专员。

5.4.2采购专员及时协调并确认供应商异常情况，并将异常信息反馈给物控员和生管员进行处理。

5.4.3采购专员对供应商由于异常情况而不能及时交货的信息及时告知计划组主管，计划组主管安排供应商管理员对供应商进行现场调查并确认异常状况。

5.4.4生管员根据信息及时和业务员协调订单货期安排，并将协调结果告知计划组主管。

5.4.5计划组主管将综合协调结果告知生产部经理，协调未果的由生产部经理组织各部门进行处理。

5.5采购物料到料管理规定

5.5.1采购文员根据物料管理员交来的送货单，及时核实送货单、实物和采购订单的要求是否相符，核实无误的及时收货入账，有异常的及时按5.6进行处理。

5.5.2采购专员及时核实物料到料异常处理情况，货期需延迟的及时和生管员、物控员协调处理方案并和供应商确定最终送货期。当物料无法按时到料时（或延期时），需及时填写“内部联络单”（需分析物料异常原因和填写处理意见）交计划组主管审核后，通知生管员和物控员及时调整计划。

5.6采购物料来料异常管理规定

5.6.1数量不符：当到料数量不符合采购要求时，采购文员应及时通知供应商补货并确认最终送货期，并将协商结果及时通知物控员。

5.6.2质量异常：当货品与订单不符、产品质量异常时，采购专员应根据物料管理员提供的异常报告（经工程组判定）和供应商协调处理异常，并确认最终到货期。采购文员需根据采购专员和供应商协商的处理方案及确认的重新到货期，及时将异常信息告知物控员和生管员。

5.7请款对账管理规定

5.7.1对账：月底采购文员整理送货单、进仓单、退货单、出仓单（异常单）与厂商对账，对账单双方签字。

确认后，采购文员填写请款单交于生产部经理签字确认。签字完成后采购文员将交送货单、进仓单、退货单、出仓单（异常单）交于财务做账。

5.7.2发票：供应商统一交发票到采购文员处，在付款月份15号前由采购文员交于总账会计。

5.7.3预付款：个别物料采购文员可以根据需要申请预付，需填写请款单和请购单，交生产部经理确认后交总账会计。

5.7.4现金：一些需要现付的物料，由采购专员预付物料货款，之后由采购文员填写请款单并由预付款项的人员证明后交由生产部经理，审核后交总账会计。

第四节　交期管理与货物跟催

交期管理是采购的重点之一，确保交期的目的，是在必要的时间，提供生产所必需的物料，以保障生产并达成合理生产成本的目标。

一、按时交付是采购的目标

实现按时交付是标准的采购目标。如果延迟交付货物或材料，或者未能按期完成工作，那么就可能导致销售失败、生产停滞或客户满意度下降等。

另外，一旦收到订单，大多数企业就将组织货物进行交付，按支付方式产生应收账款或预收账款。如果无法实现按时供货，就可能会出现现金循环减缓或索赔，从而增加了企业的支出与成本，降低了企业的效率或利润率。

如果供应商未能按时交付，使用部门的员工会责备采购员。因此，为实现按时交付，要确保使用部门了解交货周期以及其他一切必要信息。

提醒您：

实现按时交付的第一步就是坚定地、准确地决定需要什么和什么时候需要。通常情况下，是由与物料相关的部门，如库存控制部门或生产计划编制及控制部门来制定需求进度。而对于有别于常规的需求，通常由使用部门提出所需物品，规定这些需求日期时并不考虑供应商的交货周期和销售现实。这显然不是好的做法，因为这样做可能造成延迟交付。

应注意就“交货周期”的含义及表达方式达成相互谅解。只有确保各需求部门通知采购部门的需求日期是可完成的，才可以指望适当地开展并实现采购。

但是，只有此类措施还不够。在供应市场中，采购应发挥实际作用，可以与供应商进行谈判并按需求时间达成一致，而供应商则按照所达成的协议进行交付。

二、规定合适的前置期

当有需求、希望进行采购时，我们必须清楚地知道所需要的时间。因此我们需要明确前置期的概念及总的时间需要多长。

（一）何谓“前置期”

“前置期”（Lead Time）这一术语经常用于代替交付时间或者与交付时间并用。前置期通常会涉及三个方面的概念。

1. 内部前置期

内部前置期是指从确定产品或服务需求到发出完整的采购订单（Purchaseorder）所占用的时间。这包括准备规格、识别合适的供应商、询价/报价过程、最终选择供应商及签订合同。若以公式表示则为

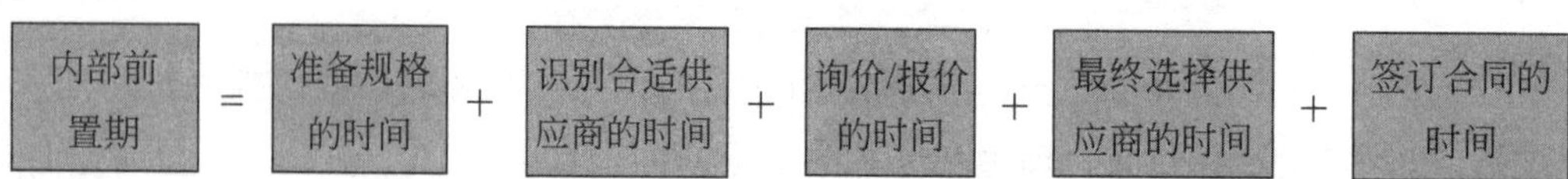

2.外部前置期

外部前置期是指从供应商收到采购订单到完成采购订单（通常是指交付产品或服务）所占用的时间。它通常也被称为供应商交付时间。

3.总前置期

总前置期是指从确定产品或服务需求到供应商完成采购订单所占用的时间。因此，它是上述内部前置期和外部前置期的总和，再加上从采购方发出采购订单到供应商收到采购订单之间的时滞。

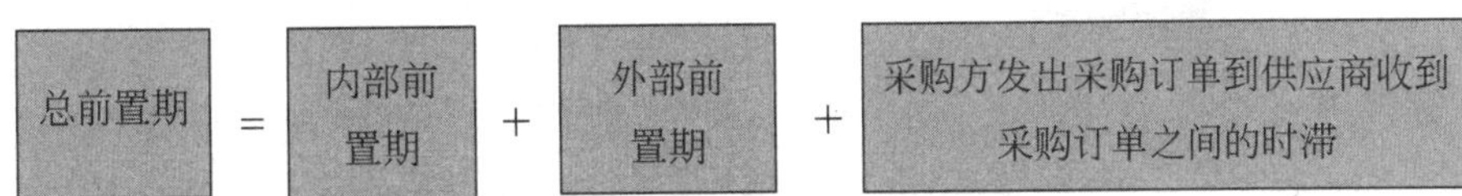

（二）设定合适的前置期

内部前置期常常是总前置期的一个重要组成部分，但是经常被忽视。当然，内部前置期的不确定性也很大。而缩短前置期既要重视外部（供应商）前置期，又要重视内部前置期。

在设置前置期时，要考虑采购方和供应商双方的很多因素，如图7-15所示。

采购方的因素

◆如果采购方没有向供应商提供充足的或者正确的信息，供应商的前置期可能会延长。例如，供应商可能要停下来等待采购方的一部分技术资料或更准确详细的需求信息

◆采购方在供应商设施所在地实施检验可能会增加总前置期

◆漫长的进货程序可能会增加总前置期

◆在持续需求的情况下，采购方可能会协助供应商准备一份有关在什么日期需要多少物品的预测。这就允许供应商提前计划他们的活动，这就会减少外部前置期

供应商的因素

◆供应商处理订单的过程若烦琐而复杂则会增加前置期

◆供应商处理订单的系统，例如ERP系统会极大地提高订单处理速度，会减少前置期

◆货物的运输方式会影响到总前置期。不同的运输方式运输时间差别很大，在计算总前置期时必须考虑

◆供应商的生产方式也会影响到总前置期。MTO（Make to Order）表示按订单生产，供应商接到客户订单以后才开始生产；MTS（Make to Stock）表示库存生产，供应商已经生产出产品，接到客户订单时把库存的产品交付给客户。很明显，MTO的生产方式前置期要更长

图7-15 设置前置期

（三）确认所报前置期的可信度

采购方将前置期规定为尽可能快，而供应商提出前置期，例如是“10～14周”，这

在工作中都很常见；但是应该避免这些做法，因为买卖双方的期望不同。采购方应该确切地知道供应商同意了规定的交付日期，并在采购订单文件中清楚写明。

供应商可能会不择手段地提出他们可能实现不了的交付日期，以便赢得生意。采购方要负责确定供应商提出的日期是否现实。例如，采购方可能要确定如图7-16所示的问题。

◆该供应商是否有足够的能力
◆该供应商是否有可信的绩效统计
◆供应商对其前置期较长的部件库存
◆供应商是否有适当的供应战略
◆供应商是否完全采用MTO的生产方式

图7-16 所报的前置期是否现实

三、采购催货的规划

（一）须跟催的活动

如果按时交付很重要，采购方就会认为有必要催交订单，即跟踪供应商。采购方可以要求供应商提供一份说明何时完成主要活动的生产计划，以确定哪些活动要催交。

（二）催货的形式

催货可以通过电话、信函或者访问供应商等形式完成。

（三）催货的方法

催货是检查供应商的交付计划并识别可能出现问题的过程。可以根据组织结构或采购部门的结构来选择合适的催货方法，如图7-17所示。

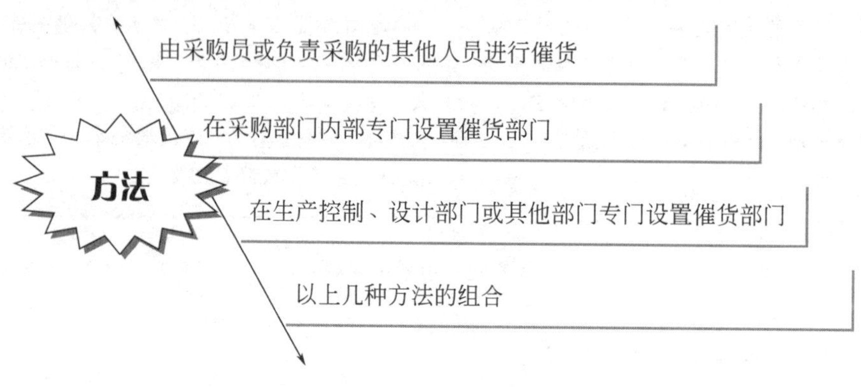

图7-17 催货的方法

（四）催货系统和催货机制

采购部门应该形成一整套的催货系统和催货机制，以保证催货工作有条不紊地进行。

（1）选择需要催货的订单。

因为并非所有的订单都需要催货，因此为了便于催货，可以将订单进行分类，如表7-7所示。

表 7-7 订单跟催分类

类别	跟催要求
A类订单	非常重要的，值得进行供应商访问的订单，以保证订单履行
B类订单	需要通过电话或电子邮件提醒供应商的订单
C类订单	只有当供应商不能按合同要求及时发运时才进行催促的订单
D类订单	只有当有特殊要求时才进行跟踪的订单

（2）确定催货时间。

（3）确定采取适当的催货行动。

（4）在提示系统中输入行动细节。

第五节 采购付款管理控成本

采购付款是指企业在对采购预算、合同、相关单据凭证、审批程序等内容审核无误后，按照采购合同规定及时向供应商办理支付款项的过程。该环节的主要风险是：付款审核不严格、付款方式不恰当、付款金额控制不严，可能导致企业资金损失或信用受损。

一、通过付款条款的选择降低采购成本

企业应通过付款条款的选择来降低采购成本。对于长期合作的供应商，应要求采购负责人延长付款账期时间，同时，压缩预付款和到货款的比例。对于初次合作的供应商，因双方还没有建立合作信任，可适当地放宽付款条件。若在双方合作磨合期过后彼此还追求加深合作的情况下，采购负责人要争取更有利的付款条件。通过付款条件的限制，从而压缩公司资金的支出比例，同时降低采购过程中不确定的风险，提高对供应商的把控能力。

二、完善付款流程

企业应当加强采购付款的管理，完善付款流程，明确付款审核人的责任和权力，严格审核采购预算、合同、相关单据凭证、审批程序等相关内容，审核无误后按照合同规定，合理选择付款方式，及时办理付款。要着力关注以下方面。

（1）严格审查采购发票等票据的真实性、合法性和有效性，判断采购款项是否确实应予支付。如审查发票填制的内容是否与发票种类相符合、发票加盖的印章是否与票据的种类相符合等。企业应当重视采购付款的过程控制和跟踪管理，如果发现异常情况，应当拒绝向供应商付款，避免出现资金损失和信用受损。

（2）根据国家有关支付结算的相关规定和企业生产经营的实际，合理选择付款方式，并严格遵循合同规定，防范付款方式不当带来的法律风险，保证资金安全。除了不足转账起点金额的采购可以支付现金外，采购价款应通过银行办理转账。

（3）加强预付账款和定金的管理，涉及大额或长期的预付款项，应当定期进行追踪核查，综合分析预付账款的期限、占用款项的合理性、不可收回风险等情况，发现有疑问的预付款项，应当及时采取措施，尽快收回款项。

【实例7-11】采购付款流程规范

采购付款流程规范

1. 目的

为加强规范公司采购与付款业务流程，加强采购相关业务的管理，保证公司资产的安全，特制定本制度。

2. 适用范围

适用于公司的除费用现金报销外的所有付款，包括但不限于购买材料、低值易耗品、固定资产、费用和服务的所有采购与付款。

3. 采购业务流程说明

3.1 采购业务流程图

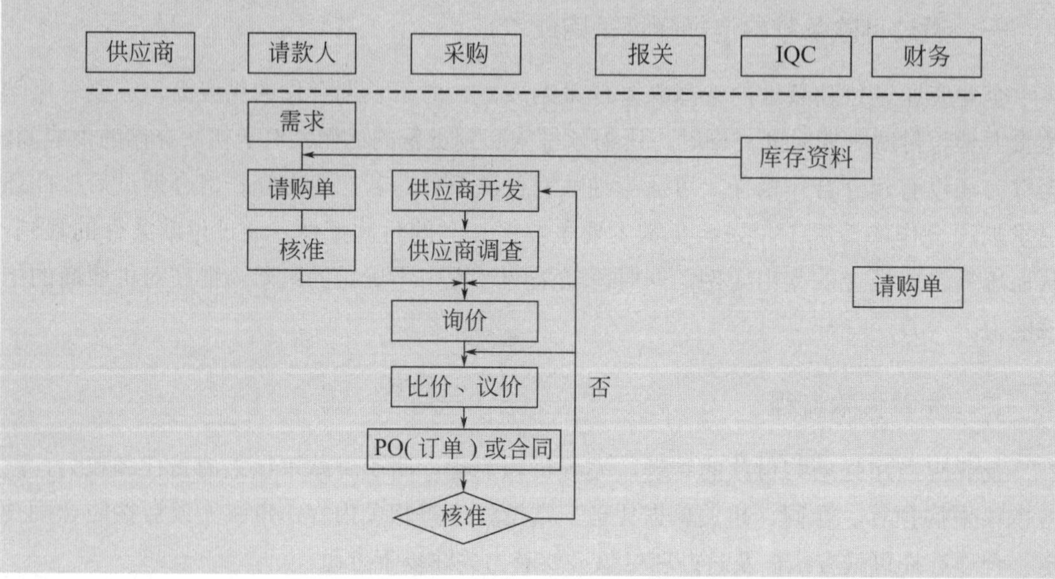

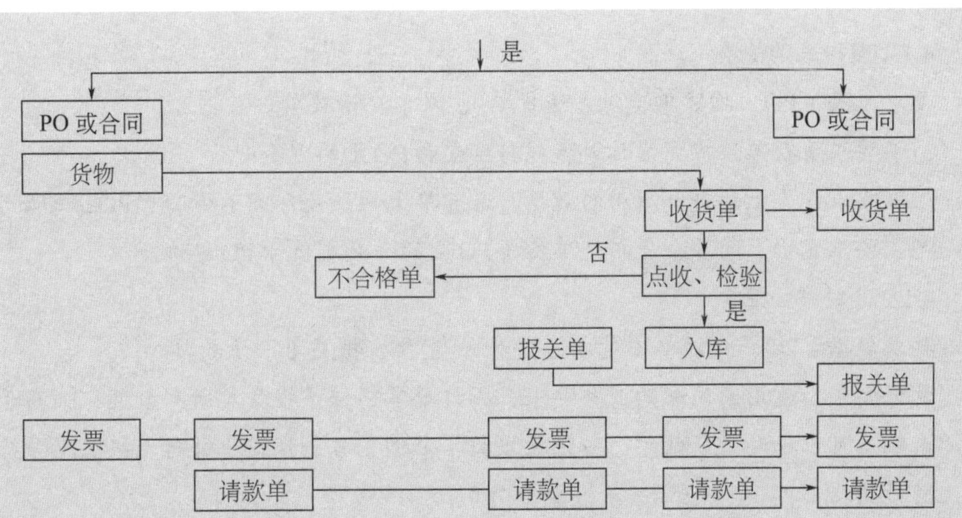

3.2业务流程分类说明

3.2.1材料采购。

第一步：下订单，采购PO经部门经理批准后下给供应商。

第二步：收货，供应商将货物按时送到IQC，IQC在2个工作日内完成点货、检验。如合格，则收下货物；若不合格，则由质量部在2个工作日内开MRB会议并取得不合格供应商处理单，并在ERP系统中出单据交财务，由采购部在2个工作日内与供应商协商后退回供应商，并通知财务。

第三步：收发票。

第四步：请款，国内采购业务IQC收齐所有单据后填写请款单，经部门经理、财务经理批准，按规定要总经理批准的还要经总经理批准。进口采购业务由报关完成以上请款。

第五步：财务审核付款。

3.2.2低值易耗品、固定资产采购。

第一步：请购，按公司规定走采购流程，部门经理应控制是否超过预算。

第二步：下订单，同上。

第三步：收货验收，IQC收货，请购人验收并领货。

第四步：收发票，同上。

第五步：请款，采购部按3.2.1请款。

第六步：财务审核付款。

4.具体业务的票据操作指南

4.1材料采购

分为国内采购业务和进口采购业务。

4.1.1国内采购业务

要求单据：PO、收货单（对方送货单）、发票、请款单。

（1）要求请款单供应商名称或代码与发票和PO上的完全一致。

（2）要求发票上的每个原料的数量与送货单上的一致，且不得高于PO上的数量。

（3）要求发票上的每个原料的单价与PO上的一致或低于PO单价。

4.1.2进口采购业务。

要求单据：PO、收货单（对方送货单）、发票、报关单、请款单。

具体要求：适用国内采购业务要求，拆订单不得低于报关单所列金额，如高于报关单金额，可以填两张请款单，一张按报关单金额；另一张用于补付无报关单等特殊情况的付款。

4.2固定资产采购

业务流程使用单据：使用单位必须提供请购单PR、CEAR（2000美元及以上的）。具体参见本公司《固定资产管理办法》。

业务流程：请购、批准、采购下订单、收货、领货（验收）。

要求与材料一致，对于单位物品含税价格在2000元以下的要求取得增值税发票（在同等价格条件下）。

比材料采购多两张单据，即请购单和领货固定资产验收单：

4.3低值易耗品及费用

4.3.1低值易耗品及有实物形态的费用。

业务流程使用单据：使用单位必须提供请购单PR、PO、发票、收货记录、领用及验收人签字。

业务流程：请购、批准、采购下订单、收货、领用及验收。

要求与材料一致，对于单位物品含税价格在2000元以下的要求取得增值税发票（在同等价格条件下）。比材料采购多两张单据，即请购单和领货单。

4.3.2无实物形态的费用或服务。

流程特别要求：费用或服务使用单位在合同约定的供应商义务完成后，到IQC填写领货单，并在领货单上填写供应商完成合同约定的服务内容和时间，签字后，对IQC进行收货记录并将ERP收货号填写上。

4.4对单据的要求（对于不符合要求的单据将退回）

4.4.1 PO。

（1）要求与ERP中的各项内容一致、项目齐全。

（2）编号不得重复。

（3）增加ERP供应商编码。

（4）要求请款时交给财务的PO是在ERP系统中最新的，如手工PO有修改或增加，请在修改处请采购经理签字批准。

4.4.2收货单或对方送货单：要求原件，并写实收数量、收货号（与ERP一致）并有收货人签名和日期。如有涂改，主管签字确认。

4.4.3发票。

（1）增值税专用发票。

采购审核内容：开票日期至请款日不得超过80天；要求审核数量。

财务审核内容：审核“购货单位名称”必须为本公司名称全称，“地址、电话”“税务登记号”“开户行及账号”等项目填写必须正确。

应同时取得发票联（第二联）及抵扣联（第三联），并检查是否为运用防伪税控系统开具的专用发票，各联均加盖销货单位发票专用章或财务专用章，字轨号码一致，字迹清楚，不得涂改，各项目填写齐全、正确无误，票面金额与实际支付的金额相符，两联的内容和金额一致；不同商品或劳务名称应分别填写，汇总金额开立的发票及抵扣凭证应有“销货清单”作为发票附件，商品名称应与入库单相符；“数量”“单价”“金额”“税率”“税额”“合计”“价税合计”各栏计算是否正确，“价税合计”中的大小写金额是否相符；符合其他增值税专用发票的管理规定。

（2）普通发票。

采购审核内容：日期为实际发生日，注意是否遵照规定不跨年度使用；并审核发票的开具日期是否超过该发票规定的使用时限。

财务审核内容：发票应为发票联，套印有发票监制章、加盖销货单位发票专用章或财务专用章，字迹清楚，不得涂改，各项目填写齐全、正确无误，票面金额与实际支付的金额相符；不同商品或劳务名称应分别填写，汇总金额开立的发票及抵扣凭证应有“销货清单”作为发票附件，商品名称应与入库单相符；“数量”“单价”“金额”“合计”各栏计算是否正确，大小写金额是否相符；取得的定额发票上应按发票项目将客户名称、日期等填写齐全。

（3）国外发票：原则上要求原件，如复印件应经过财务经理批准。

4.4.4报关单：要求原件。

4.4.5请款单：要求所有项目填写齐全准确，不得涂改。经部门经理批准，单张请款单金额超过授权限额16万元的经总经理批准。

08

第八章

提升采购部工作效率降成本

引言

采购部成员的成本节约意识、团队工作效率、工作积极性，直接影响到采购成本目标的控制。所以，企业要致力于提升采购部门的工作质量（计划工作、组织工作及与相关部门的协调工作），并定期进行采购绩效评估和采购稽核，以消除任何暗箱操作和腐败。

第一节　提升采购部门的工作质量

采购部门本身的质量管理是企业质量管理的一项基本管理活动。其根本任务是根据生产的需要，保证采购部门适时、适量、适质、适价、品种齐全地向生产部门提供各种所需物料，做到方便生产、服务良好，从而降低产品成本，提高经济效益。

一、物料采购的计划工作

采购部门要进行需求分析，在面临较复杂的采购情况时，一般是在多品种、多批次需求的情况下，涉及企业各个部门和各工序、材料、设备、工具及办公用品等各种物料，则要进行大量的、彻底的统计分析，从而在分析的基础上编制物料采购计划，并检查、考核执行情况。

二、物料采购的组织工作

依据物料采购计划，按照规定的物料品种、规格、质量、价格、时间等标准，与供应商签订订货合同或进行直接购置，具体如下。

（1）确定供应商与采购方式后，要根据采购计划内容（包括质量、运输方式、交货时间、交货地点等）要求，组织运输与到货，并保证在合理的时间内提前完成。

（2）物料运到工厂后，根据有关标准，经有关部门对进厂物料进行品种、规格、数量、质量等各方面的严格检验核实后，方可验收入库。

（3）对已入库的物料，要按科学、经济、合理的原则进行妥善的管理，保证质量完好、数量准确、方便生产。

（4）根据生产部门的需要组织好生产前的物料准备工作，并按计划、品种、规格、质量、数量及时发送。

三、物料采购供应的协调工作

由于采购业务所牵涉的范围非常广泛，与采购部相关的部门很多，因此如果希望采购业务能够顺利进行，从而获得良好的工作绩效，除了采购部门工作人员的努力外，还需企业内部各有关部门的密切配合，如图8-1所示。

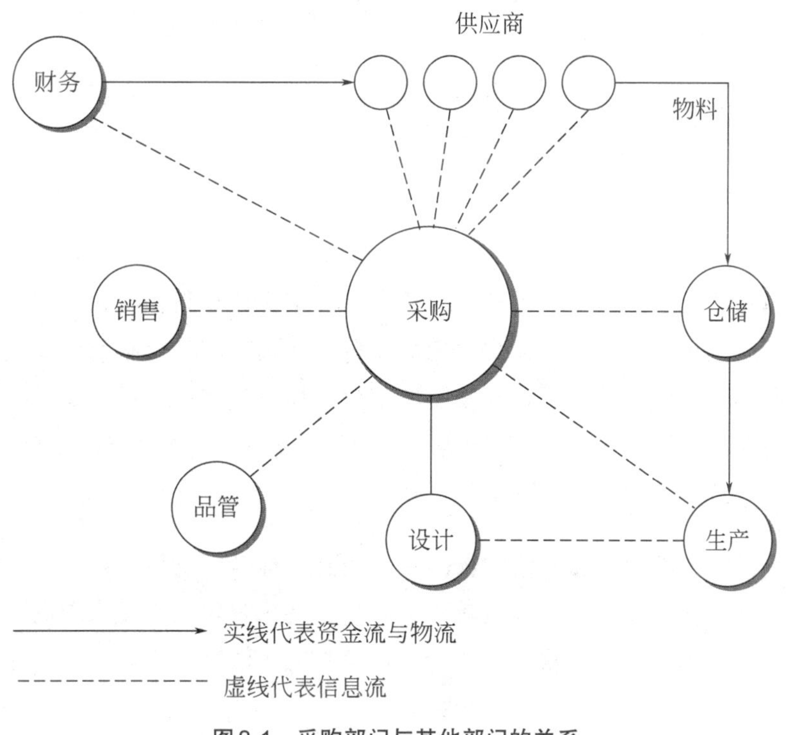

图8-1 采购部门与其他部门的关系

（一）与管理部门的协调关系

采购部门对公司生产或商品成本的节省，能做出很大的贡献；对公司生产所需原料或销售部门商品的供应，也会产生直接的影响。因此为了使采购功能有效地发挥，企业管理当局应重视采购部门的横向联系，并应加强采购员的专业训练及制定采购员的行为规范等事宜。

在与管理部门的协调上，采购部门应将与供应商接触所获得的市场信息，提供给管理部门作为经营上的依据。而管理部门则应将景气预测、租税结构、汇率趋势等信息提供给采购部门参考。

（二）与销售部门的协调关系

（1）销售部门应提供正确的销售预测及销售目标等资料给采购部门，以确保采购计划的准确性、可执行性。

（2）销售部门制定产品的价格，必须事先估计制造成本，尤其是占主要部分的材料成本。在预估材料成本方面，采购部门应提供充分的协助。

（3）销售部门在与客户谈判特别订单及无库存的产品时，必须考虑采购的购运时间（Leadtime），以避免造成没法如期交货的问题。

（4）采购部门应将从供应商处所获得的有关竞争同业的用料需求信息，以及其产品的销售数量、品质、价格等信息，提供给销售部门，以协助销售部门做好竞争策略的拟订。

（5）为了互惠起见，企业在政策上通常会要求供应商购买本企业的产品。而在这一政策的执行方面，销售部门与采购部门应该更加密切地配合办理。

（三）与生管部门的协调关系

为了确保原材料供应的稳定性，采购部门和生产管制部门需要经常交换信息。

生产管制部门应尽早通知采购部门有关产品的生产计划与物料的需求计划，使采购部门有充裕的时间去寻求货源，并与供应商议价；而采购部门也必须通知生产管制部门采购所需要的购运时间及订购后可能发生的变化。如果生产计划或采购计划中的数量或时程有任何改变，彼此都应迅速通知对方，从而使对方及时进行适当的调整与配合。

（四）与品管部门的协调关系

基本上，采购员必须熟悉与采购物品有关的品质标准，以便从供应商处购买到合乎用途的产品。采购员直接与供应商接触，因而能帮助品管部门建立供应商所能配合的一套检验标准；而品管部门也应将进料的检验结果告知采购员，借以考核供应商。总体来说，采购部门与品管部门的协调关系如图8-2所示。

（五）与制造部门的协调关系

采购部门提供制造部门所需的物料，两者关系密切，但是两者却有不同的立场。通常，制造部门希望物料能快速供应，以免发生断料停工的状况；而采购部门则希望能有充分的时间进行议价，以期能降低成本。因此，在采购的购运时间方面，彼此必须互相尊重、充分协调，切勿意气用事。

另外，对于“自制”或“外包”的决定，制造部门与采购部门彼此的立场及见解也可能不同。这时应充分考虑成本分析的结果及策略，彼此应以客观的态度来共商办法。

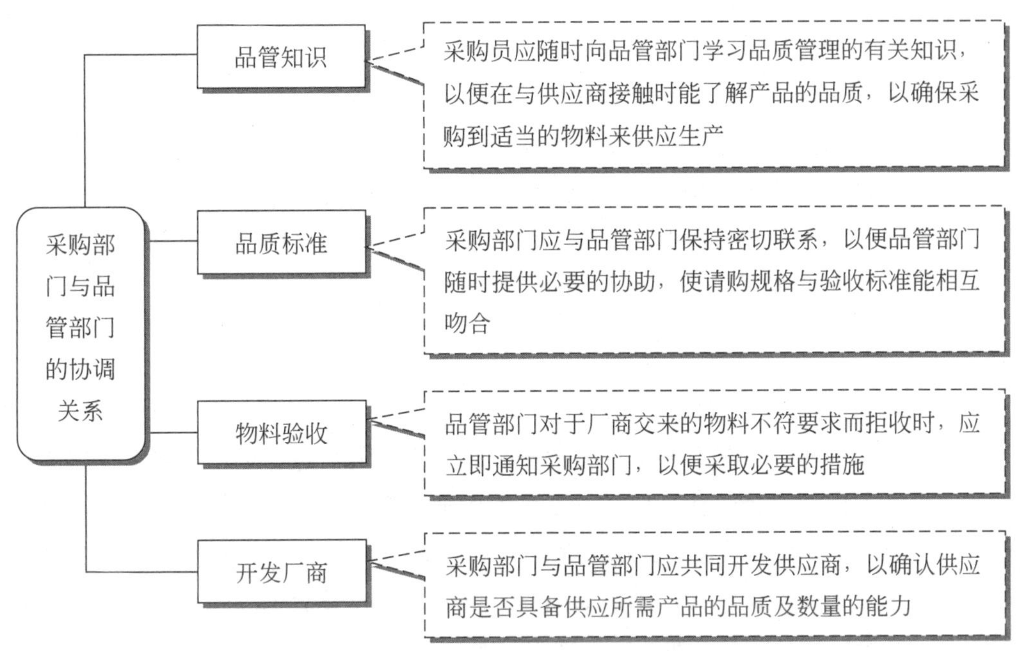

图8-2　采购部门与品管部门的协调关系

（六）与技术部门的协调关系

技术部门在设计物料规格时，往往过分强调追求理想，而忽略价格和市场因素；而采购部门通常太强调价格因素而忽略品质要求。因此，技术部门应征询采购部门的意见，而采购部门也应根据市场行情，建议适当的规格标准。总之，两者必须密切协调，以确保采购能够顺利进行。

另外，为使物料标准化，以使之能进行大量采购，从而降低成本、费用，技术部门应在设计前多征询采购部门的意见，以保证尽量减少物料品种。在这一方面，两者应密切协调，从而才能产生良好的互动关系。

还有，在新产品的设计方面，采购部门应随时提供有关物料规格、性能、价格等最新资料，供技术部门参考。

（七）与仓储部门的协调关系

大量采购可以降低物料的单位成本，但是相对的存量增加也会提高仓储成本。因此，为了使整体的采购成本降低，采购部门与仓储部门必须有良好的沟通与协调，并要妥善地设计出适当的最低存量及订购点。

采购部门应在订购作业完成时，将有关交货时间与数量等资料告知仓储部门，以便仓储部门能事先准备所需的存储空间；而仓储部门则应定期将存量记录通知采购部门，以利存量的控制。

另外，对于退货、呆料、缺料等问题，采购部门也应协助仓储人员处理。

（八）与会计部门的协调关系

每一项采购交易，从订购开始到交货、请款、付款为止，都需要做会计处理。会计部门还可为采购部门提供各项有关的计算资料，例如应付账款余额统计、实际支出金额与预算金额的比较、材料成本的计算、价差的绩效计算等。

不过，在许多企业与机构中，这些会计工作有时候会由采购部门担负一些职责。不管这些会计工作由谁执行，部门间若紧密协调与合作，通常可以从供应商那里获得折扣的机会，从而可以改善买卖关系。

（九）与财务部门的协调关系

采购预算是企业资金需求的最主要部分，若无良好的财务计划，采购工作将无法顺利进行。采购部门在选择较佳品质时，必须考虑成本因素；在订购较大数量时，必须考虑财务负担能力；在议定价格时，必须考虑付款方式（现金支付或期票支付），以避免造成财务上的损失或风险。因此，采购部门应与财务部门在资金调度与运用、汇率与利率的价差、付款条件与额度等方面，做妥善的协调。

（十）与法务部门的协调关系

采购作业会牵涉法律问题。因此，采购员必须具备与采购作业有关的法律知识，否则可能因不谙法律规定，在无意中使企业陷入诉讼困境而遭受损失。在处理采购合同、纠纷、索赔以及智慧财产权等方面，采购部门应与法务部门密切协调。而未设法务部门的企业，必要时应聘请法律顾问协助。

（十一）与公关部门的协调关系

采购员经常会与外界人士接触。因此在某种意义上，采购员就是公关人员，采购员的行为势必会影响到供应商以及其他关系人士对企业的观感与态度。如果企业设有公关部门，则采购部门应与公关部门密切合作，从而通过采购作业的执行，塑造良好的公司形象，并产生良性循环，使以后采购作业的执行更加顺利而有效。

第二节　开展采购绩效评估

一、评估目的

（一）确保采购目标的实现

各个企业采购目标互不相同，例如有的企业的采购除注重降低采购成本外，还偏重于“防弊”，采购作业以如期、如质、如量为目标；而有的企业则注重盈利，采购工作除了维持正常的产销活动外，还非常注重产销成本的降低。因而，应针对企业所追求的主要目标对采购绩效加以评估，并督促目标的实现。

（二）提供改进绩效的依据

企业进行采购绩效评估方法，可以按照客观的标准来衡量采购目标是否达成，也可以确定采购部门目前的工作绩效如何。正确的绩效评估，有助于指出采购作业的缺陷所在，从而据以拟订改善措施，起到惩前毖后的作用。

（三）协助甄选人员与训练

根据绩效评估结果，可以针对现有采购员的工作能力缺陷，拟订改进计划，例如安排参加专业性的教育训练。如果在评估中发现整个部门缺乏某种特殊人才，则可提出由公司内部甄选或向外招募，如成本分析员。

（四）作为个人或部门奖惩的参考

良好的采购绩效评估方法，能将采购部门的绩效独立于其他部门而显示出来，并反映采购员的个人表现，成为各种人事考核的参考。有了客观的绩效评估，就可形成公正的奖惩，从而激励采购员发挥团队合作精神，使整个部门发挥整体效能。

（五）提升采购人员的工作干劲

有效而且公平的绩效评估，可以使采购员的努力成果获得适当的回报和认定。采购员通过绩效评估，可以与业务人员或财务人员一样，对公司的利润贡献有客观的衡量尺度。采购员得到肯定，工作干劲自然会得以提升。

（六）改善同其他部门的关系

采购部门的绩效，受其他部门配合程度的影响非常大。因此采购部门的职责是否明确，表单、流程是否简单、合理，付款条件及交货方式是否符合公司管理规章制度，各部门的目标是否一致等，都可以通过绩效评估予以判定，并可以改善部门之间的合作关系，提高企业整体运作效率。

二、评估范围

对采购绩效的评估分为对整个采购部门的评估及对采购员个人的评估。对采购部门绩效的评估一般由企业高层管理者来进行，也可以由内部客户来进行；而对采购员的评估则常由采购部门的负责人来操作。

三、评估指标

采购工作必须达成适时（Right Time）、适量（Right Quantity）、适质（Right Quality）、适价（Right Price）及适地（Right Place）等，因此，其绩效评估当以此“5R”为中心，并以数量化的指标作为衡量绩效的尺度。

（一）数量绩效指标

1. 费用指标

是指现有存货利息费用与正常存货水准利息费用的差额。

2. 呆料、废料处理损失指标

是指处理呆料、废料的收入与其取得成本的差额。

存货积压利息的费用越多，呆料、废料处理的损失越高，则采购员的数量绩效越差。不过此项数量绩效，有时也受到企业营业状况、物料管理绩效、生产技术变更或投机采购的影响，因而并不一定完全归咎于采购员。

（二）质量绩效指标

1. 进料验收指标

其计算公式为

$$进料验收合格率=\frac{合格(或拒收)数量}{检验数量}\times 100\%$$

2. 在制品验收指标

其计算公式为

$$在制品验收合格率=\frac{可用(或拒收)数量}{使用数量}\times 100\%$$

如果进料质量管制采用抽样检验的方式，则在制品质量管制发现质量不良的比率，将比进料质量管制采用全数检验的方式为高。拒收或拒用比率越高，显示采购员质量绩效越差。

（三）价格绩效

价格绩效是企业最重视及最常见的衡量标准。通过价格指标评估，可衡量采购员的议价能力及供需双方势力消长的情形。

采购价格的指标如下。

（1）实际价格与标准成本的差额。

（2）实际价格与过去移动平均价格的差额。

（3）比较使用时的价格和采购时的价格的差额。

（4）将当期采购价格与基期采购价格的比率同当期物价指数与基期物价指数的比率相互比较。

$$\begin{aligned}价格绩效&=标准价-实际采购价\\&=过去均价-实际采购价\\&=使用时市场价-实际采购价\end{aligned}$$

（四）时间绩效

这项指标是用以衡量采购员处理订单的工作效率及对于供应商交货期的控制。

（1）紧急采购费用指标。紧急运输方式（如空运）的费用与正常运输方式的差额。

（2）停工断料损失指标。停工期间作业人员薪资损失。

（五）采购效率（活动）指标

除以上所述数量、质量、时间、价格来衡量采购部门和采购员的工作效果外，还可就采购效率来衡量具体指标，如下所示。

（1）采购金额。

（2）采购金额占销货收入的比例。

（3）订购单的件数。

（4）采购员的人数。

（5）采购部门的费用。

（6）新厂商开发数量。

（7）采购完成率。

（8）错误的采购资料。

（9）订单处理的时间。

四、评估人员

（一）采购部门责任人

由于采购部门责任人对管辖的采购员最为熟悉，且所有工作任务的指派，或工作绩效的优劣，均在其直接督导之下，因此，由采购部门责任人负责评估，可注意到采购员的个别表现，并兼收监督与训练的效果。

（二）会计部门或财务部门

采购金额占企业总支出的比例一般都比较高，会计部门或财务部门不但要掌握企业产销成本数据，对资金的取得与付出也应作全盘管制，因而对采购部门的工作绩效，可以参与评估。

（三）工程部门或生产管理部门

如果采购项目的质量及数量对企业的最终产出影响重大时，有时可由工程部门或生产管理部门人员评估采购部门的绩效。

（四）供应商

有些企业通过正式或非正式渠道，向供应商探询其对于采购部门或人员的意见，以间接了解采购作业的绩效和采购员的素质。

（五）外界专家或管理顾问

为避免企业各部门之间的本位主义或门户之见，可以特别聘请外界的采购专家或管理顾问，针对全盘的采购制度、组织、人员及工作绩效做客观的分析与建议。

五、评估方式

采购员工作绩效的评估方式，可分为定期及不定期两种。

（一）定期评估

定期评估一般配合公司年度人事考核制度进行，通常以“人”的表现如工作态度、学习能力、协作精神、忠诚度为考核内容，并以目标管理的方式，即从各种工作绩效指标当中选择当年度重要性比较高的3～7个项目定为目标，年终按实际达成程度加以考核。

（二）不定期评估

不定期的绩效评估，一般以专案方式进行。

例如某公司要求某项特定产品的采购成本降低10%。当设定期限一到，即评估实际的成果是否高于或低于10%，并就此成果给予采购员适当的奖惩。这种评估方式对提升采购员的士气有相当大的作用。该方式特别适用于新产品开发计划、资本支出预算、成本降低方案等。

第三节　加强采购稽核

一、对采购员进行稽核

对采购员进行稽核的目的在于确保采购员的行为能符合公司所确立的规范，并查核有无为自己或为他人而牺牲公司利益的事情，更借此培养采购员应有的道德观念。

（一）稽核方式

对采购员进行稽核多以机密的方式进行，因为事关个人品德的问题。担任稽核的人员，除了采购主管必须负行政责任，经常督导部属言行操守外，为求立场客观，另由公司内部的稽核人员担任，借以避免采购主管包庇纵容部属的不当行为。

（二）稽核技巧

采购员稽核，可从下面一些现象着手，来掌握违反行为规范的事实。

1.选择错误的采购对象

若采购员订购的对象并非该项货品的专业厂商，或该货品并非订购对象的主要营业项目，比如小五金（铁钉、砂纸、手工具、棉纱手套……）向大五金行（铁管、钢板、钢筋……）购买，显然“牛头不对马嘴”，则可能有弊端存在。

2.故意通过中间商购买

某些货品在国内有总代理或经销商，采购员不经由此种配销渠道采购，而向其他无正式代理配销资格的厂商采购。或者，货品可直接向原制造厂商购买，却经由中间商购入。这两种情形，除非有特殊因素，否则，显然有“图利他人”之嫌。

3.采购数量集中在一家

当采购的货品不是特殊品，合乎报价资格的厂商为数不少，且长期需用并经常举行询价，但得标厂商总是固定某一家，这可能是买卖之间有不当的“默契”，或供应商有“图标”的行为。此外，一次采购同类货品规格有很多种时，如果某厂商的报价在众多不同规格的货品项目全部都最低，最后并由其独揽交货数量，则显示采购员有将竞争厂商报价资料透露给得标厂商之嫌。

4.准购单越级审核

采购主管对未经其亲自审核的准购单，应事后细加盘查，则不难发现采购员的违规情形。

5.报价单的笔迹与图章可疑

某些采购员为“保障”某一位供应商得标，可能允许报价厂商提供不实于其他同行的报价单，意图蒙混并符合采购手续（至少有三家以上报价等）。在此情况下几张不同厂商的报价单笔迹，有时发现出自同一人；而盖用印信时，故意将“陪标”厂商的地址或电话弄得模糊不清，以防追查。经验丰富、眼光锐利的采购主管，会注意这些欲“盖”弥彰的报价单，而追查出“蛛丝马迹”，进而发现弊端。

6.生活阔绰行为诡异

若采购员与供应商有所勾结，并获取不当利益后，有些人无法掩藏“暴发户”的举止，一改过去“一箪食，一瓢饮，居陋巷”的模样，展现“琼浆玉液，居高楼华厦”的气派，而与供应商交往密切，经常交头接耳，形同“最佳拍档”。此种现象，应予注意，并设法深入调查该采购员是否有不轨之处。

7.黑函检举

有些供应商不齿采购员贪得无厌，可能会以信函举发其强索回扣的事情。因此，采购主管及稽核人员即可据以明察暗访，以搜索采购员的违规行为。

二、对采购作业执行稽核

（一）采购预算稽核

1.目的

（1）查核采购预算编制，其资料来源内容是否确实可靠。

（2）查核采购预算是否与销售计划、生产计划相配合，销售计划、生产计划改变时，修正的变更及联系是否良好。

（3）采购预算是否确实执行，对于差异原因有无进行追查。

2.作业周期

不定期，一般来说可半年一次。

3.作业程序

（1）核对采购预算与销售计划、生产计划是否相符，物料采购与生产安排是否配合。

（2）依销售计划、生产计划进行比较分析，采购预算是否依计划及进度的需要列示。

（3）依各车间生产实绩与请购申请汇总核计是否相符，采购预算金额数量与生产实绩是否配合。

（4）分析预算与生产实绩差异原因，并做检讨修正。

（5）除年度采购预算外，是否按季或按月配合实际销售状况、销售计划、生产计划做适当的修正。

4.稽核重点

（1）采购预算的编制是否考虑存货定量及定价管制，制定A、B、C分类标准。

（2）对于采购预算的执行，逐笔审查其实际申请单或采购分配表的登记控制，是否机动配合实际销售、生产状况、库存实况调整。

（3）采购预算与销售、生产状况发生脱节等不合理现象，经办人员是否逐月追踪原因，并主动反映，提出检讨。

（4）对于实际采购所产生的价差，有无配合预算要求修正。

5.依据资料

（1）请购单。

（2）销售计划、生产计划。

（二）请购作业稽核

1.目的

（1）了解请购是否依公司的规定办理。

（2）审核请购是否与采购预算符合，并依核准权限核准。

（3）请购内容是否作良好的登记控制。

2.作业周期

不定期，一般可半年一次。

3.作业程序

（1）查核请购单是否依规定核准，数量金额有无超过采购预算。

（2）查核请购的商品、品名、规格、厂牌有无库存或替代品可供销售。

（3）请购单所需商品到货日期、数量是否确实。

4. 稽核重点

（1）是否有同一品名商品使用不同的商品序号，致使库存多，又继续请购。

（2）请购单规格变更或数量增减是否经权责单位核准。

（3）送货传票有无涂改某联，但会计正联未依规定更改致使多付款现象。

（4）审核分公司申请进货是否与请购预算符合，有无经核准。

（5）紧急采购原因分析，是否分公司未依销售计划执行，致使销售缺货未予控制。

（6）请购有无化整为零，意图逃避核准权限。

（7）请购财物以不指定厂牌为原则，如有特殊要求是否合理。

5. 依据资料

（1）请购单。

（2）安全存量控制表。

（三）比价作业稽核

1. 目的

（1）查核招标、比价、议价等方式的决定是否合理，并依公司规定程序办理。

（2）查核询价方式是否公平合理，公开接纳更多厂商报价。

2. 作业周期

定期，一般可半年一次。

3. 作业程序

（1）招标、比价、议价等各种方式的决定是否依规定程序办理。

（2）对于请购次数多而零星者，应多详查原因，有无化整为零的情况。

（3）指定品牌、厂商的请购原因是否合理，有无经核准。

4. 稽核重点

（1）每次询价是否参考过去的询价记录，及目前有关的市场资料，经分析研判后决定，并建立优良供应商资料。

（2）比价单的发出及公告日期与开标比价日期是否合理，是否依规定办理。

（3）开标的监督是否严格执行，并达到规定的供应商数量。

（4）有无借零星采购化整为零的情况。

（5）审核询价结果，如未能采用最低价供应商，采购的理由是否充分，有无先叫送货后补办手续，并了解使用部门与供应商的关系。

（6）对于统一采购的供应商有无签订合同，统一采购合同有效期为一年，合同期满有无重新询价、议价。

（7）已订合同者，若市价上涨或下降时，有无与该厂商重新协议合理价格（于合同书上规定本项条件）及立即将变价通知各分公司，已重新协议的库存品是否办理扣补价。

5. 依据资料

（1）询价单。

（2）价格分析表。

（3）采购合同。

（四）订购作业稽核

1. 目的

（1）查核采购单与进货申请单是否相符。

（2）采购与合同的签订是否考虑罚则，有无损及公司权益。

（3）采购合同的执行是否合理。

2. 作业周期

定期，一般来说可半年一次。

3. 作业程序

（1）依物料分配表核对进货申请单、询价单、报价单及合同内容是否相符。

（2）合同内容、罚则订定是否周全。

（3）合同内容如有修订、变更时是否依核准程序办理，有无损及公司权益。

（4）依订购单查核采购程序，核准是否依规定办理。

4. 稽核重点

（1）合同内容是否合法。

（2）采购单位是否购买不同品牌产品，以降低进货成本。

（3）有无建立最直接的采购方式，对于安全库存、经济订购量控制是否良好。

（4）采购单位如预知厂商无法如期送货时，是否及时采取相应措施以免影响生产。

（5）订单发出后有无加以追踪控制。

5. 依据资料

（1）采购合同。

（2）签呈。

（3）请购单。

（五）验收作业稽核

1. 目的

了解验收作业程序是否符合规定。

2.作业周期

定期，一般半年一次。

3.作业程序与稽核重点

（1）采购部门是否会同使用部门、稽核室及有关部门共同验收。

（2）有关技术部门是否派具有专业知识的技术人员负责验收。

（3）是否坚持短交以补足为原则，超交以退回为原则。

（4）检验不符标准但尚可使用，是否予以扣款，不合格品是否退回供应商。

（5）分批收取者有无收足，如遇短缺、瑕疵、破损有无立即处理。

（6）物料检验人员是否依据送货传票上的品名、货号、数量、单价逐一点检，并将正确的物料实收数填列于实收栏内。

（7）物料检验人员对于验收时遇有货品不符、标签不合的情况是否做适当处理。

（8）检验人员是否收集传票与货品送交相关部门检验。

（9）对于送货货品有退回的，是否按规定开立放行单交检验人员或门卫人员检视其品名、数量是否一致，其不符处是否采取对策。

4.依据资料

（1）入库验收单。

（2）送货传票。

（3）入库品质报告单。

（4）放行单。